优 | 势 | 丛 | 书

绅权与国家权力关系研究

从明清到民初

THE RESEARCH ON THE RELATIONSHIP BETWEEN
THE GENTRY'S POWER AND THE STATE POWER:

From Ming-Qing Dynasties to Early Republic China

徐祖澜 / 著

社会科学文献出版社
SOCIAL SCIENCES ACADEMIC PRESS (CHINA)

"文化传承与区域社会发展"优势学科出版基金资助

总　序

　　2014 年 5 月，扬州大学的"文化传承与区域社会发展"学科被江苏省人民政府批准为"江苏高校优势学科建设工程"二期项目。本优势学科以中国语言文学、中国史、法学三个一级学科为依托，由经典诠释与传承研究、文艺理论前沿与区域雅俗文化研究、传统学术与江苏地域文化创新研究、淮扬历史文化遗产研究、法律文化与区域法治发展研究五个主要学科方向组成。

　　本优势学科的宗旨，是紧紧围绕国家文化发展战略和江苏文化强省战略，追踪学科前沿，造就领军人才，面向国家和江苏经济社会发展，大力推进优势学科的建设。首先，是促进相关学科的交叉融合，开辟学科新方向与科研增长点。凸显本学科原有特色，强化质量意识和品牌意识，通过协同合作、跨越发展，显著提升学科的核心竞争力和国际影响力。其次，是充分发挥学科整体优势，产生具有显著效应的高水平学术成果。交叉整合学科现有资源，加强与国内科研院所和地方文化部门的协作，集中力量，协作攻关，纵贯古今学术，会通中西文化，深入把握雅俗文学嬗变与地域文化发展的规律和特点。再次，是强化学术研究的理论意义和应用价值，建构基础研究与应用研究相结合的研究体系。通过对传统文化的传承创新，把握区域社会发展的面貌、特质、形态、规律，进一步开拓区域社会发展的研究路径和研究领域。最后，是探索服务区域社会的运行机制，发挥服务区域社会的实际功能。积极发挥高校人才高地优势，多元探索社会服务途径，提高科研成果转化效应，多方位、多维度、多层次地为区域社会、文化和法治发展服务。

　　在上述诸多工作中，本优势学科建设的一项重要任务就是出版一套系列丛书。拟以两年为一期，每期 15 种；四年两期共 30 种。考虑到与"江苏高校优势学科建设工程"相一致，取名为"优势丛书"。

回顾以往，扬州大学文科的重点学科建设经历了曲折而璀璨的道路：2006 年文艺学学科获批"十一五"江苏省重点学科；2011 年中国语言文学学科获批"十二五"江苏省级重点学科；2012 年中国史学科获批"十二五"江苏省级重点学科。而 2014 年"文化传承与区域社会发展"获批江苏高校优势学科，则是在以往省级重点学科建设基础上更上一层楼。其间，扬州大学承担了参照"211"工程二期项目"扬泰文化与'两个率先'"和参照"211"工程三期项目"人文传承与区域社会发展"的建设，在这两期项目中均有大型丛书的建设任务，前者为"扬泰文库"，共四个系列，计 90 种图书；后者为"半塘文库"和"淮扬文化研究文库"两个系列，计 50 种图书。这两套大型丛书的出版，有力助推了扬州大学文科各学科科研质态的优化和学术水平的提高，对主涉学科后来获批江苏高校优势学科功不可没。

如今作为优势学科建设的重头戏，又面临着新的大型丛书"优势丛书"的建设工作。任务艰巨、使命光荣，我们不敢稍有懈怠，矢志全力以赴，将团结学科团队全体成员，像以往一样，出色地完成"优势丛书"的出版工作。

最近，"江苏省'十三五'教育发展规划"指出：到 2020 年，在创建世界一流大学和高水平大学的总目标下，将继续大力支持江苏高校优势学科的建设，以提高江苏省高等教育的综合实力。我们将不遗余力，乘势而上，借助以往学科建设的经验和实践，取得更加辉煌的业绩和卓著的成果，为新一轮优势学科的建设奠定扎实的基础。

"优势丛书"的问世，汇聚着教育部、江苏省教育厅，以及中国社会科学院各位审稿专家的大量心血，凝聚着社会科学文献出版社领导和编辑的辛勤劳动，在此一并表示诚挚的感谢！

扬州大学"优势丛书"编辑委员会

2016 年 8 月

目　　录

导　言

　　也许世上最艰难的劳动就是思想。大凡值得思考的问题没有不是被人思考过的，为此，我们需要做的就是试图重新加以思考而已。作为一个具有思想意义的话题，乡村问题一直是自 20 世纪初以来被不断思考并加以反复论争的宏大问题，其中，乡村公共权力为国内外学界所格外关注。因为这是研究中国——这样一个古老东方国度，不同于西方——国家与社会关系的重要切入点。同时，对于 21 世纪中国乡村协商民主机制的建立而言，乡村公共权力问题更是具有重大理论价值和实践意义。鉴于此，本书拟以历史的长镜头，全方位、多角度地探求乡村公共权力系统中曾经存在的绅权及其与国家权力之间的动态关系，揭示乡村自治在中国历史上如何通过绅权来得以实现，而又如何走向消亡。根据这种来自中国经验而产生的具有比较意义的研究，我们也许可以开辟一条不同于西方的国家与乡村社会的平衡之路。

一　乡村与乡村公共权力问题

　　乡村公共权力是理论法学中的一个基本问题。在现代国家的法治主义取向下，乡村社会的有效治理在应然层面上是一种法律的治理，或者表达为"依法治乡"、"依法治村"。但无论是"依法治乡"还是"依法治村"，从口号到现实，最终依赖于对乡村公共权力配置的重新调整，归根结底还是一国法制框架之下的国家与乡村社会关系模式的选择问题。

　　中国乡村社会的历史漫长，但其进入中国学术研究场域的时间并不久远。最早并具备一定规模的乡村研究始于 20 世纪三四十年代，但这一研究很快因战争和政治因素而中断。新中国成立后的相当长的一段时间，中国的学术研究仍然处于低迷状态，遑论乡村研究。直至改革开放，中国学术界才迎来了自己的春天。在制度主义框架的影响下，20世纪80年代的研究旨趣在于宏观国家。直至90年代，中国的学术研究才开始悄然下沉，"一种学术新趋向正在90年代的中国悄然生成，这就是学术研究思维视野的重心下沉，由80年代关注国家大势的宏观层面转向广阔实在的社会基层面"。① 在这一过程中，乡村社会再次进入人们的研究视野。而导致这一现象产生的一个重要原因则在于中国学术自主性的加强，以及与国际社会科学界的接轨。"国家-社会"、"市民社会"、民主与自治等西方理论框架的引入为国内乡村公共权力研究注入了新的血液。不可否认，这一理论预设对于中国乡村社会中的很多历史和现实问题都颇具解释力。然而，中国的经验与西方大为不同，当我们从村民自治的实践出发，沿着市民社会的路径来试图解释中国乡村社会的时候，很多困难不期而遇。本土化理论促使我们再一次把眼光投射回中国历史上曾经存在的一种乡村治理模式——绅权治理，我们需要重新思考这一稳定而成熟的治理模式背后的绅权，将绅权涵摄于自治权以探求乡村自治的普遍法理。

在学科分类越来越细化的今天，各学科对乡村社会的研究各有侧重，而法学作为一种注重实践理性的学科，学者们聚焦于村民自治的法律制度构建和运作，即如何让立法更加完备和优良，以及在司法中结合国家法和民间法化解矛盾以维持乡村社会的稳定；如何在城乡二元化的现实条件下对农民的权利进行切实的保护，以维护整个社会的公平和正义。在某种意义上，就事论事地解决现实问题是法学尤其是部门法学的特点。然而，假如我们的思考只停留于现实问题本身，而对中国乡村社会为什么走到今天这一步和为什么非要走这一步缺乏起码的历史考察，那么我们就不会理解为什么一些设计精良的新制度在乡村社会毫无生命力，而一些旧的、一度被废止的"腐朽"习惯却可以在稍有松动的政治环境下立刻焕发生机。中国的乡村是凝结了历史的乡村。任何制度都只有适应乡村环境，才能存续、发展和创新。制度的变迁有其固有的逻辑，历史的因素往往决定了现

---

① 徐勇：《重心下沉：90年代学术新趋向》，《社会科学报》1991年11月14日。

实的选择。因而，不厘清历史的脉络就无法解开现实的结。这提醒以乡村为对象的法律制定者、执行者和研究者——为了懂得法律是什么，我们必须知道它曾经是什么，以及它为什么曾经是那样。从某种意义上来说，这也正是对乡村制度进行法理研究的目的所在。

从法理角度而言，村民自治首先是一个公法问题。这一研究范畴涉及很多重要的公法学元素，如自治与他治、权利与权力、专制与民主等。其中，权利与权力问题是核心问题，而厘清村民自治权的性质则构成了其他相关研究的前提和基础。笔者认为，村民自治是一种社会自治，是国家与社会的关系在乡村的反映。村民自治权是一种社会自治权利，它以村民的个人权利为基础，是村民个人权利的集合。但同时，整体大于部分之和，即村民自治权包含村民个人权利所没有的内容，足以构成对国家权力的一种外部制约，而这是个人权利所无法实现的。因为在个人权利与国家权力的关系上，虽然个人权利是国家权力的基础和本源，但个人权利是十分脆弱的，"它既需要国家权力的保护，又极易遭到后者的侵犯。这样，如何约束国家权力，不使其过度扩张，或者当其侵犯个人权利时，能够有一种势力与之相抗衡，就成为一个非常重要的问题"。[1] 这种能与国家权力相抗衡的势力就是独立的社会自治权。社会自治权是一种社会权利，存在于各种独立自主的社会团体之中，而"一个由各种独立、自主的社团组成的多元社会可以成为一种对权力的'社会的制衡'"。[2] 因此，在最广泛的意义上，这些具有独立地位和自主性的社团即构成了外在于国家政权控制的市民社会。

市民社会与政治国家之间的分离是必然的和必要的，其关系必须由法律加以调整。对于市民社会而言，其中的那些独立自主的社团，"它们的活动和内部管理具有高度的自治性质。国家必须尊重市民社会的这种独立自治特征并通过法律加以保护"。[3] 法治对于社会自治的意义就在于对政治国家权力的控制。同时，市民社会的存在并非要消解政治国家，至少目前是无法做到的。虽然市民社会的概念来自西方，而中国市民社会问题仍然是一个值得深入研究的问题，但不可否认，无论是西方还是东方，市民

---

① 梁治平：《市场·国家·公共领域》，《读书》1996 年第 5 期。
② 梁治平：《市场·国家·公共领域》，《读书》1996 年第 5 期。
③ 邓正来：《市民社会理论研究》，中国政法大学出版社，2002，第 9 页。

社会作为一种话语，都代表了致力于建立一个不受国家权力控制的自治团体的努力。而这种努力的意义在于防范国家权力的过度扩张，即一方面市民社会的理论揭示了一种必然——有一些社会领域不应该或者不适宜由国家直接或广泛介入，而另一方面市民社会对国家权力施以不可替代的约束，它防止国家的专断行为，保护公民的自由和权利。村民自治无疑可以视为市民社会话语下的一种建构。

但建构的制度在进入乡村之后，必然存在对固有社会结构和制度环境的路径依赖。换言之，任何新制度在运行中都不可能完全抛开固有传统而自足。目前村民自治中所出现的种种困局恰恰说明来自西方的市民社会理论在指导中国问题时的局限。在传统的延续性远甚于断裂性的中国乡村社会，其公共权力的运行曾在历史上有着非常独特的模式，那就是绅权与国家权力的博弈与互动模式。绅权主导着乡村社会，本书将这种乡村治理模式称为"绅权治理"，即在乡村权力结构中，主要由绅权承担乡村公共事务管理和社会秩序维护的任务，其中包含了一些正式制度，而更多的是非正式制度，"这些制度是在国家需求和地方社群自发承担日常政府职能的互动过程中成长起来"。① 国家与社会的互动其实是一个权力的博弈过程。当国家权力过于强大而趋于窒息社会之时，绅权的主体——乡绅就会偏向地方，运用其个人影响，通过非正式渠道有效地反抗国家权力；当处于底层的乡民与国家权力激烈对抗之时，乡绅又会站在国家的立场上配合官方进行疏导与劝说。正是通过乡绅的缓冲和调解，国家和乡村社会之间避免了你死我活的零和博弈，起码在一定程度上实现了正和博弈。按照我们今天的理解，这也正是治理的功效所在，即合作主义。绅权虽然在中国封建国家的法律文本层面上并不具有法定性，但它是真实存在的和有效的。其有效的最关键性因素在于恰当地处理了与国家权力的关系问题。而权力配置问题则正是当下村民自治中许多问题的症结所在。因此，本书的问题意识来自中国乡村社会正在推进的村民自治，意在通过反思市民社会理论对于这一基层民主政治改革的解释限度而反观中国历史上的绅权，以期发现

---

① 〔美〕李怀印：《华北村治——晚清和民国时期的国家与乡村》，岁有生、王士皓译，中华书局，2008，第 2 页。

后者的"合理内核"，并进行一种创造性转化。最终的目的在于以一种本土意义上的理路来推动具有悠久自治传统的中国乡村自治，并且在当下，从法律的文本走向真实的政治。基于这一法理逻辑，对于绅权与国家权力之关系的探索就不仅具有理论意义，更具有实践价值。

二　绅权研究的相关学术回顾

谁是公共权力结构中的真正主导者？对这一问题的回答在某种意义上构成了中国乡村社会权力研究的一条主线。为了把握乡村公共权力结构中的领导者的发展脉络以及该结构的变化趋向，中外学者进行了长期探索并积累了十分可观的学术成果。这些成果在总体上可以归纳为"地主论"和"绅士论"。

"地主论"的理论根基是阶级斗争理论，分析视角是国家主义的、一元化的，即整个社会分为地主阶级与农民阶级两大对抗的阶级，专制国家是地主阶级的统治工具，虽然乡族势力与官僚机构之间也会产生矛盾与冲突，但不论是缙绅地主还是庶民地主，与官僚集团的利益和性质从根本上说是高度一致的。这一分析模式在中国大陆地区强调阶级斗争的年代大行其道，不可否认其分析手法是比较有效的，并且其结论在一定程度上也反映了真实的历史，但由于完全抛开社会经济文化因素，论断也就难免流于片面化和简单化。因此，"地主论"在20世纪80年代以后，伴随着大陆史学界思想的解放，在引进西方社会学、人类学、文化学、政治学、经济学、心理学、地理学的理论与研究方法，并吸收海外及港台研究成果的大氛围下逐渐被大多数学者所抛弃。

"绅士论"的首倡者吴晗、费孝通等学者，在其合著的《皇权与绅权》一书中曾围绕绅权与皇权的关系来探讨绅权的社会特质，这一学术理路在当时（即20世纪40年代）的中国发展成一股持续的学术潮流，并无心插柳柳成荫地在日本及欧美产生巨大影响，其原因一方面在于后者对中西文化进行比较和对古老的中国社会的强烈兴趣，另一方面则归结于其具有极大包容性的学术环境。

（一）20世纪40~70年代国外学者相关研究述评

国外学者按照西方的经验，即国家与社会的二元化，将绅权视为来自社会的自治权，对抗着国家政权，其根基在于中国的农村社会是独立于国家的自治共同体。在这方面的论述，可以追溯到卡尔·马克思，他在《政治经济学批判》导言中曾提到"亚细亚社会论"，即亚洲在历史进程中发展起来的村落共同体结构，通过村落手工业和农业的高度整合，成为一种自给自足的封闭体系，它排斥外来影响，能够处理自身事务，是独立于国家政权的"共同体"。其后，马克斯·韦伯在《儒教与道教》中专设"乡村自治"一节，指出"村落式的居民点在中国的基础是对安全的需要"，"乡村，而非城市，是村民利益范围内的一个有实际防御能力的联合体"，"在乡村内部，有一个同乡村（政权）对峙的磐石般团结的地方乡绅阶层的委员会。不管你想做什么，比方说提高传统的租税，不管你想进行什么变革，都必须同这种委员会达成协议，才能做点实事。不然的话，你这个知县就会像地主、房东、东家，一言以蔽之，一切族外的'上司'一样，遇到顽强的抵抗"。① 因此，中国乡村是一种"非官方的自治"，它与世袭君主制国家之间构成一种紧张对抗的关系。两位大师在亚洲及中国问题上有着深刻的洞见，他们的系列论述长期被西方学者甚至中国学者奉为经典，虽然他们的认识基础并非来自实证调查和亲身体验。

而真正依据自己的实证调查对中国社会进行研究并取得卓越成就的学者是英国汉学人类学家莫里斯·弗里德曼（Maurice Freedman，1920-1975），他认为中国社会地方自治的主体是宗族，而宗族中的精英分子则是国家和社会并存的内在机制，"处在社会分化状态中的宗族，其领袖具有有效性，他们既不被官府所任命，又不听命于衙门的命令。由于他们本身是士人，他们与衙门的地位实际上是同一的……因为绅士这种缓冲器的存在，所以宗族可以一方面与国家形成对立，另一方面使自己的立场富有官方色彩"。② 这种观点来自对西方与中国政治、经济、文化比较的深刻反思，对于后者而言，国家与社会并非二元对立，而是具有同构性，乡绅正是处在国家权力与地方社会之间的中介性角色，他们一方面受制于国家的政治权力与意识形态，另一方面又与当地的乡民有着千丝万缕的联系，

---

① 〔德〕马克斯·韦伯：《儒教与道教》，王容芬译，商务印书馆，1995，第147、149页。
② 〔英〕莫里斯·弗里德曼：《中国东南区的宗族组织》，刘晓春译，上海人民出版社，2000，第175页。

他们的权威来自乡民的认可，因而可以动员和聚集大量民间资源，在横亘着不可逾越的等级鸿沟的官民之间发挥沟通作用。

与此同时，西方学界明确地提出了"乡绅社会论"，即从社会角色和社会功能角度研究乡绅，强调国家政权对乡村社会的渗透虽然不断加强，但始终无法达到直接控制的目的，必须通过地方上的绅士①的中介作用才能实现间接控制，乡民完全处于国家间接统治和绅士直接统治的状态之下。具有代表性的著作包括萧公权（Kung-Chuan Hsiao）的《中国农村：十九世纪帝国政权对人民的控制》，他主张士绅是乡村组织的基石，村庄虽然可以在没有士绅的状态下存在，但没有士绅的村庄，很难有任何具有高度组织性的活动。而基层社会的结构变迁主要源于国家和士绅之间的权力转移。② 张仲礼在《中国绅士——关于其在 19 世纪中国社会中作用的研究》中也指出，有时绅士受命于官宪而办事，或协助官府办事。有时官吏们倡议做某些事，由绅士去干，并且让绅士放手去推行。还有的时候绅士倡议做某些事，然后由官府批准，往往还得到官府经费上或其他方面的实际支持。然而，绅士常常自行其是，官府只能默认或者勉强容忍。③ 瞿同祖在《清代地方政府》中论及士绅与地方行政，认为士绅是与地方政府共同管理当地事务的地方精英。与地方政府所具有的正式权力相比，他们拥有非正式权力。在百姓和官吏之间，士绅常常担当调停人的角色，这使他们赢得了本地居民的一贯尊重。许多官吏发现，通过士绅向百姓下达命令比通过正常的政府渠道要容易贯彻得多。同时，由于士绅是唯一能够接触州县官的本地人群体，他们可以将百姓的反映通报给州县官。通过这一渠道，州县官可以了解人们对其施政和属僚的意见。④ 费正清在《美国与中国》一书中指出，中国绅士至少应从如下意义上去理解，一是应当把它视为一群家族，而不仅是个别有功名的人；二是不应只从狭义上的绅士（基于功名）去理解绅士。地方官吏在应付水灾、饥荒或早期叛乱

---

① 下文"绅士"与"士绅"交叉出现，指同一概念。
② Kung-Chuan Hsiao, *Rural China: Imperial Control in the Nineteenth Century*, Seattle: University of Washington Press, 1960.
③ 张仲礼：《中国绅士——关于其在 19 世纪中国社会中作用的研究》，李荣昌译，上海社会科学院出版社，1991。
④ 瞿同祖：《清代地方政府》，范忠信、晏锋译，何鹏校，法律出版社，2003。

以及众多的次要案件和公共建筑工程时，都需要士绅的帮助。他们是平民大众与官方之间的缓冲阶层。类似结论还见于艾森斯塔特的《帝国的政治体系》、巴林顿·摩尔的《民主与专制的社会起源》和贝蒂的《中国的土地与宗族：对明清时期安徽桐城的一项研究》等。

在"乡绅社会论"大行其道之时，一些不断追求创新的学者转向从社会分层和社会流动意义上研究乡绅。何炳棣在《中华帝国的晋升之阶：1368—1911 年》一书中，将中国绅士与英国绅士相比，指出前者最重要的决定因素是土地产业，间或其他形式的财富；而中国绅士的地位只有部分来自财富，而绝大部分是科举所得的学位（即功名）。绅士阶层可划分为两个集团：其一为官僚层，其二为生监层。前者属于统治阶级，后者属于平民的特权阶层，具有鲜明的社会过渡性。因此，科举制提供了一条选拔人才的途径，使社会不断进行阶层对流，也产生了稳定社会政治的作用。罗伯特·马斯则在《官员中国精英的流动：1600—1900》一书中，采用数理统计学方法，以 572 名官员为对象，分析了家庭背景与绅士的及第年龄、及第可能性及晋升途径的关系，考察了不同家庭出身的官员的晋升率、任职期限和升迁速度。[①] 周荣德的《中国社会的阶层与流动》也是一部重要的绅士研究力作。他运用社会学理论和人类学方法，以 20 世纪40 年代对云南昆阳的实证调查为基础，从绅士的社会特征、社会功能、社会流动、生存方式等多方面再现了绅士生活的真实图景。

除欧美国家以外，与中国曾属于同一文化圈的日本也较早地开展了乡绅问题研究。20 世纪 40 年代的日本学界试图探索中国古代的土地、税收制度和社会结构变化之间的关系，乡绅研究自然是题中应有之义。1940 年，本村正一的《关于清代社会绅士的存在》一文，拉开了日本学界绅士研究的序幕。其后受欧美国家社会理论影响，根岸佶的《中国社会的指导层——耆老绅士研究》一书问世，并引起人们的广泛关注，该书立足于"国家-社会分离论"，较系统地阐述了绅士的社会功能，即绅士是一个"指导、统率民众的阶层"，是"民间自治团体的代表"，不但充当"官民联络"的媒介，而且在地方上发挥维持治安、确保民食、定分止争、劝善举

---

① 参见巴根《明清绅士研究综述》，《清史研究》1996 年第 3 期。

业、移风易俗的职能。反对"国家-社会分离论"的代表松本善海于1948年、1949年分别发表《旧中国社会特质论的反省》和《旧中国国家特质论的反省》，批判国家与社会游离法则，强调国家对社会的干预和渗透。这是因为出于税收的需要，国家不会听任乡村自由发展，相反，国家一再积极扶持建立乡治组织，以确保对农民的控制。而正是由于国家建立起控制农民的体制，它才似乎退到一个与社会分离的位置上。乡绅是随着国家编制的行政村组织的解体而形成的一个势力集团，但它并不是村落的代表者，而是"官僚主义的私生子"和准官僚，是"官民联络"的中介。在松本善海的基础上，仁阱田升在《中国法制史研究·刑法》一书中，认为国家之所以垄断刑罚权目的在于建立起对乡村的直接控制，因此，国家与社会并不是分离的；但由乡绅所主导的"地方共同体"也具有一定的自治性，当乡绅与国家权力发生利害冲突时，他们敢于和普通村民一起对抗政府。

日本学界对乡绅深入的研究出现在20世纪50年代以后，最著名的有小山正明的"乡绅土地所有论"和重田德的"乡绅统治论"。前者以土地和赋役问题为核心，后者以权力结构问题为核心。持"乡绅土地所有论"者认为乡绅所具有的不同于庶民的社会地位来自明代中后期赋役制度的变革，乡绅的徭役免除权使得大量土地集中于这一阶层。到了清代，通过对征税机构和人员的控制，乡绅进一步扩大了其在地方行政上的影响。"乡绅统治论"则认为乡绅不是前者所设定的经济范畴，而是一个政治社会范畴。因为乡绅身份本身就意味着特权，而经济上的乡绅土地所有是这种特权的结果，而不是原因。[①] 关于这两种绅士论的讨论各有侧重，但局限性也较为明显，即两者的理论基础都建立在阶级学说之上，其要旨是通过考察经济关系来剖析社会。而这仅仅是人类关系中的一部分而已，更何况阶级关系不仅有对抗，也有合作，而无论是"乡绅土地所有论"还是"乡绅统治论"都忽视了这一点。当20世纪70年代"社会史"研究热到来的时候，人们渐渐转向了从地方社会角度解读乡绅的发展趋势。此时，日本与欧美的乡绅研究趋势发生了合流，代表者包括夫马进、森正夫、奥

---

① 以上日本学者所进行的相关研究参见郝秉键《日本史学界的明清绅士论》，《清史研究》2004年第4期；刘俊文《日本学者研究中国史论著选译》，中华书局，1993；《明清史国际学术讨论会论文集》，天津人民出版社，1982。

崎裕司、寺田隆信、沟口雄三等。

从以上研究者的论断中，我们可以看出，国外 20 世纪 50~70 年代的乡绅研究的前提是对马克斯·韦伯观点一定程度上的认同，即乡村社会是一个共同体，乡绅不仅对乡民具有领导权，而且可以对抗地方政权；但与韦伯极为不同的是，他们否认乡村自治，乡绅虽然在正常情况下代表着地方社会的利益，但不能视为完全与国家政权相对抗，因为他们的特权和地位来自国家法的规定，而并不来自基层乡民的授予。所以，用近代西方的地方自治理论来衡量中国乡村的权力结构和关系，其结论必然是乡村无自治，乡绅拥有的虽然是一种非正式的权力，但与正式权力并没有质的不同，乡绅的权力直接源于传统的政治秩序，乡绅与官吏属于同一权力集团，这个权力集团在公共领域表现为官吏，在私人领域表现为士绅。

在资料和研究方法的运用上，作者们虽在地理位置上远离其研究对象，但并不影响他们对资料较为全面的掌握和深入的分析，这得益于西方学术界长期注重实证研究的严谨的学风，尤为明显的是 20 世纪六七十年代欧美、日本学者的研究更加细化，即对某一时间段的士绅的整体状况或某一地区的士绅阶层做定量分析，从而避免了泛泛而论，使自己的论断带有某种科学性；或是定性研究，将中国的绅士与西方的绅士进行对比，从而更深刻地解析中国绅士的特性。

（二）20 世纪 70 年代以后国外相关研究述评

20 世纪 70 年代以后国外对于乡绅及相关问题的研究转向一种更为细化的地域性研究和个案研究。这一转向与西方学术界在研究方法论上的不断创新有关。孔飞力的《中华帝国晚期的叛乱及其敌人：1796—1864 年的军事化与社会化结构》一书的理论基础就是反对以往中国近代史分期所持的"冲击-反应"模式，他主张从中国社会内部的结构变化，即名流（绅士）与政府之间的权力分配来界定中国近代的起点，不应早于 1864 年，即太平天国被镇压的那一年。这可以被视为柯文的"中国中心观"运用于中国乡绅研究的开始。① 其后，玛丽·兰金（Mary B. Bankin）和

---

① 〔美〕孔飞力：《中华帝国晚期的叛乱及其敌人：1796—1864 年的军事化与社会结构》，谢亮生等译，中国社会科学出版社，1990。

罗威廉将西方的市民社会和公共领域等概念引入对晚清绅士的研究，可谓研究范式上的一大创新。罗威廉以汉口为例，指出虽然这个城市潜藏着自然灾害和社会冲突等严重危机，但是由于城市精英积极参与社会公共事务，形成了一个介于公域和私域之间的"公共领域"，这使得汉口形成了相当规模的自治，也避免了因国家缺位而导致的混乱。① 玛丽·兰金以浙江省为例，探讨了"同治中兴"时期，出于战后重建的需要，地方上出现了不同于国家行政活动的"私人活动"，由此形成"自治性公共部门"，主要表现为绅士积极参与福利和教育事业而成为地方公共事务的主角。②

受后现代结构主义的影响，杜赞奇充分利用满铁调查资料，通过对1900~1942年华北乡村的个案研究，从大众文化的视角提出"权力的文化网络"的概念，用以分析晚清社会帝国政权、绅士以及其他社会阶层的关系。同时，他还探讨了乡村统治中的两种"经纪模型"，即视乡民为榨取利润对象的"营利型经纪"和维护乡村免遭国家政权侵犯的"保护型经纪"，在分析帝国政权与乡村社会的关系时，经纪模型比"乡绅社会"模型更确切。杜赞奇的这一理论范式，对于以往乡绅研究中所存在的偏重经济和政治等"硬件"而忽视宗教、文化、价值观念等"软件"的现象起到一定的纠正作用，也使我们对乡村社会的复杂性与多元性有了进一步的认识。③

黄宗智的研究观察视角也具有一定的转换性，即从下层民众的角度和立场来重新审视国家与社会的关系。在其代表作《华北的小农经济与社会变迁》中，他主张改变以往学者对清代中国社会的国家-士绅的二元政治结构的一般看法，"把自然村视作只包含庶民的一个闭塞而又有内生政治结构的单位"，提出"我们需要考虑的，是一个牵涉国家、士绅和村庄三方面关系的三角结构"。他尤其强调研究村庄个案和乡村内

① 〔美〕罗威廉：《汉口：一个中国城市的商业和社会（1796—1889）》，江溶、鲁西奇译，中国人民大学出版社，2005；〔美〕罗威廉：《汉口：一个中国城市的冲突与社区（1796—1895）》，鲁西奇、罗杜芳译，中国人民大学出版社，2008。
② Mary B. Rankin, *Elite Activism and Political Transformation in China Zhejiang Province, 1865-1911*, Stanford University Press, 1986.
③ 〔美〕杜赞奇：《文化、权力与国家——1900—1942年的华北农村》，王福明译，江苏人民出版社，1996。

生组织的重要性。① 此外，黄氏的"第三领域"概念的提出，对于调和国家与乡村社会之间的绅权治理具有一定的解释力。②

　　李怀印的《华北村治——晚清和民国时期的国家与乡村》是近年来乡绅与乡村治理研究的重要著作。他在前人的基础上，聚焦于华北地区河北省获鹿县档案，提出并解决了三个问题：乡村治理的传统形式及其对20世纪中华帝国性质的意义，19世纪和20世纪早期农民的经济和集体行动，以及1900年以后乡村行政的变化。这是一个新的视角，关注于不同历史时期具有权威和合法性的价值观如何转化为行动，以及如何形塑绅民在乡村政治中所采取的策略。③

　　从以上列举可见，欧美70年代以后的绅士研究的面向非常开阔，注重理论创新而不是唯史实而史实。此外，国外学者非常注重绅士与其他社会事物之间的联系，即从一种外部视角来拓宽研究思路。除杜赞奇和李怀印之外，周锡瑞探讨了绅士与义和团兴起的关系，认为山东社会和生态环境的恶化导致绅士势力衰弱，而绅士势力衰弱则弱化了社会控制力，从而为义和团运动的发生提供了条件。④ 以辛亥革命为背景，周锡瑞还探讨了绅士对维新与革命的态度，根据态度的不同将保守的乡村绅士和开明的城市绅士区分开来，后者与王权的疏离是革命成功的重要原因。⑤ 陈志让则以近代绅士与军阀的关系为主线提出了中国政局的阶段性特征：1860~1895年为"绅军政权"，1896~1949年为"军绅政权"。⑥ 张信采用地方史资料，运用比较分析的方法，对豫北和豫西南的地方精英不同政治旨趣与两地大为不同的历史走向之间的关系进行了研究。⑦ 采用同样研究方法的萧邦齐（Schoppa）则对浙江核心和边缘地带的地方精英组织的发展进

① 〔美〕黄宗智：《华北的小农经济与社会变迁》，中华书局，2000。
② 〔美〕黄宗智：《中国的"公共领域"与"市民社会"？——国家与社会间的第三领域》，载黄宗智主编《中国研究的范式问题讨论》，社会科学文献出版社，2003。
③ 〔美〕李怀印：《华北村治——晚清和民国时期的国家与乡村》，岁有生、王士皓译，中华书局，2008。
④ 〔美〕周锡瑞：《义和团运动的起源》，张俊义、王栋译，江苏人民出版社，2005。
⑤ 〔美〕周锡瑞：《改良与革命：辛亥革命在两湖》，杨慎之译，江苏人民出版社，2007。
⑥ 陈志让：《军绅政权——近代中国的军阀时期》，广西师范大学出版社，2008。
⑦ 〔美〕张信：《二十世纪初期中国社会之演变》，岳谦厚、张玮译，中华书局，2004。

行对比，揭示了在国家的政治动荡中地方精英的不同动向。① 卜正民则从宗教角度入手，探讨了士绅在佛教与儒教、政治权力与经济权力、国家与地方、公与私之间建构其公共身份和权威的举措和对地方社会的影响。②

　　首先，20 世纪 70 年代以后在乡绅、绅士研究上取得重大突破的一个重要因素是史料上的突破而导致的研究视角与模式的变迁。这一时期的研究从单纯依靠官方文献，转而发现和利用一批新的田野调查数据和地方档案数据，如满铁调查资料、台湾淡水与新竹档案、顺天府宝坻县档案、河北省获鹿县档案等，正是由于这些数据的支持，新一代的乡绅研究者有了新的突破，提出带有创造性和启发性的观念模式，用以解释国家和社会及地方社会的内部结构，从而为乡绅研究提供了一种新的分析框架。其次，70 年代以后的研究多集中在中国近代部分，在剧烈的社会变迁和政治动荡中探求绅士阶层所发挥的作用，以及绅士在中国现代化进程中的分化等，研究视野比起四五十年代更加开阔。此外，对于作为地方领导层的乡绅的称谓，也多有变化，如名流、士绅、绅士、地方精英、地方权势等，不一而足，反映了不同学者对于中国传统社会的领导者在近代流变的不同看法。

（三）20 世纪 40 年代以来国内学者相关研究述评

　　国内对乡绅和绅士研究的关注曾在 20 世纪四五十年代昙花一现，但之后的三四十年几乎销声匿迹，直至 80 年代以后才重拾这一研究主题，最为明显的表征是国内的两名学者几乎同时翻译了费孝通先生 1953 年在美国出版的《中国绅士》（China's Gentry）一书。③ 这本中国绅士研究的扛鼎之作以极其精练的语言向人们揭示了绅士的本质、中华帝国稳定的结构性原因以及现代化之下中国农村存在的问题。除此之外，余英时的《士与中国文化》一书也可视为一种历史背后的本质研究。孙立平、贺跃夫、王先明等学者也在同一理论上进行了探索。但相比较于欧美学者对新理论的热衷，国内学者似乎更倾向于以考据学的方式来研究士绅和乡绅，

---

①　Keith Schoppa, R., *Chinese Elites and Political Change: Zhejiang Province in the Early Twentieth Century*, Massachusetts: Harvard University Press, 1982.

②　〔美〕卜正民：《为权力祈祷——佛教与晚明中国士绅社会的形成》，张华译，江苏人民出版社，2005。

③　费孝通名著 *China's Gentry* 目前中文译本有惠海鸣译本（2006 年）和赵旭东、秦志杰译本（2009 年）。

即注重历史资料的挖掘基础上的断代或区域研究，以史料说话，发现真历史。这一作风与日本学界较为接近，可以视为一种纯粹的历史学研究。国内已有的专门以士绅为对象的研究成果在数量上已经很可观，其中的著作包括徐茂明的《江南士绅与江南社会（1368—1911年）》，郭剑鸣的《晚清士绅与公共危机治理》，王先明的《近代绅士：一个封建阶层的历史命运》和《变动时代的乡绅：乡绅与乡村社会结构变迁（1901—1945）》，章开沅、马敏、朱英主编的《中国近代史上的官绅商学》，李世众的《晚清士绅与地方政治：以温州为中心》，许顺富的《湖南绅士与晚清政治变迁》，杜正贞的《村社传统与明清士绅——山西泽州乡土社会的制度变迁》等。另有不少的文章涉及江西、苏州、徽州、湖南等地区乡绅或绅士。其他更早的研究者如秦晖、冯尔康、陈旭麓、乔志强、魏光奇、从翰香、郝秉键、赵秀玲、岑大利、任昉、常建华、谢放、罗志田等都为中国乡绅和绅士研究做了非常可贵的贡献，毋庸一一赘述。

为了进一步推动乡绅和乡村研究的发展，发现目前所存在的问题是必要的。总体而言，现阶段研究特点首先表现在多侧重历史考证和描述，少有新的理论范式的构建。当然，前者所进行的基础性工作是十分重要的，但如何在问题意识下对史料进行一种新的阐释，同样不能忽视；后者是增强中国学术研究主体性，掌握学术话语权的关键。其次，集中于传统社会乡绅的功能研究，且成果颇丰，对于近代绅权与国家权力之间关系的演变没有系统性的研究，对于乡绅在中国现代化背景下如何进行乡村治理也少有涉及。

此外，已有的部分成果，对于清末民初的乡绅流变及其对乡村治理的影响存在一定的误读；对于民国时期乡绅的消亡缺乏深入分析，以所谓的"劣化"这一道德话语遮蔽了制度和体制的决定性作用；对于近代社会绅士的现有研究也多集中于城市，以市民社会和公共领域为分析框架阐述其对公共事务的参与度，但缺乏对乡村以及城市与乡村之间关联性的关注。对于已经有了大量成果的学术问题继续开展研究是一项具有挑战性的工作，因为后来者所能做的往往只是填补研究中的空缺部分，而这种做法也许只是具有增量意义而已。在笔者看来，要想进一步深入，就必须另辟蹊径，从狭隘的学科意识走向开放的问题意识，对现有的学术资源进行有效的整合，唯有如此才能对社会的历史进程有更为彻底的认识。

从严格意义上来说，相对于今天，昨天就是历史。今天的中国乡村并没有因为我们步入了现代化进程，搞社会主义新农村建设，就与传统发生断裂；相反，历史的痕迹在今天的乡村中随处可见。而这其实是特别宝贵的资源，因为世界因为不同而美丽，任何事物只有富有特色才能长久。中国乡村的特色来自它久远的历史传承以及儒家文化下的人与自然的和谐、人与人的和睦。因此，对于正在进行的乡村自治和乡村治理而言，乡绅研究的当下意义也是十分重要的。在目前国内学界对村民自治的研究中，学者们也逐步意识到历史和传统的价值。但总体而言，这一块的研究集中于政治学、社会学和公共管理学科，主要研究者有张厚安、徐勇、项继权、于建嵘、贺雪峰、吴毅、张静、张鸣等学者。研究成果数量虽多，但多倾向于通过实证调查来分析农村民主因素的大小有无，考察村民自治对于当前政治体制的震荡以及农村现代化的影响。对于农村社会现实困境和政治危机的探求尚不深入，而这种困境和危机的形成由来已久，村民自治在一定程度上实为当前国家对这种困境和危机的拯救。也就是说，村民自治研究因缺乏历史感而浮于表面，而这不能不让人想起历史上的绅权治理。为使研究进一步深化，我们需要思考的是：乡绅阶层从游刃有余地游走于国家和社会之间，身兼乡村社会保护者和国家权力支撑者的双重角色到受到国家和社会的双重反对，是何种力量将其推到不得不退出历史舞台的境地？是什么造成了近代以后乡村的衰败？对于历史上的乡绅及绅权我们该如何扬弃？

三　本书的研究思路与主要观点

本书所有的分析和论证都围绕着一个中心问题，即在中国这样一个有着深厚的传统积淀同时又面向现代化的东方国家，应当通过怎样一种方式配置乡村公共权力，才能既保证国家对基层社会的控制，又能使真正体现社会自主性的乡村自治成为一种现实。而选择了"绅权与国家权力"这一路径来寻求以上问题的解决，则是基于将历史学的经验研究和法学的逻辑分析相结合的方法论。之所以是一种结合，是因为对于乡村场域中绅权与国家权力关系的研究，特定的历史经验与一般的法理分析是不可替代却又紧密联系的。

从历史的经验研究而言，当我们试图分析明清以后中国乡村社会的权力结构问题之时，乡绅总是无法绕开的关键一环；同时，在明清以后绅权与国家权力的动态博弈之中，乡绅对乡村社会的治理是否存在以及所达到的效果直接决定了两者关系的走向。因而，什么是乡绅、什么是绅权就成为本书论述的起点。在史学界，对于乡绅的界定不下数十种之多，但至今仍是一个人言人殊的问题。本书在前人的研究基础上，综合乡绅在不同历史时期所具备的共同特征并结合当时的语境，给出了一个结构性的界定标准。其中，知识要素是一种表层的显性要素，而财富是更为深层次的经济要素，且伴随着科举制在近代的废除，财富要素的比重有所上升。乡绅界定的根本性要素是身份要素，即在具有知识要素和财富要素以后，一个初步被认同为乡绅的人必须在社会行动中获得公共身份。他必须为建构一个乡村共同体而努力，扎根于乡土，并协调于国家权力与乡村社会之间，在权力与利益的博弈中谋求一种合作共治的乡村治理状态。因此，对于乡绅的理解最终落实于动态的绅权治理之中。

绅权发端于中国明清时期，有着特定的历史背景。在中国封建社会后期专制统治不断强化的情况之下，绅权——这种非正式权力——替代官僚的正式权力来实现乡村的社会控制似乎是匪夷所思的，但恰恰就是在这样一个历史时期，中国的文化、政治和经济环境为绅权的生成提供了必要条件。明清时期科举制的发达和特殊的官僚制度造就了文化范畴的绅权。国家权力直接控制乡村社会目的的落空以及非正式权力的增强造就了政治范畴的绅权。依靠文化资本服务于乡村所产生的财富——而更多的则是政治资源"溢出"的财富——造就了经济范畴的绅权。因此，乡绅阶层作为"一乡之望"的独特性恰恰来自其本身与国家权力之间的特殊关系，即正是国家所赋予的文化、政治和经济特权——这三者之间并非泾渭分明，而是彼此关联——才造就了乡绅阶层，并生成了绅权。

仅从历史学的经验研究来看，乡绅及绅权无疑是特定历史时空下的产物。对乡绅及绅权的纯粹历史研究也许仅限于分析和阐释这一现象，并不预知未来。众所周知，历史决定论中所谓的历史规律不可抗拒之说已经为波普尔所批判，因为它明显缺乏可证伪性。但这并不意味着我们不能透过历史表象去探求其暗藏的潜流，当然我们必须承认理性和智识的限度。法理学逻辑分析方法的采用可以使我们发现历史上的绅权所蕴含的某种普遍性法理。本书尝试从近世乡绅对乡村的治理这一动态的历史活动中探求绅权意义与价值。20世纪90年代以后，社会科学研究领域兴起了有关"治理"的一套理论。在这一理论中，所谓的"治理"即强调多元主体的共存和伙伴关系，以及彼此之间的民主、协作和妥协精神。"治理"在本质上是一个公共权力的重新整合问题，即如何在国家和社会之间合理配置公共权力，以及如何在国家和社会各自范围内有效地运作权力以及彼此之间进行权力合作。因此，用"绅权治理"这一术语来概括、描述并分析中国古代基层社会（以明清时期为典型）的治理特征和方式，正是基于治理理论给中国古代乡村公共权力研究所带来的一种新的方法论。通过乡绅的公共活动使国家和乡村社会的关系处于一种动态的平衡之中，既满足了国家控制乡村社会的需要，同时也遏制了国家权力对乡村社会的过度汲取，保护乡村共同体的利益。这是一种最佳状态的国家-社会关系在乡村场域的体现。明清时期绅权兴起与运作的历史恰恰暗合了现代的某种法理逻辑。

本书第二章的着力点就是以大量的历史资料和个案来剖析明清时期的绅权与国家权力的动态关系，即绅权同时作为国家权力的延伸和防御国家权力的屏障而存在，其本身就体现了国家与社会的叠加、共存和合作。正是乡绅阶层"调节器"作用的发挥使得越来越庞大的帝国机器仍然能够灵活运转。从某种意义上来说，这种历史的巧合符合了一种普遍的法理。绅权治理作为中国封建社会后期基层控制演化的最终结果，也是适应当时政治、经济、文化的一种有效治理方式。但反言之，当社会发生急剧动荡和变革，而不是像以往那样缓慢的社会变迁之时，这一治理模式是否还能够继续有效，甚至继续存在，就值得进一步加以考察了。19世纪中叶是中国社会动荡和变革的开始，也是绅权与国家权力之间平衡关系被打破的开始。

本书第三章意在探讨19世纪中后期绅权与国家权力的新关系。在这一历史时期，国家权力的衰落与乡绅的救世进取精神的形成几乎是同步的，政治形势的变化造成了绅权的普遍扩张。为镇压叛乱以及进行战后地方重建，清政府不得不放手发动乡绅，委以人事权、军事权和财政权，以期稳定乡村秩序并渡过危机。此种种举措唯有在晚清政治危机的背景之下方可理解，因为这些权力原本都是被专制集权主义国家所垄断，不轻易授予他人。对于这种让渡，我们只能理解为在特殊情势之下，国家权力对绅权的"依赖"格局所致。同时，绅权治理也不可能再局限于以往那种松散和非正式的模式，它必须更加体系化和发挥主动性。事实上，军事化必然带来高度组织化和制度化，甚至具有促成某种"独立"政权形成的动因。绅权由原先的非正式权力逐渐演变为一种准正式权力。而准正式权力本身就是个悖论，更何况乡绅的准正式权力与国家正式权力之间也没有明确的分界，因而，官与绅最终在对乡村甚至县域的控制上由合作走向了抵牾。从法政的逻辑来看，权力划分界限的明确是规范行使和相互制衡的前提，权出多门必然混乱丛生。这种混乱在晚清的乡村社会中，以国家权力依赖绅权治理为因，而以绅权治理僭越国家权力为果。虽然绅权因与国家权力没有明确分界而屡屡僭越，然而最终的实效是令后者满意的：太平天国运动在国家权力与绅权的联手中被镇压，天下暂时太平。

新到来的 20 世纪意味着历史翻开了新的一页，中国无可回避地被卷入了世界现代化进程。本书第四章——清末民初绅权与国家权力的博弈便是在这样的时代背景下展开的。以救亡图强为主题，同时掺杂着民族国家、民主与自治等西方话语的政治意识主导了中国乡村社会的权力分配。对于中国这样一个后发外生型现代化国家而言，由国家主体自上而下启动现代化必然产生的国家政权建设，以及作为政治现代化自下而上合法性基础的乡村自治，在当时的特殊历史语境下同时被国内政界所强调，并为此不断探索两者的整合途径。但无论如何整合，它始终表现为两个相对的过程，即对于乡村社会而言国家政权建设完全演化为一种自上而下的控制和索取，绅权与国家权力的关系也在相关自治法律的规范下走向制度化。在制度的框架之下，乡绅阶层因推行乡村自治而权力得以彰显。但此时的绅权非但没有像改革者所期望的那样发展成民权，从而进一步构筑乡村自治的真正社会基础，反而使绅权治理模式异化为乡绅统治格局，并成为近代中国国家政权建设的严重阻碍。由此，国家权力不断打压绅权，后者则因为丧失其存续的社会根基而日益式微。在被国家与乡村社会同时背弃的境遇中，绅权最终走向了消亡。近代中国在国家建构和民主建构的两难中最终选择了前者，而乡村自治从形式到实质都不复存在。

绅权的消亡导致颠覆性的革命在乡村酝酿并最终爆发。这一结果首先来自乡村对国家无限度控制的反抗。在内外战争频仍和城乡二元化的背景下，国家政权建设只能意味着对乡村社会的掠夺，这一掠夺在没有绅权的防御和抵抗的情况下变得肆意妄为，远远超过了乡村社会经济所能承受的限度。乡村社会也最终无法容忍，其角色发生了转变，由稳定的源泉变为革命的源泉。其次，消灭了绅权以后的全能主义政治使得民间社会严重萎缩，而与此同时，被民族主义动员起来的乡民在高度一体化的政治体制中无法找到表达自身利益诉求的合法性渠道，从而在国家权力与底层社会之间出现了权力的真空。这自然为中共在国家和社会的空隙地带广泛动员农民，建立组织，发动阶级革命提供了条件。此时，乡绅作为一种联结国家与乡村社会的中介的意义对于国民党政府而言再次凸显，但历史没有再给它机会。这样，一个在现代化进程中充满矛盾和严重脱节的国度，最终以农村包围城市的方式实现了革命性的权力重组。在这一段历史叙事的最后，我们的结论来自这样的法理逻辑，那就是绅权的异化和消亡导致了乡村公共权力配置的失衡，国家与乡村社会的合作关系演变为统治与被统治甚至是剥夺与被剥夺的关系。在这一过程中，一方面，乡村社会的自主性逐步丧失，成为一个被任意摆布却内心愤怒的客体。另一方面，国家（执政政府）也因丧失了它的社会基础，变成了一个貌似强大、实则虚弱的空壳。

在本书的结尾，我们回到当下，结合乡村协商民主机制的构建，探求绅权是否可以创造性转化的问题。这可以视为历史与现代在某种意义上的暗合。从社会治理角度来看，协商民主的内涵不是一味地强调国家与社会、公域与私域之间的严格界分，而是倡导界分基础上的融合与渗透。此时，国家权力由被动和消极变为主动而积极，私人领域也与18、19世纪市民社会理论中不受国家干预的私人领域有了很大差异，而更显著的变化则是在两者之间出现了一个“灰色”的中间地带——哈贝马斯将其称为“公共领域”——公共权力重组的焦点所在。这一理论的变动对于中国乡村建设而言具有重要的意义，因为它不仅符合中国当下的国家与社会的相处状态，而且让人们再度记起了中国历史上曾经存在的乡绅及绅权。绅权在本质上反映了国家与社会之间的合作共生关系。作为绅权载体的乡绅不但是国家意识形态的捍卫者和解释者，更是乡村利益的代表者和保护者。乡绅对乡村社会的治理不但反映了国家与乡村社会的相对分离，而且体现了国家与乡村社会的不可分割。对于乡村共同体而言，乡绅在特定的历史条件下的确谋求并实现了乡村社会的自由和自治。

如果我们承认乡村自由和自治是人民主权的精髓，为保护这种民主政治的草根而制约国家权力是建立法治国家的精髓，那么绅权，通过某种创造性的转化，就将有可能在新的历史条件下成为通向法治的中国范例。通常，我们理论的预设都会有一个关于未来的模糊或清晰的理想图景。如果中国法治的未来图景是一幅中国社会变迁自主驱动且内容和形式连贯一致的图画，那么通过历史的方式将有助于这一图景的构建。正是在这一意义上，我们相信，对于历史上曾经存在的绅权及其与国家权力关系的研究既是经验的，又是理论的。

第一章　绅权的法律意蕴

中国乡村社会的权力结构及其变迁一直为中外学界所关注，绅权几乎是所有相关研究都无法绕开的关键一环。乡绅作为绅权的主体对乡村社会的治理在相当长的历史时期内得到了国家的认可，而绅权也正是在此过程中生成，中央政府甚至在特定时期以授权方式赋予其法定性。正是在双重意义上，以往的研究者将中国称为"士绅之国"。[①] 但笔者认为，基于"中国国家积乡而成"[②] 的事实，我们毋宁称之为"乡绅之国"更为恰当。"乡绅"与"士绅"虽一字之差，但内涵已然不同。因此，乡绅概念之界定遂为本书的逻辑起点。

第一节　绅权的主体界定

自20世纪四五十年代开始，以乡绅为主题的相关研究得到了中外学者们的关注。从那时起，关于什么是乡绅，以及与乡绅类似的概念，如绅士、士绅、缙绅、名流、地方精英等，就被反复讨论，而始终人言人殊。其中的一个重要原因在于，乡绅阶层在漫长的历史变迁过程中，其本身也逐渐发生着细微而深刻的变化，明清时期的乡绅强调功名带来的政治身份，晚清时期的乡绅突出其对儒家知识体系的固守，民国时期的乡绅则看重其财富与公众影响，不一而足。但无论历史如何变迁，公众话语体系中的乡绅总是具有某种共性，因此，对于乡绅概念进行界定并非不可能。然

---

① 〔美〕费正清：《美国与中国》，张理京译，世界知识出版社，2000，第32页。
② 梁启超：《饮冰室合集·专集之八十六》，中华书局，1989，第52页。

而，任何讨论都有其场域。本书中的乡绅，在空间上，是居于乡村社会的
"绅"，以区别于居于县城、府城和省城的"城绅"；在时间上，存续于近
世（明代中叶直至民国中期），故以历史长镜头于变迁中探求其根本属
性；在研究方法上，并非做乡绅的历史个案研究，而是从结构功能主义出
发，在乡村权力结构中定义此阶层。当然，不可胜数的历史个案为本论题
提供了不可或缺的研究素材。基于这三个限定，历史变迁语境下的乡绅概
念可以在知识要素、财富要素和身份要素上加以界定。

一　知识要素

对于乡绅的理解，我们首先可以从比较具有包容性的"士绅"概念
切入。在"士绅"概念中，学者们强调了"士绅"概念所忽视的"绅"
的文化特征和功能①，即由"士"而"绅"是一个逻辑上的递进顺序。
因此，"士"当为第一层要素，或称为知识分子。正是在这一意义上，我
们可以将乡绅理解为乡村知识分子。

从严格意义上来说，"知识分子"是一个舶来的概念，而"士"则是
从中国本土文化中生长出来的，但两者在维护社会道德价值与作为专门知
识的拥有者和传播者方面具有极大的相似性。② 故而，我们可以在大多数
的场合将两者等同。在中国的乡村社会，对于大多数处于文盲或半文盲状
态的乡民而言，"文字造下阶级"③，一方面乡绅因为识文断字、知书达礼
而被一般乡民崇敬，另一方面被乡民所崇敬的乡绅也自然控制了乡村的意
识形态，并由此承担起教化乡民过一种达至"礼"的道德生活的使命。
这一切源于知识与社会权威甚至是政治权力之间的紧密关系。正如日本学
者三石善吉所言："学问通往权力，否，应当说学问不仅通权，其自身就
是权力。有文者，士之也，统治者之谓。无文者，庶之也，统治之对象是
也。"④ 因此，从某种意义上来说，知识便成为界定乡绅的最为显性的

---

① 参见徐茂明《江南士绅与江南社会（1368—1911年）》，商务印书馆，2004，第62~66页。
② 参见余英时《士与中国文化》，上海人民出版社，1987，第5页。
③ 吴晗、费孝通等：《皇权与绅权》，天津人民出版社，1988，第16页。
④ 〔日〕三石善吉：《传统中国的内发性发展》，余项科译，中央编译出版社，1999，第13页。

要素。

　　费孝通先生曾指出，"知识分子"在中国意味着"他们有知识"，这显示出在中国社会里有一个学问上的差别。换言之，中国社会在"知识"上发生了分化，其中有一部分人将"有知识"作为异于他人的特性。显然，中国传统社会中的知识与我们现在通常意义上所理解的知识是有所不同的。后者是一种广义上的知识，在性质上包括两类：自然知识和规范知识；而前者则仅仅指狭义上的知识，即规范知识。[①] 在以小农经济为基础的中国乡村社会中，自然知识是乡民赖以为生的知识，是一种可以口耳相传的自然规律的总结。乡民必须自觉加以遵守，因为不遵守就意味着无法收获，就要饿肚子。因此，自然知识是不需要外在力量推动而为乡民所习得的，并且乡民在运用自然知识的过程中，结合生产经验而不断总结出技术知识。但规范知识不同。规范是以制裁为后盾的行为准则，而制裁要以权威或权力为支撑。因而，规范知识就是指导人们当为与不当为并包含惩罚性内容的知识。在远离国家法的中国乡村社会里，这种规范知识更多地表现为儒家的"礼"。礼同样具有制裁性，为此我们亦称之为"礼法"。作为知识分子的乡绅，其社会权威即来自他们有权制定和解释礼法。而为了巩固这种权威，礼法首先与文字相结合而无法完全依靠口耳相传，其次赋予礼法高于其他任何知识的价值。于是，乡绅的"学问"就是关于礼法的知识，它是一种与自然知识或技术知识无涉，而特指与儒家伦理道德相联系的规范知识。这使得乡绅成为一个不同于乡民的"特殊的会读书的"[②] 知识分子阶层。

　　规范知识对于乡绅的意义不仅在于使其与乡民相区别，更在于使其与国家权力之间发生联系。这就是知识-权力制度化——科举制度的功效。在传统社会，获得知识的途径——教育，以国家的官吏选拔制——科举制为唯一目的。知识由此与权力相关联。读书人以通过科举考试而获得功名为成功的标志。也就是说，在一个官本位的社会中，同样是读书人，获得低级功名的乡绅比没有获得功名的乡绅更加容易获得官府和民间的认可，

---

① 参见费孝通《中国绅士》，惠海鸣译，中国社会科学出版社，2006，第34～44页；吴晗、费孝通等：《皇权与绅权》，天津人民出版社，1988，第10～22页。
② 费孝通：《中国绅士》，惠海鸣译，中国社会科学出版社，2006，第41页。

而获得高级功名的乡绅因为更接近官僚系统而具有更高的权力期待性，从而也具有更大的社会权威。因此，在科举制度存续期间，对于乡绅的判定是较为容易的，他们总是与儒家的规范知识和科举功名相联系。

正是明清时期科举制度的发达，才造就了大量的具有功名的乡绅。而科举制的废除则使乡绅的历史命运发生了扭转。一方面，它阻断了乡绅向官僚阶层进发的途径；另一方面，传统的以功名为标准的乡绅阶层永远地失去了候补来源。但20世纪初"新政"旗帜之下的"新学"似乎同样可以成为读书人的晋升之阶。所不同的是，读书人通过这条晋升之阶更多地进入了城市而疏离了乡村。但"并不是说经过新政，农村的读书人就都被拉走了，实际上，进学堂因为种种原因半途而废的也不在少数，但科举一废，农村中的优秀人才从此再也不可能安心于乡土了，因为不经过新式教育，他们再也不可能出人头地，所以不仅现有的出色者流失出去，而且后来的佼佼者势必将步他们的后尘"。① 无疑，废科举、办"新学"从此拉开了中国城乡二元化的序幕，在乡村社会激起了一场大的波澜。传统社会中从官场全身而退、衣锦还乡或是因为考取功名而自视甚高的乡绅，在近代化的背景下似乎变成了被改革浪潮所淘汰的弃儿。他们内心希望留在城市，却身不由己地沉淀于乡村。

值得注意的是，在清末民初的社会背景下，沉淀在乡村的乡绅同样强调了文化要素。在以儒学为正统的封建时代，"绅士乃是由儒学教义确定的纲常伦纪的卫道士、推行者和代表人，这些儒学教义规定了中国社会以及人际关系的准则。绅士所受的是这种儒学体系的教育，并由此获得管理社会事务的知识，具备这些知识正是他们在中国社会中担任领导作用的主要条件"。② 时至清末民初，"新政"虽然打破了儒家经义的主导地位，但并不能立即动摇儒家文化在处于文盲和半文盲状态的乡民心中的崇高地位。但有所不同的是，这时文化要素更加广泛，即"学识"。它既可以是通过学校教育获得的特定知识，也可以是走出乡村后获得的见识。后者的

① 张鸣：《乡村社会权力与文化结构的变迁：1903—1953》，陕西人民出版社，2008，第45页。
② 张仲礼：《中国绅士——关于其在19世纪中国社会中作用的研究》，李荣昌译，上海社会科学院出版社，1991，第1页。

意义在于，"除非一个士绅分子的优越地位是完全依靠其他家庭成员或亲戚的势力得来的，否则通常会出外旅行一段时间。旅行给他提供了比他生长的地方更广大的外界的知识。这更使他有信心在社区里树立自己的威信"。① 如前所言，这必然导致乡绅阶层的"士"的身份的弱化，因为走出乡村而获得见识的人也包括一些在村庄中"混不下去"或"名不见经传"的人，他们获得见识的过程也许是经商、从军，甚至是非法贸易。而见识也和财富有一定联系，带回一定的财富是外出增长见识的表征之一。但与获得见识相比，通过学校教育获得学问的人在乡民中获得更高的认同，根基也更为牢固。读书人在乡村中是备受尊敬的。

就乡村读书人而言，"新学"的开办虽然造成了其中一部分人的外流，但仍然有一些传统乡绅——由于主观上排斥，或由于年龄、知识结构等客观原因——不能进入新学堂而仍然留守乡村。同时，也有一部分新学堂出身的读书人由于各种原因而回流进入乡村，与留守的乡绅组成了一个"新旧复合体"。其时很多档案记载了一些新学出身的乡绅沉淀于乡村社会并最终融入其中。甚至有学者通过对河北获鹿县的档案研究发现："获鹿县的各种毕业生大部分都回到了乡村，有的担任教员，有点充任学董，还有的替代就有的村正副，成为乡村社会中异军突起的新型领导者。"② 值得注意的是，个人经历的不同虽然导致新旧乡绅领导风格的差异，但不能改变其社会角色。只要乡村的社会结构没有发生变化，拥有新文化的新学之士在进入乡土社会之后，仍然有被固有文化同化的极大可能性。而在处于文盲和半文盲状态的乡民眼中，无论是拥有旧功名还是新学历，乡绅都是读书人，由文字的神秘性而产生权威的心理基础依然是存在的。在这种心理基础之上所产生的"认可，信任，赞许，尊敬和服从"③ 是不需要强制的。

应当说，乡绅因占有知识而具有权威的状况在民国乡村依然是存在

---

① 周荣德：《中国社会的阶层与流动——一个社区士绅身份的研究》，学林出版社，2000，第138~139页。
② 任吉东：《多元性与一体化：近代华北乡村社会治理》，天津社会科学院出版社，2007，第170页。
③ 周荣德：《中国社会的阶层与流动——一个社区士绅身份的研究》，学林出版社，2000，第94页。

的。尽管此时乡绅的构成更加复杂，但受过高等教育的知识分子仍然具有不可替代的权威。在经验上，费孝通先生在《乡土中国》中曾记载自己被邀请去调解纠纷的经历，被邀请的理由就是"在学校里教书的，读书知礼，是权威"，而同去的作为国家权力的代理人的保长"从不发言，因为他在乡里并没有社会地位，他只是个干事"。[①] 可见，除了历史逻辑的推演之外，我们还可以从读书人自身的经验角度来证明：知识是界定乡绅最为显而易见的要素。

二　财富要素

从经济角度来看，乡绅与富民之间有着某种内在联系。在中国乡村史上，唐宋时期的"富民社会"是明清时期的"乡绅社会"的经济和社会基础。[②] 而"富民社会"之所以发展成为"乡绅社会"，一方面是因为作为乡绅显性标志的功名的获得必须有一个坚固的经济基础，另一方面则是因为财富在中国这样一个东方专制主义国家唯有与权力相结合才能保证其安全和增值。透过这一因果循环关系，我们将财富作为界定乡绅的更为深层次的要素。

在一个几乎不承认个人财产权的社会中，一个乡绅的形成通常需要家族几代人的财富供给。费正清曾指出，对于中国绅士的理解，应当将之视为"一群家族，而不仅是个别有功名的人"。[③] 也就是说，在中国古代宗族社会的背景之下，一个人要想成为乡绅必须依靠家族的投资，而反过来，一个人成为乡绅以后，其背后的家族也就有了成为政治上的"大家族"的资本。经济资源与政治资源之间是相互转换的。而对于一个贫穷的家庭来说，其子弟上升的道路充满了艰辛，其中最直接的困难就来自资金上的匮乏。下文以明清时期为例。

一个人要读书考功名，除非是自学成才（这种情况是比较少的），不然就必须入学。或是聘请塾师，或是入私塾，两者都需要一笔不少的经

---

① 费孝通：《乡土中国》，凤凰出版传媒集团、江苏文艺出版社，2007，第60页。
② 参见林文勋《唐宋"富民"阶层的崛起》，载林文勋、谷更有《唐宋乡村社会力量与基层控制》，云南大学出版社，2005，第3~112页。
③ 〔美〕费正清：《美国与中国》，张里京译，世界知识出版社，2000，第33页。

费。如《儒林外史》第二回描述道，"薛家集，村里乡亲商议要请一个先生给孩子们启蒙，'每年的馆金十二两银子'，还要扣除每日'二分银子代饭'"，而所请的先生功名越高费用就越高，"贡生的馆金会出到五六十两（每年），是白衣秀士的 6 至 7 倍"。[①] 考生应考也要花费一定费用，有三项银子必须准备好：请廪生为他的出身和品行作保，叫"廪保"，则需要谢银；试卷费；中榜后，需向教官（即他的新上司）以及为他考试作保的廪生纳规费。因此，虽有贫寒子弟读书应试，"但更多的例子是贫寒人家子弟逐步放弃了读书应考的进程，因为他们不可能，也不准备承担多年读书应试的费用"。[②] 这就是"马太效应"，强大的经济后盾使得富民家族的下一代更容易产生乡绅或进一步成为当政的官僚，此家族代代相传而成为乡绅家族，依靠着国家所赋予的法定特权垄断社会更多的资源，整个家族亦步步昌盛，在乡村社会中发挥主导性的作用。因此，所谓"由富而贵"、"贵以保富"，从长期发展而言，富民家族与乡绅家族是一体两面的，一个诞生新乡绅的家族往往既是富民家族，又是乡绅家族。

进一步而言，一个读书人一旦被认同为乡绅，他就必须对乡村社会承担相应的社会责任。公众认同某一权力或权威的重要依据就在于这一权力或权威能为公众带来利益、提供服务，而不是对民众进行压制。在代表国家权力的地方政府无法提供乡村社会所需要的公共产品时，权力就出现了真空，而乡绅树立自己社会权威的最佳途径就是用自己或者本家族的财产来满足乡民对公共产品的需求。尤其在出现灾荒之时，这一点更是有决定性的意义。

在中央政府的控制能力衰弱的明、清后期，当灾害发生后，赈灾的主导权基本由民间掌握，起实际作用的是当地乡绅。崇祯年间，嘉兴府嘉善县乡绅陈龙正，对自己的佃户和家乡的贫民进行过多次大规模的赈济。崇祯三年（1630 年）当地发生饥荒，米价飙升，陈龙正对其曾居住过的胥山乡贫民进行救助，每人支给 30 日的粮食，记曰："今春米贵民饥，本家于祖居胥五一区，聊施小惠，其余力难遍及。"同时，陈正龙对分布在

---

①　顾鸣塘：《〈儒林外史〉与江南士绅生活》，商务印书馆，2005，第 94、95 页。
②　顾鸣塘：《〈儒林外史〉与江南士绅生活》，商务印书馆，2005，第 162 页。

其他各县的陈家佃户以借贷方式进行赈济，"惟念各县亦有本家佃户，历年服劳，岂忍概遗。今将旧冬缺下糙米，扣算随田者，至冬每斗只加利一升；如旧租清楚，即今开仓，每亩速给白米二斗，至冬每斗加利二升，薄示体恤"。所谓"随田"即"随田米"，是明末嘉兴地区田主针对佃户采取的一种资助方式，"常年，佃户每亩给借随田米二升，加利二分"。① 崇祯十四年（1641 年），陈氏再次向胥山贫民捐米 500 石。陈氏以私人财产大规模地资助乡民以渡过难关，其主观动机中一定含有士人道德使命感成分，但在客观效果上无疑也积累了他的好名声，加强了贫困的乡民对乡绅个人及其家族的依赖，从而有助于将其对乡村社会的控制合法化为乡民眼中的个人权力，即使是一种非正式的权力。

　　时至清末民初，乡绅的界定中更加强调了财富的要素，这无疑是与近代以后中国社会价值取向的转变密切相关的。清末以降，传统的"四民"结构似有松动，重"义"的绅士阶层与重"利"的商人阶层之间开始发生了对流。这种对流"不仅改变了绅士阶层的构成，使之纳入了重商的成分，而且必然导致封建身份等级结构的破解"。② 萧邦奇在对浙江精英的研究过程中指出，在 20 世纪初的中国内核区域，绅士或许大都具有商业利益，当绅士卷入商务领域后，富商无论有无"顶戴"（身份），都可依凭功名之士履行绅士的功能……传统社会分界变得模糊不清，在语源学上表现为 19 世纪末 20 世纪初"绅商"的命名。③ "绅商"最初出现于近代化程度较高的江南一带和沿海地区，内陆也逐渐受此风气的影响。生活在山西省太原县赤桥村的乡绅——刘大鹏在其日记中记述道："近来吾乡风气大坏，视读书甚轻，视为商甚重。才华秀美之子弟，率皆出门为商，而读书者寥寥无几，甚且有既游庠序，竟弃儒就商者。……当此之时，为商者十八九，读书者十一二。"④ 时人亦观察到："差不多的绅士，在县城内一定开设着'银号'、'花店'、'洋货庄'之类，自然有的是因为他有

---

①　陈龙正：《几亭外书》卷 4，明崇祯四年刻本（北京大学图书馆藏）。

②　王先明：《近代绅士：一个封建阶层的历史命运》，天津人民出版社，1997，第 167 页。

③　Keith Schoppa, R., *Chinese Elites and Political Change: Zhejiang Province in the Early Twentieth Century*, Massachusetts: Harvard University Press, 1982, p. 60.

④　刘大鹏：《退想斋日记》，山西人民出版社，1990，第 17 页。

许多的商店而做了绅士，也有的在做了绅士之后，才一下大开其商号起来。"① 这些"绅商"——无论是"由商而绅"，还是"由绅而商"——在身份上都会更倾向于"绅"，因为"商人在清末的地位虽然上升，并开始登上政治舞台，但商人传统的自卑心理及注重眼前利益的习性，加之清末中国近代经济成分微弱，新式商人的势力有限，使商人一般均依附于士绅"。②

经济上的富足是乡绅乐善好施的前提。乡绅"可以看作是马克斯·韦伯命名为'业余'或'非职业'类的行政人员……他们的经济条件允许他们连续无报酬或只收名誉报酬地在社团中担任领导和有实权的职务"。③ 相反，一个自私自利的富人不可能被乡民视为乡绅，甚至会被贫穷的乡民所仇视。因为只有在"富人们的资源被用来满足宽泛界定的村民们的福利需要的范围内，富人们的地位才被认为是合法的"。④ 同时，"富人被要求做出的慷慨行为并非没有补偿。它有助于提高人的日益增长的威望，在其周围集聚起一批充满感激之情的追随者，从而使其在当地的社会地位合法化"。⑤ 作为乡绅，他必须拿出私人财富中的一部分无偿地服务于乡民，才能获得与巩固社会权威，这来源于乡村社会的一种互助传统。中国古诗有云"千金散尽还复来"，对于乡绅而言，财富可以换来社会权威，就是这个道理。

三　身份要素

从社会结构而言，乡绅，作为一种身份，特指其在乡村共同体中所处的位置。通常，我们还可以用"角色"这样一种术语来表示这种身份的动态性质，它是对在一个群体内或社会中具有特定身份的人所期待的行

① 悲笳：《动乱前夕的山西政治和农村》，《中国农村》1936年第2期。
② 贺跃夫：《晚清士绅与中国的近代化》，《中山大学学报》1993年第3期。
③ 周荣德：《中国社会的阶层与流动——一个社区士绅身份的研究》，学林出版社，2000，第59~60页。
④ 〔美〕詹姆斯·C.斯科特：《农民的道义经济学：东南亚的反叛与生存》，程立显、刘建译，译林出版社，2001，第52页。
⑤ 〔美〕詹姆斯·C.斯科特：《农民的道义经济学：东南亚的反叛与生存》，程立显、刘建译，译林出版社，2001，第53页。

为，即"角色期待"。① "一个士绅若不能达到这些期望，也将引起官吏和百姓的不满和埋怨，甚至遭到其他士绅的责难。"② 这里的期望，或者是期待，即为身份的核心内容，"包括特定的权利、义务、责任、忠诚对象、认同和行事规则，还包括该权利、责任和忠诚存在的合法化理由"。③具体而言，乡绅享有国家认可和乡民认同的各种特权，而同时他们必须承担起相应的义务和责任，那就是他们应当积极参与地方公共事务，在国家权力与乡村社会之间，发挥类似于"调节器"的作用，即既防御国家权力过度剥夺乡村社会，同时也防止底层民众以革命等激烈方式反抗国家权力。他们的行事原则就按照儒家的"中道"来"调和"各种关系，以维持社会的安定和国家的统治。而如果一个乡村知识分子或者财产相对富足者，或者两者兼于一身者（通常这两者是联系在一起的），他不能承担以上这些义务和责任，那么从严格意义上来说，他就很难被官、民认同为乡绅，或者被认定为"劣绅"。

乡绅对于地方公共事务的参与，构建起一块相对独立于国家权力的公共领域。在这片公共领域，乡绅用私人财富和知识为乡村社会提供公共产品和服务，努力塑造其作为地方精英的形象。这种公共领域成为一种用来凸显和集中宣扬乡绅所具有的不同于普通乡民的价值和荣誉的场域。正是在这一意义上，乡绅的身份才具有了公共性。之前，我们所界定的乡绅的知识要素和财富要素是由个人的努力或者家庭（家族）的支持而获得，虽然为乡民所羡慕，但对于乡村公共利益是没有实质性增益的，因而由知识和财富所产生的功名身份和地主身份往往只代表一种私人身份。唯有利用这种私人身份来增加乡村公共利益，乡绅才会具有公共身份。这便是身份的转化。

在一些有关公共参与、公共精神与参与主体的社会文化背景相关性的实证研究中，学者们认为，经济、社会、政治地位和受教育程度一般与主体在公共事务中的活跃程度和参与效能呈正相关。这种正相关性具有跨域

---

① 参见〔美〕戴维·波普诺《社会学》，刘云德、王戈译，辽宁人民出版社，1987，第152～153页。

② 瞿同祖：《清代地方政府》，范忠信、晏锋译，法律出版社，2003，第314页。

③ 张静：《身份认同研究——观念　态度　理据》，上海人民出版社，2006，第4页。

国家和社会政治文化的普适性。① 而按照布厄迪的"资本"（capital）理论，决定主体参与公共事务程度和效能的经济、社会、受教育程度和政治地位等条件即为"资本"，即经济资本、社会资本、文化资本和象征性资本。其中，文化资本和经济资本是社会分化和分层的两大基本区分原则，社会资本则是基于持续的社会关系网而占有的社会资源，象征性资本则是被用以表示礼仪活动、声望或威信资本的积累策略的象征性现象。② 这种结构性的资本理论可以用来有效地分析乡绅公共身份的获得。作为乡村中为数不多的知识分子，乡绅垄断了占据正统意识形态地位的儒家文化，由此拥有了道德上的正当性。经济资本使得他们有更多的闲暇时光来参与甚至主导乡村公共生活，科举功名带来的政治资本和社会资本使得他们具有高于乡民的政治和社会地位。最后，所有的这些资本必须综合运用到一些具体的乡村公共活动中去，通过一些策略的运用来强化乡绅对乡村社会不可忽略、不可替代的作用，以不断增加的象征性资本来宣示、确立和巩固乡绅的公共身份。

历史研究者也同样注意到，对于拥有众多田产但对乡村生活"百事不揽"的土财主，农民并不视他们为社区精英（"乡土能人"），当其财富在家族和村落共同体利益层面上发挥作用时，便会受到人们的称颂；否则，财富越多，越会被人鄙夷为"守财奴"。四体不勤、五谷不分的读书人，也同样会被农民耻笑为"书呆子"。③ 正如学者张静所指出的："地方权威的权力地位与三个因素直接相关：财富、学位及其在地方体中的公共身份。"其中，学位，也就是功名，可以增加乡绅的社会声望，因为它代表了国家正式制度对乡绅个人的承认；财富和公共身份都是地方性的，乡绅必须有"将私益事（扩充财产）和公益事（地方社会的发展、安全及秩序）一致化的能力。……地方体的安定，来自地方权威促进其政治和经济利益互惠的行动，即地方权威和地方社会利

---

① 参见吴毅《村治中的政治人——一个村庄村民公共参与和公共意识的分析》，《战略与管理》1998 年第 1 期。
② 高宣扬：《布迪厄的社会理论》，同济大学出版社，2004，第 148~151 页。
③ 参见程歗《社区精英群的联合和行动——对梨园屯一段口述史料的解说》，《历史研究》2001 年第 1 期。

益一致化的行动"。① 当乡绅拿出自己的财富促进乡村的公共利益时，前者虽然暂时受损，但从长远来看，其增益是必然的。因为只要租种土地的农民还在，就不愁没有地租。毕竟，社会的安定对于相对富有的人来说远比那些没有财富或仅有少量财富的人要更重要。因此，保护乡村共同体的利益同时也是保护自身的利益，这就是乡绅与乡民一样所具有的乡土性。

乡绅存在的根基并不系于高高在上的国家，而是深深地扎在乡村社会。其公共身份的获得有赖于他们建构乡村共同体的努力。换言之，只有在乡村共同体的整合遇到危机之时，才可能真正危及乡绅的权威。就整体意义上的各种乡村权威而言，得到国家所授予的功名当然是"锦上添花"，虽然人们也经常以此来初步判定谁是乡绅，但它并不是作出判断的充分必要条件。更何况，国家在乡村社会仅仅是象征性的和文化意义上的，在现实的乡村生活中，乡村权威无法也不会依赖于国家。所以，除了经过科举考试而获得的功名身份之外，乡绅的其他资本都来自乡村共同体。概言之，乡绅公共身份的授予者在下，而不在上。②

假如我们不能明确这一最根本原则，那么在传统中国之后的纷繁复杂的历史变迁和社会乱象中，我们将无法判断那些仍被称为"乡绅"的人还是不是真正的乡绅。众所周知，经过了清末民初乡绅的权绅化，民国时期乡绅"劣化"已经成为一种普遍的话语。20世纪二三十年代的农民运动的目的就是要将乡绅作为一个"敌对阶级"彻底消灭，而事实上这一目的也基本实现了。③ 有学者曾提出国民党政府在20世纪30年代以后着力培养"新乡绅"的论断，而所谓的"新乡绅"，是指国民政府的区乡行政人员，同时还包括诸如中小学校长、商会会长、地方公益机构的主持人。④ 而事实上，以上身份往往是由同一类人兼具的。因为国民政府所规定的区乡公职人员需满足以下任一条件：居住本籍的受过中学以上教育的

---

① 张静：《基层政权：乡村制度诸问题》，浙江人民出版社，2000，第19、20页。
② 参见张静《基层政权：乡村制度诸问题》，浙江人民出版社，2000，第18～24页。
③ 参见王先明《历史记忆与社会重构——以清末民初"绅权"变异为中心的考察》，《历史研究》2010年第3期。
④ 参见李巨澜《失范与重构——一九二七年至一九三七年苏北地方政权秩序化研究》，中国社会科学出版社，2009，第217～230页。

新知识分子、党政军离职官员和清末以来在自治性组织机构中任职的人员。① 他们"被地方社会认同为地位特殊的阶层，而不仅仅是政权机构中的公职人员，人们仍称他们为士绅"。"新乡绅具有一定的新学知识，但他们并不是以其文化特征而享有功名身份特权，长江中游新乡绅的社会地位大多决定于其在政权中的公职身份或其他政权背景。"② 由此可见，这些人同样具有知识要素和经济要素，但是他们作为体制内的精英而存在，其权势来自国家权力，而不是乡村社会。他们所遭到的最大诟病在于"为满足一己私利，不择手段"③，"已经很少以往那种'正绅'抵制贪官而维护地方利益的性质"。④ 因此，这些人在笔者的判断中就不是乡绅。因为在根本上，他们不具有构建乡村共同体的目标，也不能很好地调和国家权力与乡村社会之间的关系；他们谈不上对乡村社会负有责任，甚至也不对授予其权力的国家负责。王奇生先生有"乡村权势"一说，是对其身份较为恰当的一种命名，因为他们所赖以支配基层社会的资源基础是强制性的武力与财力，而不是作为乡绅应该具有的对乡土社会的内在道义性权威、外在法理性权威和个人魅力权威。⑤

至此，关于"何为乡绅"这一基本问题，我们已经有了一个结构性的界定标准。首先，乡绅最显著的标志是知识分子及由此带来的功名身份，因此知识要素是一种表层的显性要素。其次，基于经济基础对于上层建筑的决定性作用，财富对于乡绅而言是更为深层次的要素，且伴随着科举制在近代的废除，财富要素的比重有所上升。最后，乡绅界定的根本性要素是身份要素，即在具有知识要素和财富要素以后，一个初步被认同为乡绅的人必须在社会行动中获得公共身份。换言之，唯有为乡村公益而发挥其知识和财富的作用，乡绅才能获得乡民的确定性认同。作为乡绅，他必须为建构一个乡村共同体而努力，扎根于乡土，并协调

---

① 参见魏光奇《官治与自治——20世纪上半期的中国县制》，商务印书馆，2004，第378页。
② 章开沅、马敏、朱英：《中国近代史上的官绅商学》，湖北人民出版社，2000，第439页。
③ 李巨澜：《失范与重构——一九二七年至一九三七年苏北地方政权秩序化研究》，中国社会科学出版社，2009，第226页。
④ 魏光奇：《官治与自治——20世纪上半期的中国县制》，商务印书馆，2004，第386页。
⑤ 参见王奇生《革命与反革命——社会文化视野下的民国政治》，中国社会科学出版社，2010，第317~337页。

于国家权力与乡村社会之间，在权力与利益的博弈中谋求一种合作共治的乡村治理状态。

第二节 绅权的治理实践

绅权主体界定的最重要依据来自其治理乡村社会而获得的公共身份。从历史的经验研究而言，乡村社会的存续与发展得益于乡绅在乡村治理中核心地位的确立和主导性作用的发挥，正是在这一意义上，我们将明清至民国的乡村治理称为"绅权治理"。质言之，绅权治理与乡绅身份之间存在一个连续不断的互构关系，即一方面，乡绅必须通过治理活动以树立权威，治理过程对于绅权的彰显具有某种象征性意义；另一方面，绅权治理的成功与否依赖于乡绅对国家所赋予的文化、政治、经济特权的有效运作。其中最为关键的是，乡绅能否通过发挥其个人及乡绅群体的中介作用来达到调和国家与乡村社会之间关系的效果，并进一步谋求两者的合作共治。而这不仅仅是哪一个朝代的国家政权建设问题。从这一角度而言，对于绅权治理的内涵发掘就具有了跨越历史经验研究的法政意义。进而言之，创设"绅权治理"这一术语本身即蕴含了一种普遍性的法理，即我们完全可以从当下的"治理"理论来反观绅权治理，以发现后者的本质。

一 绅权运行与治理理论的有效融合

从权力运行角度来看，绅权与当代的治理理论有着内在的逻辑联系。治理在本质上就是一个公共权力的重新整合问题，即如何在国家和社会之间合理配置公共权力，以及如何在国家和社会各自范围内有效地运作权力和彼此之间进行权力合作。而中国乡村社会权力结构中绅权在本质上是保守的，它极力谋求官民合作，来达到维持秩序稳定之目的。这不能不让人将两者联系起来加以思考。

20世纪90年代以来，"治理"（governance）成为中西方学术界最为流行和热门的词语之一。"治理"被广泛运用到各个领域，如大学治理、公司治理、全球治理、国家治理、地方治理和乡村治理等。可以毫不夸张地说，"今天的联合国、多边和双边机构、学术团体以及民间志愿组织关于开发问题的出版物很难有不以它（治理）为常用词来使用的"。① 在学术交流越来越频繁的今天，关于"治理"，中西方已经达成了一些基本共识，甚至形成了"治理理论"。但不可否认的是，这一理论的源头来自西方。

"治理"一词在英语国家作为一个日常用语出现已有数百年，其最初含义为"在特定范围内行使权威"②，有着"控制、引导和操纵"之意。在与国家公共事务相关的管理活动和政治活动中，"治理"长期以来与"统治"（government）交叉使用。③ 在这一历史层面上，中西方似有暗合。《孔子家语·贤君》中有云："吾欲使官府治理，为之奈何？"《荀子·君道》曰："明分职，序事业，材技官能，莫不治理，则公道达而私门塞矣，公义明而私事息矣。"《汉书赵·广汉传》载："一切治理，威名远闻。"这里的"治理"皆有国家统治和管理之意。但自20世纪90年代开始，西方对于"治理"的解释发生转向，政治学界和经济学界开始赋予这一词语新的含义。1989年，世界银行在《南撒哈拉非洲：从危机走向可持续增长》的报告中首次使用了"治理危机"（crisis in governance）一词。④ 继而，1992年，世界银行在《治理与发展》报告中更加系统地阐述了关于治理的看法，在两个层次上使用这个概念：一是在技术领域强调治理，即建立"发展的法律框架"和"培养能力"，其中包括实现法治、改进政府管理、提高政府效率等；二是支持和促进公民社会的发展，即支持志愿性组织、非政府组织、各种社团的发展。⑤ 1995年，联合国全球治理委员会发表了一份题为《我们的全球伙伴关系》的研究报告，其中指出："治理是各种公共的或私人的个人和机构管理其共同事务的诸多

① 〔法〕辛西娅·休伊特·德·阿尔坎塔拉：《"治理"概念的运用与滥用》，《国际社会科学杂志》（中文版）1999年第2期。
② 〔法〕辛西娅·休伊特·德·阿尔坎塔拉：《"治理"概念的运用与滥用》，《国际社会科学杂志》（中文版）1999年第2期。
③ 参见俞可平《治理与善治》，社会科学文献出版社，2000，第1页。
④ 参见俞可平《治理与善治》，社会科学文献出版社，2000，第1页。
⑤ 参见〔英〕大卫·威廉姆斯、汤姆·杰克逊《治理，世界银行与自由主义理论》，《政治研究》1994年第42期。

方式的总和。它是使相互冲突的或不同的利益得以调和并且采取联合行动的持续的过程。这既包括有权迫使人们服从的正式制度和规则，也包括各种人们同意或以为符合其利益的非正式的制度安排。"① 基于联合国全球治理委员会在国际社会的重要地位，这一定义也被认为具有较强的代表性和权威性。

在理论界，西方治理理论的创始人之一罗西瑙（J. N. Rosenau）在其代表作《没有政府的治理》中将"治理"定义为一系列活动领域里的管理机制，它们虽未得到正式授权，却能有效发挥作用。而尤其需要区别的是，治理与统治不同。"治理是只有被多数人接受（或者至少被它所影响的那些最有权势的人接受）才会生效的规则体系；然而，政府的政策即使受到普遍的反对，仍然能够付诸实施。"② 也就是说，治理必须是一种由共同的目标支持的活动。而这一共同的目标未必具有法定性或出于职责的正式规定，也不一定需要依靠强制力量克服挑战而使别人服从；同时，治理活动的主体未必是政府，它既包括正式的政府机制，也包含非正式的非政府机制。因此，治理的内涵远比统治的内涵丰富和复杂。

20 世纪 90 年代中后期，西方治理理论传入中国并在学术界引起巨大反响，人们似乎在治理理论中找到推动中国社会发展的方向。毛寿龙先生在《西方政府的治道变革》中对"治理"进行了阐释："英文中的动词 govern 既不是指统治（rule），也不是指行政（administration），而是指政府对公共事务进行治理，它掌舵而不划桨，不直接介入公共事务，只介入负责统治的政治与负责具体事务的管理之间，它是对于以韦伯的官僚制理论为基础的传统行政的替代，意味着新公共行政或新公共管理的诞生，因此可译为治理。"③ 在《治理与善治》一书中，俞可平先生也指出："治理一词的基本含义是指在一个既定的范围内运用权威维持秩序，满足公众需要。治理的目的是在各种不同的制度关系中运用权力去引导、控制和规

---

① 全球治理委员会：《我们的全球伙伴关系》，转引自俞可平《治理与善治》，社会科学文献出版社，2000，第 5 页。
② 〔美〕詹姆士·N. 罗西瑙：《没有政府的治理》，张胜军、刘小林等译，江西人民出版社，2001，第 5 页。
③ 毛寿龙：《西方政府的治道变革》，中国人民大学出版社，1998，第 7 页。

范公民的各种活动，以最大限度地增进公共利益。从政治学的角度看，治理是指政治管理的过程，它包括政治权威的规范基础，处理政治事务的方式和对公共资源的管理。它特别地关注在一个限定的领域内维持社会秩序所需要的政治权威的作用和对行政权力的运用。"①

从以上学者对治理含义的阐述中不难发现，中西方学者对治理理论的核心内容——社会多元主体的合作共治——基本达成共识。治理，即强调多元主体的共存和伙伴关系，以及彼此之间的民主、协作和妥协精神。值得注意的是，虽然学者们对治理的核心内容有着较为一致的认识，但对治理理论在现实中能否发生效用却莫衷一是。乐观主义者将治理理论作为解决经济和社会问题的一剂灵丹妙药，认为通过经济全球化浪潮下各国之间的合作，公共部门、私营部门和市民社会之间的多种组合方式，以及政府、企业、社会组织和公民的管理，借助彼此力量，可以在更大程度上实现公共利益，实现"善治"的终极目标。但同时，越来越多的学者却指出了治理理论的内在矛盾和多维困境。他们认为，治理理论试图触及当今社会政治和经济发展过程中产生的基础问题，它借助了一些重要理论，但同时又与之存在分歧；治理理论的内部逻辑也缺乏自洽性，因而更像一个具有后现代色彩的"前理论思潮"，甚至只是时髦词语的堆积。这尤其突出地体现在国家在治理中的定位问题上。

国家的定位是治理理论的出发点。从治理理论在西方社会生发的社会背景来看，治理在原初意义上应当指称的是"社会自主治理"，即所谓"从统治到治理"。在这一过程中，国家的定位发生了根本性的变化。治理主体的"多中心"、"多元化"及其合作的主张，在意识形态上表现出较为强烈的"去国家化"或"国家的回退"倾向，体现了希望国家向社会放权的期待，以最大程度地实现社会自主治理。社会自主治理的根本规定性就在于各行动主体之间的平等对话、相互理解与信任以及互相配合。之所以称为"自主治理"，就是指在治理的具体操作过程中，为实现共同目标的社会自组织活动，政府、市场、市民社会等多个行动主体之间通过对话与协商形成共识。在这种治理机制中，尽管政府一旦参与就可能成为

---

① 俞可平：《治理与善治》，社会科学文献出版社，2000，第5页。

一个重要的角色，同时由于政治制度的原因政府行为会对社会自主治理产生直接的影响，但是，一旦某一活动要被冠名为"自主治理"，那么，政府就至少并非唯一的主角，也并非不可或缺的角色。[①]

但现实的状况是，治理的过程常常呈现由"国家的回退"到"向国家的回退"的演变。一些学者对此进行解释，认为这是因为治理同样有失败的可能。不可否认，治理取得成效的关键在于多元主体之间持续不断地对话，以减少有限理性所带来的问题和机会主义的侵害。因而，相对于政府的实质理性和市场的程序理性，治理是以第三类型的理性——反思理性为基础的，其要点在于通过谈判和反思来达成共识、建立互信、实现合作。但是，多元主体之间达成共识并非易事，每个主体都会从自身利益追求和自身发展的意义上强调其特殊性和个性，而且都会利用自己的资源，力图在权力秩序框架中把自己的特殊性利益上升到普遍性利益，把自己的特殊规则上升为普遍规则，争取到更多的利益。这也就是治理的"官僚技术性倾向"，"它要通过市场式的决策排斥政治来治理社会"，从而"导致决策脱离公众控制而权力向特殊利益的转移"。[②] 这也就是所谓的治理的失败，即多元行动主体的集体行动失效。此外，"与市民社会各种机构体制之间的矛盾和紧张关系，连接公、私、志愿部门的组织未尽完善都可能导致治理失败。领导者的失误、关键性的伙伴在时间进度和空间范围上的意见不一以及社会冲突的深度，都能给治理播下失败的种子。为求正确了解国家统治中的这个新领域，关于治理失败的概念是必须很好掌握的"。[③] 在此，国家的统治又变得不可回避，国家成为挽救治理失败的一个不可或缺的最后的被求助者。此时，国家就是元治理者，也就是说，"虽然治理机制可能获得了特定的技术经济、政治和意识形态的职能，国家通常还要检查这些职能对国家本身在一个四分五裂的社会里维护社会凝聚力的能力。国家还要保留自己对治理机制开启、关闭、调整和另行建制

---

① 参见〔美〕埃莉诺·奥斯特罗姆《公共事物的治理之道：集体行动制度的演进》，余逊达、陈旭东译，上海三联书店，2000，第 22~44 页。

② 参见俞可平《治理与善治》，社会科学文献出版社，2000，第 132 页。

③ 俞可平：《治理与善治》，社会科学文献出版社，2000，第 46~47 页。

的权力"。①

　　似乎，治理理论在国家的定位问题上是左右为难的，并且容易使人们感到"治理理论在主张'国家的回退'与'向国家的回退'之间首鼠两端，以致在将政府请回来时，也可能将其痼疾再次带回来，从而导致理论的一贯性受到损害"。② 但笔者认为，这其实源于理解的偏差——因为急于求成而误读了治理理论，退一步而言，即使没有误读，将治理等同于"国家的回退"也是基于西方语境下的一种简单逻辑推导。其实，西方学者已经开始反思最初的治理理论的前提假设是否成立，更为重要的是，当中国学术界引入这一理论时，更加需要保持谨慎，"急于使用一种理论，便会忽略这一理论的自洽性而看重这一理论的有用性"③，这是理论移植者很容易犯下的错误。对于中国这样一个有着独特历史和复杂当下的社会，治理理论在中国的学术界必须得到一种新的论证。

　　对于中国而言，无论是历史还是当下，笼统意义上的"国家的回退"都是一个伪命题。中央集权的专制主义帝国时期自不待言，即使是在今天的民主政治建设中，我们也不能不对福山的断言感同身受，"在缩减国家职能范围的进程中，它们一方面削弱国家力量的强度，另一方面又产生出对另一类国家力量的需要，而这些力量过去不是很弱就是并不存在"。④ 换言之，在国家权力和社会权力之间需要一个权力重新划分和配置，国家将一部分权力交还社会，但并不是全部，同时国家仍然需要强化其部分权力，甚至增加某些权力。在这一层面上，移植而来的治理理论对于中国本土的意义就在于其工具理性，而不在于价值理性。到目前为止，无论是治理还是善治，都没有可能为我们描绘出一幅具体的未来图景，而仅仅是"极大地激发了众多学者的想象力"，因而把异域的善治标准不加分辨地作为中国的发展道理无疑是需要警惕的。由此，治理理论的倡导者奉劝我们"不再寻求放之四海而皆准的'善治'标准，鼓励在特定的社会环境

---

① 俞可平：《治理与善治》，社会科学文献出版社，2000，第74页。
② 王诗宗：《治理理论的内在矛盾及其出路》，《哲学研究》2008年第2期。
③ 任剑涛：《中国现代思想脉络中的自由主义》，北京大学出版社，2004，第291页。
④ 〔美〕弗朗西斯·福山：《国家的构建：21世纪的国家治理与世界秩序》，黄胜强、许铭原译，中国社会科学出版社，2007，第15~16页。

下的人民发挥创造力和首创精神"。"放弃在'国家'和'市民社会'之间划一条不现实的界限的做法"①，"具体到中国的治理研究，我们可以暂时放弃治理某些'终极关怀'，而是在微观意义上（尤其是地方层面上）说明我们正面临着何种不可治理性，是什么导致了必须用政府、社会和市场的某种新组合来克服这些不可治理性，哪些组合方式（在何种条件下）是可复制、可模仿的，进而在此基础上形成本土化的分析性理论模式"。②不可否认，这些观点是十分冷静和中肯的。治理是一个动态的过程，是一个对包含在公共权力中的国家权力和社会权力的动态调整过程。将治理理论用于中国乡村社会研究而发展出的乡村治理理论已经显示出巨大的效用，在这一意义上，治理理论的意义就在于方法论的创新。

　　绅权治理更多地强调官府与乡村的妥协与合作，而不是相互竞争和对抗。这一点尤为明显地体现在黄宗智先生所提出的"第三领域"当中。他主张必须改变以往学者关于清代中国社会权力结构主要由国家向士绅转移的一般看法，而应依照在国家与社会之间存在一个两方都参与其间的领域的模式进行思考，即从"第三领域"的角度来考量中国晚清乡村社会。因为单纯从社会组织或国家权能出发，都无法领会"第三领域"的内涵，因此此概念首先承认国家和社会两者都会同时影响这一领域，但不会造成这一领域会消融到国家里或者社会里，或同时消融到国家与社会里的错觉。"第三领域"具有超出国家与社会之影响的自身特性和逻辑。在中华帝国的晚期，处于国家和社会之间的"第三领域"起码具有三个面相：司法体系、县级以下的行政和士绅的公共功能。③

　　其实对于乡村社会而言，乡绅在这三个面相中都扮演了一个不可或缺和不可替代的社会角色，绅权治理概念可以对此予以整合，还原一幅更加真实的乡村图景——牵涉国家、士绅和村庄三方面关系的三角结构图。在

---

① 〔法〕辛西娅·休伊特·德·阿尔坎塔拉：《"治理"概念的运用与滥用》，《国际社会科学杂志》（中文版）1999 年第 2 期。

② 王诗宗：《治理理论的内在矛盾及其出路》，《哲学研究》2008 年第 2 期。

③ 参见黄宗智《中国的"公共领域"与"市民社会"——国家与社会间的第三领域》，载邓正来、J. C. 亚历山大编《国家与市民社会：一种社会理论的研究路径》，中央编译出版社，2006，第 413~418 页。

这一图景中我们可以看到，乡绅如何在"权力的文化网络"① 各种政治因素的竞争中获得领导地位，如何在保护型经纪体制之下促使一个地方利益共同体形成，如何通过将文化大传统与小传统关联而在乡民中建立起社群对国家的认同，如何运用其治理术促使处于结构顶端的国家与处于底端的乡村社会达成妥协。在明清时期的帝国统治中，乡绅在乡村社会所起到的主导性作用是不可忽视的，但我们仍然要强调，之所以将明清时期的乡村治理模式称为绅权治理而不是绅权统治，是因为乡绅并不是地方政府的代理人，绅权治理并不是一个单向的、自上而下的运行模式，而是极力谋求官、民的互动，"'治理'是国家权威和乡村居民共同参与的一个过程，它在帝制时期包含了不仅满足统治者而且因应村民需求的一系列内生性制度安排"。② 绅权治理的核心内容在于通过自身权力与策略的运用实现多元主体的合作共治，以维护乡村的秩序和公共利益。这一历史经验与当今治理理论的政治逻辑无疑是暗合的。它暗示着某种可能性。

二　绅权治理引发乡村话语权的转换

众所周知，对中国古代乡村进行研究的话语权有着明显的演变轨迹，经历了从"集中于自上而下的中央控制论"到"囿于自下而上的地方实体论"的转变。赵秀玲在早年的乡里制度研究中曾指出过史料的局限带来的困难，"历代的正史、政书之类文献关于政治制度的著录，几乎都是详中央、略地方而疏于基层"③，这一状况自然也就造成了中国史研究在相当长的一段时间里等同于王侯将相的研究，即关注点在"上"而不在"下"，而在面相上多侧重于政治领域。直至20世纪80年代，随着国际学术交流的放开，受西方社会史研究范式的影响，社会史——包括乡村社会史开始进入国内学界的视野，并形成了从政治、经济、文化的合力角度来考察社会历史的研究趋势，而历史中的乡村社会也渐入眼帘。及至90

---

① 参见〔美〕杜赞奇《文化、权力与国家——1900—1942年的华北农村》，王福明译，江苏人民出版社，2003，第10页。
② 〔美〕李怀印：《华北村治——晚清和民国时期的国家与乡村》，岁有生、王士皓译，中华书局，2008，第2页。
③ 赵秀玲：《中国乡里制度·序》，社会科学文献出版社，1998，第1页。

年代，中国社会史界受到社会学和人类学的大规模渗透，地方史研究遂成为热点，特别是人类学界在田野调查的基础上把大量相关的地方文献引入研究过程，从而在原来较为平面化的共时考察中加入了历史的维度，中国本土研究视角也彻底沉底。"但这些'地方史'研究往往把区域文化当作实体看待，热衷于重复地方史的叙述和归纳出'地方文化'的特性"①，而忽视了整体意义上的国家以及国家与地方的互动。这一现象相对于80年代之前研究未免有"矫枉过正"之嫌。对此，徐勇先生指出："自下而上的研究从社会的角度研究农村社会是有重要价值的。但是这一研究取向很容易使国家从研究者的视野中'消失'或者'蒸发'。特别是这一研究取向的理论假设往往将国家作为社会的天然对立物，看不到国家构成的复杂性、自主性、适应性和变化性。"②

　　20世纪90年代以来，在国家与社会的分析框架中，"发现社会"的努力已经取得了相当丰硕的成果，甚至产生了自然而然或有意无意遮蔽这一框架的另一端——国家的研究态势。因而，有些学者又不得不站出来呼吁从"发现社会"走向"回归国家"。③ 在这像钟摆一样回荡的研究旨趣中，治理理论作为一种新的方法论对于中国乡村研究的意义就凸显出来。治理理论的视角是全方位的，它强调国家和社会之间的互动和协调。一方面，在国家权力和社会权力之间进行一种适度的划分，以防止国家权力的过度扩张，保证一个自组织网络的存在；另一方面，在国家权力与社会权力之间构建一套有效的合作机制，按照治理学家詹·库伊曼和范·弗利埃特的观点，"政府在治理中的任务"可以概括为构建（解构）与协调、施加影响和规定取向、整合与管理。④ 政府在治理中不具有主权地位，并不干预自组织网络的自主自治，但可以间接地、部分地左右这些网络。更重要的是，由于治理失败并不是偶然情况，所以，国家（政府）就负责采取"最后一着"补救措施。国家以"元治理"者的角色存在，"这是因为

---

① 杨念群：《空间·记忆·社会转型："新社会史研究论文精选集"》，上海人民出版社，2001，第66页。
② 徐勇：《当前中国农村研究方法论问题的反思》，《河北学刊》2006年第2期。
③ 徐勇：《当前中国农村研究方法论问题的反思》，《河北学刊》2006年第2期。
④ 俞可平：《治理与善治》，社会科学文献出版社，2000，第46页。

它那种显而易见的似非而是的地位：一方面，作为一个制度性子系统的国家不过是更广泛更复杂的社会的一部分，但它同时又按常规承担着（特别是作为最后一着）保证该社会的机构制度完整和社会凝聚力的责任"。① 就普遍意义上的乡村社会而言，无论我们怎么强调乡村社会的自主自治，在国家与乡村社会之间都必然存在权力依赖。而这几乎也是中国古代乡村治理最显著特征之所在。

以"绅权治理"这一语词来概括、描述并分析中国古代基层社会（以明清时期为典型）的治理特征和方式，正是基于西方治理理论给中国古代乡村研究所带来的一种新的方法论。所谓"绅权治理"，是指乡绅作为治理主体对乡村社会的公共事务进行管理和秩序维护的过程，其中包含一些正式制度，但更多的是非正式制度，"这些制度是在国家需求和地方社群自发承担日常政府职能的互动过程中成长起来"。② 国家与社会的互动其实是一个权力的博弈过程。当国家权力过于强大而趋于窒息社会之时，乡绅就会偏向地方，发挥其个人影响力，通过非正式渠道有效地制衡国家权力；当处于底层的乡民激烈对抗国家权力之时，乡绅又会站在国家的立场上配合官方进行疏导与劝说。乡绅在这一互动过程中仿佛是一个动态的调节器和枢纽，有效地减少国家与社会之间的直接摩擦，增强社会结构的弹性，使一个庞大的帝国机器得以灵活地运转。透过乡绅在乡村中的社会活动，我们可以发现国家和乡村社会的关系处于一种动态的交替和平衡之中，而这既满足了国家控制乡村社会的需要，同时也遏制了国家权力对乡村社会的过度汲取，保护了乡民的利益。正是通过乡绅的缓冲和调节，国家和乡村社会之间避免了你死我活的零和博弈，起码在一定程度上实现了正和博弈，而按照我们今天的理解，这也正是治理的功效所在。

因此，"绅权治理"这一语词相比较于以往学界对乡村社会的一些认识范式，能够更为妥帖、真实和公允地表达中国帝制时代的乡村控制方式。就目前而言，学界对乡村社会存在两种认识范式：乡村自治论和乡村

---

① 俞可平：《治理与善治》，社会科学文献出版社，2000，第81页。
② 〔美〕李怀印：《华北村治——晚清和民国时期的国家与乡村》，岁有生、王士皓译，中华书局，2008，第2页。

统治论。

这两种范式都受西方学者国家与社会二分法的影响。从乡村自治论角度，费孝通先生早在20世纪40年代就曾指出，传统乡村是散漫、和谐的自然社会，皇权政治"在人民实际生活上看，是松弛和微弱的，是挂名的，是无为的"①，皇权对乡村社会奉行的是一套宽仁无为的统治哲学，其秩序是靠伦理道德来加以维持的。至20世纪90年代，当西方市民社会理论在中国社会科学研究领域大行其道之时，人们更是在乡村社会中找到了市民社会的影子，乡村自治论得到了更多学者的支持。有学者认为，传统中国事实上有着两个互不干扰的秩序中心，一个是官治领域，一个是多种局部的地方体。而在这两个中心之间已然形成了隔层（gap）。国家政治制度为广泛社会整合所提供的基础主要是文化意义上的；而结构意义上的政治整合则在地方体的层次上完成，由地方权威行使实际的管辖权力。② 更有学者提出中国古代乡村是以"地方自治"的形态而存在，"在中国，三代之始虽无地方自治之名，然确实有地方自治之实，自隋朝中叶以降，直到清代，国家实行郡县制，政权只延于州县，乡绅阶层成为乡村社会的主导性力量"。③

与此相对，一些学者并不同意中国古代乡村自治的看法。萧公权先生在《中国乡村》中认为，传统中国乡村不存在任何性质的自治政府。该书通过对大量的原始资料进行研究和分析，肯定了晚清帝国对乡村进行控制的实况，并不像一般人所认为的村落间组织系自治性的社区，由社区民众自理。事实上，太多的乡村穷困得根本无法自组任何社团。清政府对乡村的严密控制中最值得注意的是利用当地人来监控，因此有人误以为中华帝国下的乡村享有自治，但实际的情况是，"整个监控系统由上而下，经由地方政府，下达乡村中每一个人"。④ 瞿同祖先生在《清代地方政府》一书中表达了同一种看法："因为地方社团参与地方事务经常被视为地方

---

① 费孝通：《乡土中国　生育制度》，北京大学出版社，1998，第63页。
② 参见张静《基层政权：乡村制度诸问题》，世纪出版集团、上海人民出版社，2007，第17~18页。
③ 吴理财：《民主化与中国乡村社会转型》，《天津社会科学》1999年第4期。
④ 汪荣祖：《萧公权先生学术次第》，载萧公权《宪政与民主》，清华大学出版社，2006，第209页。

自治的条件，所以问（中国清代）士绅参与（地方管理）是否意味着地方自治，就是一个依逻辑当然应该有的疑问了。答案是否定的。"因为，"他们参与政府事务和代表地方社群说话的权利，并没有像西方民选议会那样在法律上正式明确下来。……尽管绅士可以，且事实上常常干预（政务），但却没有他们可以用来质疑或否决官员所作决定的合法程序"。并且瞿同祖先生还明确表示在关键的一点上赞同萧公权先生的看法，即"他们（乡绅）通常与普通居民有着不同的利益"，因此"即使在没有政府控制的地方，村庄作为一个有组织的共同体，也不是全体居民自我管理的自治体"。由此，我们不难推导出乡村自治论反对者的理论基础——自治必然要求社会利益作为整体在法定意义上被代表。如不能满足这一要件，那么乡村无疑处于国家的代理人和正式体制强迫控制之下，即乡村统治。

不可否认，以瞿同祖和萧公权为代表的乡村统治论者对马克斯·韦伯的观点在一定程度上是认同的，即乡村社会是一个共同体，乡绅不仅对乡民具有领导权，而且可以对抗地方政权。但与韦伯极为不同的是，他们对乡村自治予以否认，即乡绅虽然在正常情况下代表着地方社会的利益，但不能视为完全与国家政权相对抗，因为他们的特权和地位来自国家法的规定，而并不来自基层乡民的授予。所以，按照近代西方的地方自治理论来衡量中国乡村的权力结构和关系，其结论必然是乡村无自治，乡绅拥有的虽然是一种非正式的权力，但与正式权力并没有质的不同，乡绅的权力直接源于传统的政治秩序，乡绅与官吏属于同一权力集团，"这个权力集团在公共领域表现为官吏，在私人领域表现为士绅"。[①]

对中国古代乡村是否存在自治的争论反映了学界在这一问题上的两个不同视角。乡村自治论者的研究视野是向下的——集中于乡村社会内部，以及乡村权威领导下的村庄对自身事务的自主处理，认为乡村自治虽然没有法定性，却是一种实然的状态。乡村统治论者的研究视野却是向上的——着眼于国家对乡村社会的控制，体现于各种正式制度的规定，从专制帝国的性质本身而言，这更多的是一种应然的状态。不可否认，专注于

---

① 瞿同祖：《清代地方政府》，范忠信、晏锋译，何鹏校，法律出版社，2003，第283页。

某一特定的视角而带来理论上的"片面深刻"是任何一种结论的前提，因此，乡村自治论和乡村统治论都具有一定的合理性和说服力。但过分纠结于此则会成为我们进一步认识问题的障碍。因此，我们不妨暂时放开乡村与中央政府的政治与法律关系的争论，而从乡村社会的治理角度来重新审视历史，也许会有新的发现。

　　笔者注意到，以上无论对乡村自治持肯定还是否定的看法，都承认这样两个事实。其一，民间内生组织与官府之间的联系。官府依靠民间的内生组织处理某些本应该由政府承担的事务，而民间也依靠官府强化或再生其内部的权力机制。"在地方治理的很多领域，官与民、公与私之间可能并没有明确的界限，两者之间不仅仅只有对抗和冲突，还有相互的融合和依靠。"[①]　其二，乡绅对民间内生组织的领导，以及由此而具有的在地方治理中的关键性作用，甚至可以称为"绅权治理"。

第三节　绅权的法律生成

　　当我们从逻辑返回历史，追寻绅权治理的踪迹，不难发现其发端于明清时期。在中国封建社会后期专制统治不断强化的背景之下，具有民间属性的绅权，亦有学者称之为"非正式权力"，替代官僚的正式权力来实现对乡村社会的控制似乎是匪夷所思的，但恰恰就是在这样一个历史时期，中国的政治、经济、文化等外化的法律制度为绅权的生成提供了必要条件。

一　绅权产生的文化背景

　　绅权生成于明代中后期，这首先得益于明代政府对教育和科举制度的高度重视。"科举制是一项集文化、教育、政治、社会等多方面功能的基本建制（institution），上及官方之政教，下系士人之耕读，使整个社会处于一种循环流动之中，在中国社会结构中起着重要的中介和维系作用。"[②]　相比

---

①　〔美〕李怀印：《中国乡村治理之传统形式：河北省获鹿县之实例》，载《中国乡村研究》（第一辑），商务印书馆，2002，第70页。

②　罗志田：《科举制废除在乡村中的后果》，《中国社会科学》2006年第1期。

于前代，明代统治者更加重视学校教育，并刻意建构一条由学校通往科举及仕途的道路。① 建国不久，各州县皆普遍建立了学校，且"科举必由学校，而学校起家可不由科举"。② 只有府、州、县学的生员才有资格参加乡试，而生员除非违反学规而受处分被剥夺学籍，否则拥有终身的身份，即使参加乡试没有中举，也依然保留生员的身份，享受法定的特权。此外，明代的举人是终身身份，即使会试不中，也无须再应乡试，而可以再应会试，或任官就职；举人如不能跻身于官场，一般会在原籍居住，不但保留其举人身份，而且享受法定的特权，其权威一般在生员之上。这些具有终身举人和生员身份的士人是学校制和科举制的产物，他们是官僚系统的后备军。但值得注意的是，明初，乡村士人的数量尚不多，且被国家权力所严密控制。例如，对于生活于地方社会的生员，虽给予其优免特权，但严格约束其行为。朱元璋曾制定"禁例十二条"颁布于全国学校，其中规定："今后州县学生员，若有大事干于己家者，许父兄弟侄具状入官辩诉，若非大事，含情忍性，毋轻至公门。""军民一切利病，并不许生员建言。"③ 严禁乡村的知识分子利用自己的社会地位与影响干预地方事务。明朝中叶以后，士人数量大增，且入仕艰难，加上官员退休后也回到原籍居住的致仕制度，使得大量的持有功名的士人沉寂于乡村。④ 他们由于共同的经历、利益和文化背景而逐渐固定成为一个独立的社会阶层——乡绅。

反言之，科举制的废除也是绅权衰亡的原因所在。正所谓"社会行科举之法千有余年，其他之事，无不与科举相连。今一日举而废之，则社会必有大不便之缘"。⑤ 对于这种"大不便"，乡绅的体会应该是最为深刻

---

① 宋代的学校以京城的国子监为主，虽几次兴学，欲在州县设立学校，但未成规模。而元代重武轻文，选官以门荫为主，则不甚重视科举选官。参见王炳照、徐勇《中国科举制度研究》，河北人民出版社，2002，第219、56页。

② 《明史·选举志》卷69。

③ 《明会典》卷78《学校》。

④ 据韩国学者吴金城统计，明代后期，全国举人数额通常在4000~5000名，沉寂于乡村的监生数额通常为12500~22500名。生员的数额更为庞大，洪武年间约3万名，宣德、正统年间为6万名，正德年间增至31万名，明末达到50万名。参见〔韩〕吴金城《明代社会经济史研究》，渡昌弘译，汲古书社，1990，第51~62页。

⑤ 夏曾佑：《论废科举后补救之法》，《东方杂志》1905年第11期。

的。首先，清律所规定的各类功名不再具有法律依据。同时，由功名所带来的经济特权、政治特权和文化特权也从此在制度层面上被取消。而这种取消不仅是个人权益的丧失，更重要的是他们面临着失去社会权威的危险。因为权威就是"提供必要的贡献使个人能够获得他人对他的要求的服从"。① 反之，不能提供必要的贡献则丧失他人的服从。在传统社会中，乡绅的权威来自他们可以通过法定的特权来保护宗族和地方利益，防御国家权力的过度侵夺。而丧失这些特权，则不能再提供保护，即意味着权威的丧失。其次，科举制的废除阻断了乡绅向官僚阶层进发的上升途径。根据潘光旦和费孝通先生对近 900 个进士的一项研究表明，明清时期的一半进士来自农村②，尚未入仕之前，他们不得不蛰居于家乡。而功名低于进士的下层乡绅，如生员和贡生等，则更是长期沉寂于乡村之中。他们构成了封建官僚系统的重要后备军。因为有着入仕的希望而自视为正统，乡绅必然成为官方正统文化的维护者和各项政令推行的积极辅助者，在某种意义上延续着国家权力对乡村的统治。但一旦永久失去这种进入官僚系统的机会，失望和愤恨的情绪自然在乡绅阶层中蔓延。消极者丧失了支持国家权力的兴趣，激进者甚至走向反面，成为国家统治的"反动者"。《退想斋日记》的作者——一个普通的世居于山西省太原县赤桥村的乡绅——刘大鹏在听到下诏停科的消息后，在 1905 年的日记中写道："心若死灰，看得眼前一切，均属空虚，无一可以垂之永久。"③ 其受打击之重可见一斑。而到 1911 年，则有大量的乡绅投入反清的革命运动之中，对此冯友兰先生称："辛亥革命的一部分动力是绅权打倒官权，就是地主阶级不当权派打倒地主阶级当权派。"④ 再次，科举制的废除使传统的以获取功名为标志的乡绅阶层永远地失去了候补来源。据张仲礼先生结合地方县志所作出的对生员期望寿命的估计，考取生员的平均年龄为 24 岁，死亡年龄

---

① 〔美〕彼得·布劳：《社会生活中的交换与权力》，孙非、张黎勤译，华夏出版社，1988，第 232 页。
② 〔美〕施坚雅：《中国封建社会晚期的城市研究——施坚雅模式》，王旭等译，吉林教育出版社，1991，第 138 页。
③ 刘大鹏：《退想斋日记》，乔志强标注，山西人民出版社，1990，第 42 页。
④ 冯友兰：《三松堂自序》，生活·读书·新知三联书店，1989，第 34 页。

为 57 岁，从获取功名成为士绅至其死亡平均为 33 年。[①] 因此，假定 1905 年（科举制正式废除）获取功名的最后一届士绅为 24 岁，至其死亡需经过 33 年，至 1938 年。在此期间，年龄较大者可能在 1938 年之前就已去世。所以，以功名的获取为主要标志的乡绅阶层大概至 20 世纪 30 年代中期就消亡了。

在人员的产生机制发生断裂、既得利益受损和仕途渺茫之际，乡绅阶层的分化虽迫不得已，却也势在必行。阶层分化对于个体而言，实际上就是在大规模的社会结构重组中，旧阶层的成员不断被社会的其他阶层或新兴的阶层所接纳。而后者对于前者的接纳程度，取决于社会经济、文化、政治结构变革的水平。当变革主要局限于城市，而对传统的腹地和广阔的乡村仅仅产生一些微弱的扩散效应之时，乡村社会阶层分化的不彻底性就显而易见了。也就是说，乡村社会既无法为阶层的分化提供良好的土壤，也无法对分化后的阶层加以充分吸收。因为，中国社会步入的现代化过程同时也是城市与乡村相对峙的社会经济文化二元结构逐渐形成的过程，乡村在其中处于一种极为不利的地位。城市的发达和乡村的破败对比越来越鲜明。城市政治、经济和文化的发展为读书人提供了更多的走向上层社会的可能性，乡村对于读书人的吸引力趋于殆尽。稍有能力者开始尽力向城市迁徙。乡村失去了文化，根植于乡村的绅权也同样失去了文化制度的根基。

二 绅权存续的政治支持

绅权的生成，除乡绅阶层的稳定和壮大这一前提以外，国家权力逐渐退出乡村所造成的权力真空是更加不可忽视的要件。通常，学界认为，中国古代对乡村的控制经历了一个官僚化到去官僚化的发展过程，至明清时期，国家权力的行使到县级政权为止，县级以下的乡村实行自治，即所谓"国权不下县"，其完整的表述为"国权不下县，县下惟宗族，宗族皆自治，自治靠伦理，伦理造乡绅"。[②] 这种观点其实是马克斯·韦伯对中国

---

① 参见张仲礼《中国绅士——关于其在 19 世纪中国社会中作用的研究》，李荣昌译，上海社会科学院出版社，1991，第 95 页。
② 秦晖：《传统中华帝国的乡村基层控制》，载黄宗智主编《中国乡村研究》（第一辑），商务印书馆，2005，第 2 页。

古代"有限官僚制"看法的另一表达。韦伯认为："正式的皇家行政，事实上只限于市区和市辖区的行政。……一出城墙，皇家行政的权威就一落千丈，无所作为了。"① 有学者进一步总结为，在传统中国社会，事实上存在两种秩序和力量：一种是"官制"秩序或国家力量；另一种是乡土秩序或民间力量。前者以皇权为中心，自上而下形成等级分明的梯形结构；后者以家族（宗族）为中心（聚族而居），形成大大小小的自然村落。每个家族（宗族）和村落是一个天然的"自治体"，形成"蜂窝状结构"。② 传统乡村是散漫、和谐的自然社会，皇权政治"在人民实际生活上看，是松弛和微弱的，是挂名的，是无为的"。③ 这些看法均源于基于西方政治社会学视角的"国家-社会"二元对立模式的预设，中国社会由此可以推演为"国家-宗族"或"皇权-绅权"的二元对立模式。

但笔者认为，西方的二元对抗模式并不能完全解释中国古代国家与社会之间的关系。从历史发展的角度而言，西方模式可以概括为"社会先于国家"，即社会是国家的逻辑起点。首先，市民社会在封建割据的权力真空中自发滋生；其次，在市民社会的母体中产生了城市国家；最后，产生了给市民社会以广大生存空间的民族国家。因而，西方市民社会先于国家，国家是市民社会的产儿。但在中国的历史上，大一统的封建国家从来不允许在业已确立统治权的城镇中存在一个独立的、制度化的市民社会，即使在由于商品经济发展而产生资本主义萌芽的明代中期的江南城镇，国家的控制也是一再加强，一刻不愿放松。相比较而言，乡村是封建统治的制度化层面中薄弱的一环，国家法在乡村中几乎不起作用，乡规民约才是指导乡民行动的准则。而乡规民约在大多数情况下得到自觉遵守的原因在于它是乡民自己管理自己的产物，即"自治"的产物。由此，在这一情势之下，如果我们以"自治"作为判断社会存在的依据，那么中国社会必生发于乡村，而不是城镇。在中国强大的王权之下，社会是在国家让渡权力的条件下产生的，其路径则是国家权力逐渐退出乡村，导致乡村中权

---

① 〔德〕马克斯·韦伯：《儒教与道教》，王容芬译，商务印书馆，1995，第145页。
② Vivienne Shue, *The Reach of the State: Sketches of the Chinese Body Politics*, Stanford: Stanford University Press, 1988, p. 53.
③ 费孝通：《乡土中国　生育制度》，北京大学出版社，1998，第63页。

力真空的出现，从而为乡村中自生自发的权威控制乡村社会提供了可能性，社会才由此产生。这一段历史恰恰发生在专制主义发展的顶峰时期——中国的明清社会，而其发生的原因也恰恰在于专制主义制度本身。当专制主义制度发展到顶峰之时，其"辩证"结果却是，它越发无法容忍一个开放的、自由的市场的存在，而它所依赖的小农经济基础就必然造就一个个相对隔绝的、封闭的和自给自足的乡村社会。

不可否认，绝大多数学者都认为，中国古代的国家与社会一直是同构的，自秦建立起大一统的封建王朝以来，以皇权为代表的国家权力就一直试图将行政力量和影响向乡村社会无限延伸，建立一种自上而下的垂直管理系统，而这一努力在历朝历代都不同程度地得以实现。"在中国传统权力体系中，不存在社会独立于国家，并获得不受国家干预的自主权利的观念和理论。"① "中国历史上国家公权的强大几乎湮灭了社会自治体的存在。"② 但我们不可忽视的另一方面是，"国家与社会的高度同构并不意味着中国社会的自治性完全不存在"③，只是这种自治权中仍然有着较为强烈的国家权力的影响因子。所以，我们不能因为中国古代不存在拥有完全意义上的自治权的社会，而完全否认相对独立于国家的社会，以及社会自治的存在。只不过，这种自治权是一种非正式权力。

瞿同祖先生曾在《清代地方政府》中提出了"非正式权力"的概念，并指出这种权力是"缺乏授权性与合法性"的，其行使者是"任何实际参与政府施政过程而又不被视为政府的有责任的组成部分的个人或团体"④，在实际的乡村治理中，乡绅所行使的自治权是一种非正式权力。笔者以为，这种非正式权力在当时不但具有权力的特征，即"个人或集体将其意志强加于他人的能力"⑤，而且带有国家与社会的双重性，并偏重于社会。与非正式权力相对应，正式权力即通常意义上的国家权力，得

---

① 陶鹤山：《市民群体与制度创新——对中国现代化主体的研究》，南京大学出版社，2001，第194页。
② 周安平：《社会自治与国家公权》，《法学》2002年第10期。
③ 周安平：《社会自治与国家公权》，《法学》2002年第10期。
④ 瞿同祖：《清代地方政府》，范忠信、晏锋译，法律出版社，2003，第282页脚注。
⑤ 〔美〕彼得·布劳：《社会生活中的交换与权力》，孙非、张黎勤译，华夏出版社，1988，第137页。

到国家法律的明确授权，权力行使者是官僚及其代理人。从权力的运作与发展角度看，中国明清时期的乡村社会史就是一部国家权力（正式权力）的实际控制能力逐渐弱化而非正式权力逐渐增强的历史。

三 绅权发展的经济驱动

绅权不仅是一个政治和文化范畴的概念，其长期存在以及发展也需要经济制度的驱动。如前文所述，在含义上，乡绅并不直接与财产的占有量相挂钩，但如若衍生开去，由于乡绅具有乡民所无法企及的丰厚的政治和文化资源，因而他们在财富上也无疑是占有绝对优势的。财富在一定程度上就是实力的证明，没有一定的经济能力作为后盾而希望有所作为是很困难的。从经济角度理解绅权治理亦是这一道理。早年研究乡绅的日本学者就曾得出过"乡绅在经济上是地主"的论断。① 这也算是理论上的片面的深刻。

在乡村社会中，作为唯一的知识分子阶层，乡绅是社会规范的解释者和文字的传播者，教化和教育乡民是赋予他们的最基本的任务。而从职业视角来看，这也可以视为乡绅为其家乡所提供的服务。因提供服务而获取报酬是天经地义的。按照张仲礼先生对此进行的分类，它包括经理收入和聘用费。② 其中，所谓的聘用费主要是指一些乡绅以裁断纷争和调解诉讼案件为业，从而获得的固定的收入。在乡土社会中，纠纷的解决在很多场合都是一种教谕式的调解，而要发挥这一作用，除了具有社会权威以外，还需要法律知识，"由于中华帝国没有受过专门训练的法律专业人才，绅士便发挥了这方面的作用。因具有这种资格，很多地方的若干绅士获得了一些也许可称为规费的固定收入"。③ 所谓经理收入，则来自乡绅对本乡或宗族事务的办理，如筹办公共工程、地方防务、慈善救济以及文化机构等。细察之，其中前三项事务的办理需要综合利用乡绅的政治资本和文化

---

① 参见郝秉键《日本史学界的明清"绅士论"》，《清史研究》2004 年第 4 期。
② 参见张仲礼《中国绅士的收入——〈中国绅士〉续篇》，费成康、王寅通译，上海社会科学院出版社，2001，第 43~70 页。
③ 张仲礼：《中国绅士的收入——〈中国绅士〉续篇》，费成康、王寅通译，上海社会科学院出版社，2001，第 46 页。

资本，而政治资本所占比重或许更高；第四项事务的办理则较为纯粹地发挥了乡绅的文化才能，并在所有的公共服务中居于首位，整个绅士阶层中有 86% 的人从事着这一职业。① 乡绅全面负责乡村文化教育事业，他们创办义学、私人书院、方志局、文学社团和私塾，并参与其中传道、授业、解惑。"教学是荣耀的职业，并对获得了功名的绅士而言，这是可靠的、随时可得到的职业。由于教学是绅士地位的基础，很自然绅士会通过教学来发扬传统。"② 教化与教育乡民不失为乡绅阶层的一条重要的谋生之道，同时也是他们承担道德责任的途径之一。正是通过乡绅在教学的过程中对儒家伦理道德的解释，明清时期的乡村社会才得以形成了一个全套接受儒家价值和规范的乡民群体。他们最初通过被教化而不一定要通过自身的体认去知晓这些规范，之后身体力行，而这正是乡绅进行道德上"统治"的基础。

由公共服务产生的利益虽然是巨大的，但出自政治资本的经济来源在传统中国这样一个官本位社会更加值得关注。乡绅的政治资源通常可以"溢出"产生经济资源，或者说，"在农业社会，用政治权力获取财富比用财富去获取权力来得更容易"。③ 除上文所提及的需部分利用政治资本来办理公共事务而得到一些收入以外，乡绅利用其政治身份和等级获得法律上的优免权，从而进一步得到丰厚的经济利益，更加具有直接性和代表性。其更为凸显的意义在于，由优免权所获得的经济利益最终又转化为对乡民的政治庇护，故而对绅权治理的形成有着至为关键的作用。以优免制度为例。

明清时期的"乡绅"这一身份直接意味着优免权的获得。从成文法的规定来看，明代乡绅所享受的优免权的范围广于清代，既包括优免徭役，也包括优免田赋，而清代的乡绅则不享有免纳田赋的特权。就免除徭役而言，明代政府不仅规定乡绅本人可以免除徭役，而且可以惠及其家

① 参见张仲礼《中国绅士的收入——〈中国绅士〉续篇》，费成康、王寅通译，上海社会科学院出版社，2001，第 185 页。
② 张仲礼：《中国绅士的收入——〈中国绅士〉续篇》，费成康、王寅通译，上海社会科学院出版社，2001，第 102 页。
③ 〔美〕格尔哈斯·伦斯基：《权力与特权：社会分层的理论》，关信平等译，浙江人民出版社，1988，第 252 页。

庭。洪武十二年（1379 年）八月，明太祖曾规定，官员致仕还乡者，"复其家，终身无所与"。① 而洪武初年也曾规定，国子监监生复其身。② 府、州、县学生员本身免役，户内也优免二丁役。③ 后来又补充规定，监生也可免其家两丁差徭，同于生员之例；生员累试不第，年五十以上，愿告退闲居者，"给予冠带荣身，仍免本身杂泛差徭"。④ 清代在徭役问题上沿袭了明代的做法。在清代官学学宫前的卧碑上镌刻着这样的文字："朝廷建立学校，选取生员，免其丁粮，厚其廪膳，设学校学道学宫以教之。各衙门官以礼相待，全要养成贤才以供朝廷之用。"⑤ 雍正五年（1727 年）实行摊丁入亩以后，有人推断，丁税摊入田赋导致乡绅免纳丁税的特权消失，但事实上，法律的实施是另外一回事。根据记载，一些地方直到 19 世纪两种税仍然是分开征收，在合征的地方，丁税仍然作为独立的项目登录。而在那些真正实行这一法律的地方，士绅是可以少纳的。⑥ 而当时的社会也认同这一惯例，包括权力机关也是如此，嘉庆帝的上谕中就强调了这一传统，那就是不应指派文武生员服官徭或各种杂役，因为他们是"齐民之秀。国家培养人材，身列胶庠者，各宜修洁自爱，岂可承充官役自取其辱"。⑦ 所谓"劳心者治人，劳力者治于人"⑧，治人者一定要保证其在被治者心中的崇高地位，也就是说，前者一定是要"风流儒雅，并攻举业，这都不许可他们从事体力劳动。培养他们以具有领袖资格的教诲，也要求他们不做体力劳动"。⑨ 因而，作为劳心者的乡绅与官僚在优免徭役上并无质的区别，只有量的区别，原因在于治人者内部也是分等级的。

---

① 《明太祖实录》卷 126。
② 《明太祖实录》卷 53。
③ 《明会典》卷 78《礼部》。
④ 《明会典》卷 78《礼部》。
⑤ 《清世祖实录》卷 63。
⑥ 张仲礼：《中国绅士——关于其在 19 世纪中国社会中作用的研究》，李荣昌译，上海社会科学院出版社，1991，第 35~36 页。
⑦ （清）昆冈、李鸿章等：《钦定大清会典事例》卷 720，清光绪三十四年刻本。
⑧ 《孟子·滕文公上》。
⑨ 张仲礼：《中国绅士——关于其在 19 世纪中国社会中作用的研究》，李荣昌译，上海社会科学院出版社，1991，第 34 页。

优免田赋基本上只是属于明代乡绅的法定特权。嘉靖二十四年（1545 年）的《优免条例》规定：京官一品免粮 30 石，二品免粮 24 石，以下递减，至九品免粮 6 石；地方官减半；致仕官免十分之七，闲住者免半；举人、监生、生员各免粮 2 石。惟绅衿贫户，有奏销豁免之例。① 清初承袭明制，顺治年间，曾完全照抄嘉靖二十四年的《优免条例》而颁行《官儒户优免则例》，但很快清政府就废止了这一则例②，不再允许绅士免纳田赋，明确规定"无论士民，均应输纳"③，任何绅士如试图不报或少报其田亩以偷漏赋款，皆要入罪。但清代的乡绅在田赋问题上并非全无特权，他们虽不享有优免田赋的权利，却在缴纳田赋的时间上弹性较大，即享有赋款拖欠权。在 1736 年乾隆帝的上谕中，确定了乡绅由"富户"到"贫户"所具有的从 5 个月到 16 个月的法定"拖欠"时限。如果乡绅超越时限不缴纳田赋，当然是要治罪的，并会被革去身份，直至偿清赋款方可恢复身份。但这道上谕中同时又有例外条款："若委系赤贫无力而尾欠仅属分厘者，详查明确，暂免详革，准于秋收并入限年完半数内带征完足。"无疑，这一条款有赖于具体操作者的解释，而其中似有较大的运作空间，可供乡绅进行法定之外的拖欠。

由上述可见，优免权是国家赋予乡绅的特殊的经济权利。这一权利的行使对于绅权治理有着非同一般的意义，它最终可以转化为一种或许可以称为"保护型经纪"的乡村经济模式，即"投献"。在明清时期，乡绅与乡民建立经济联系的途径很多，其中最重要的方式是"投献"，包括人身投献和田地投献。前者是指承役之家将土地隐寄在免役之家的名下，以图优免差役，又有"诡寄"之称。后者则通常是指庶民将田产奉献给乡绅，而自己充当其佃户，以逃避徭役。这种经济模式在一定程度上体现了乡绅对投献者的一种保护，避免了更为苛重的国家赋役，因而具有"私"的色彩。这一做法无疑与一君万民的集权式经济支配模式以及理念是背道而驰的，故而正史上多将"投献"作为反面的素材来记载。而颇有意味的是，这些记载却是以庶民的口吻来传达，"小民或以十分之四五当十分之

---

① 参见岑大利《乡绅》，北京图书馆出版社，1998，第 48 页。
② 参见郝秉键《试论绅权》，《清史研究》1997 年第 2 期。
③ （清）恭阿禄：《钦定学政全书》卷 32，清嘉庆十七年刻本。

差，或十分之六七当十分之差，而此辈安然坐享富贵……小民若之何而可存活也。"① 不可否认，在一个地区的赋税额基本恒定的情况下，某些滥用优免权以过度图谋私利的乡绅与庶民地主及自耕农阶层之间必然存在紧张关系，因为前者优免的份额越大，后者承担的份额也就越大。但退一步而言，那些投献到乡绅门下的人其实居于社会底层，而他们之所以作出这样的选择，是因为相比较而言，乡绅的剥夺带来的痛苦少于国家所设定的苛捐杂税带来的痛苦。痛苦的结果可能是沉默，也可能是爆发。因此，投献在某种意义上消解了社会的反抗情绪，从而有利于社会稳定。与此同时，投献也强化了绅权。

　　日本学者岸本美绪在《明清时代的乡绅》一文中曾独树一帜地提出，人们之所以选择乡绅作为保护人，并不是因为乡绅对土地的占有和与国家权力的关系，而是因为乡绅在地方社会中的实际保护能力，而乡绅的保护能力的获得又是因为许多人集聚其下。她以股票市场上的投机行为做比喻：当人们都投资于有希望的股票的时候，股价就会上涨，投资者得到利益，而其利益的根源却正是有许多人投资于此股票。② 笔者认为，岸本美绪的这一理论用于解释"投献"这一具体行为的效果——绅权的加强——是颇有新意的。但这一理论忽视了一个最根本的前提，即乡绅何以成为"有望股"。笔者以为，其答案在于乡绅阶层本身与国家权力之间的特殊关系，即正是国家所赋予的文化、政治和经济特权——这三者之间并非泾渭分明，而是彼此关联——才造就了乡绅阶层，并成就了绅权。

① 《明穆宗实录》卷13。
② 参见高寿仙《晚明的地方精英与乡村控制》，载万明主编《晚明社会变迁问题与研究》，商务印书馆，2005，第266页。

第二章　绅权对国家权力的制度分享

　　乡绅是中国明清时期活跃于广袤乡村中的一个重要而特殊的社会阶层。他们既为"居乡之士"，因是"一群特殊的会读书的人物"①而被乡民所崇敬，同时作为当地人而与乡民有着地方性知识上的共识；他们又为"在野之官"，拥有着国家所赋予的法定特权，并因此产生了一种"非正式权力"。②这种非正式权力与官僚的正式权力之间既有着密切的联系，又相互区别，并彼此形成制约。这样的双重身份使得乡绅在乡村的社会控制中起着核心和主导性作用。绅权与国家权力之间的相互支持和博弈构成了中国封建专制统治后期基层社会权力变迁的独特景象。

第一节　明清乡村权力结构中的绅权主体

　　虽然史学研究者们大多同意乡绅阶层产生于明清乡村社会这一观点，但关于明清时期乡绅的构成却有多种看法，至今仍未达成一致。不可否认，关于乡绅阶层构成的争论在史学考证上是具有重要意义的，但过分纠结于此则会阻碍学界对乡绅的社会功能和价值做更深层的发掘。因此，我们不妨将乡绅的构成与职能相互联系以求互证，这也许可以使我们的思路变得清晰，从而有可能在研究中有所发现。

一　绅权主体的类型化

　　中国明清时期的基层社会大体上由官吏、乡绅和乡民三个社会阶层组

① 费孝通：《中国绅士》，惠海鸣译，中国社会科学出版社，2006，第41页。
② 瞿同祖：《清代地方政府》，范忠信、晏锋译，何鹏校，法律出版社，2003，第282页。

成。大多数的官吏生活在繁华喧闹的城镇之中，而大量的乡绅和乡民则生活在安静封闭的乡村之中。虽然科举、捐纳、休假、致仕等制度使得各阶层的组成人员之间产生了必要的流动，但由这些角色所构成的社会结构是超稳定的。在这一社会结构之中，每一个阶层都有着相当的社会地位和特定的社会功能，其中，乡绅是"高高在上"的官吏和"面朝黄土背朝天"的乡民之间的连接纽带和中介。一方面，乡绅与官吏都是封建教育和科举制度的产物，其权力都直接源于传统的政治秩序。在这一政治秩序下，同一个人可以既为官，又为绅，在不同的时空下自然地转换其社会角色。由此表明，他们实际上属于同一集团，而关系也必然是合作的。另一方面，居住于本籍的乡绅与乡民之间或者有着血缘关系，或者有着地缘关系，两者必然有着强烈的情感和身份上的认同，并且乡绅凭借着功名、学识及财富而成为众民之首、一乡之望，成为地方利益的代表者，对抗着代表国家权力的官吏。

权力的合作与对抗在任何国家政权的确立与发展过程中都存在。但需要指出的是，为保持政权的活力，一种来自社会的对抗力量是至关重要的，因为"社会中如果没有同国家权力抗衡的自治组织或团体，国家就会通过层层官僚机构将偏离于公共利益的强权意愿直接贯穿到社会底层"。[1]"官僚就有可能以其追随者的利益去取代公共利益，从而危及国家的自主性。"[2] 明清时期的乡绅则主要是这样一种社会力量的代表者，他们虽然不能明确地被界定为一种现代意义上的"自治组织或团体"，但不可否认地在当时的社会生活中发挥着以上功能，使国家与社会之间保持一种动态的平衡。

乡绅的这种不可或缺的社会功能来自其不可替代的社会角色。乡绅"是惟一能合法地代表当地社群与官吏共商地方事务参与政治过程的集团"，而"这一特权从未扩展到其他任何社群和组织"。[3] 政治上的特权在传统的中国社会无疑具有巨大的魅力，它不仅体现在主要由官吏与乡绅所

---

[1] 周安平：《社会自治与国家权力》，《法学》2002年第10期。

[2] 罗荣渠：《关系、限度、制度：政治发展过程中的国家与社会》，北京大学出版社，1996，第141页。

[3] 瞿同祖：《清代地方政府》，范忠信、晏锋译，何鹏校，法律出版社，2003，第283页。

参与的政治活动之中，而且体现在乡民的日常社会生活中。当时的现实告诉人们，社会运行的主要驱动力——经济利益的获得，往往并不是靠经济方式来解决，而是靠政治方式来解决。政治权力才是中国传统社会运行中的主角，它能为其行使者带来一系列独占的利益。明清时期社会中的其他任何社群和组织的构成人员都无法像乡绅那样全面地参与到地方的政治决策和执行过程当中去，无论在公共领域还是私人领域，都与国家权力发生紧密的联系。因此，把握乡绅社会角色的关键在于探求乡绅的含义及其组成的独特性。

从构词角度而言，"乡绅"包括"乡"与"绅"两个方面。其一，"乡"的含义，不仅指"乡村"，而且指"作为家乡的乡村"。之所以强调"家乡"，原因在于，在宗法血缘关系极为浓厚的乡村中，一个外人是受到排斥的，无论他是否拥有权力，或拥有多大的权力。只有与本地宗族有血缘关系的人才能得到认可，他的所作所为会被理解为从本宗族和本乡村的利益出发。其二，"绅"的含义，从"绅"的本意而言，"绅"即"绅带"，所谓"子张书诸绅"①，意为子张提起绅带来记事，"绅，大带。以带束腰，垂其余以为饰，谓之绅"②，绅带是用来装饰的。"所谓搢绅之士者，搢笏而垂绅带也。"③ 意指古代官员之装束，人们将垂绅插笏的仕宦叫做"搢绅"或"缙绅"。由此可见，绅与官曾是同义语。而到了明清时期，绅则多指有做官经验或做官可能的士人。居住在城市中的绅，称为"城绅"；居住在乡村中的绅，称为"乡绅"④，即由学校、科举、捐纳、致仕等制度所造就出来的绅士，不包括清末废科举、建新式学校以后所产生的新绅士。"乡绅"就是居住在作为家乡的乡村中的缙绅。

从文献角度而言，"乡绅"一词在宋代即已出现，然而作为固定的史料用语使用则是明代特别是明代中期以后的事。在明代文献中出现的同类

① 《论语·卫灵公》。
② 《论语注疏解经二十卷附校勘记二十卷》，清嘉庆二十一年阮氏文选楼刻十三经注疏本，第186页。
③ 《晋书·舆服志》。
④ 参见谢放《晚清文献中的"乡绅"的对应词是"城绅"》，《近代史研究》2000年第4期。

用语中，绝大多数场合用的是"缙绅"。① 清代文献中以缙绅来解释乡绅，即"乡绅，本地缙绅之家"。② 意指乡绅的仕宦身份，本地则是指本籍。而清代对缙绅的解释是："缙绅者，小民之望也。果能身先倡率，则民间之趋事赴功者必多。凡属本籍之人，不论文武官员，或见任或家居，均当踊跃从事，争先垦种。"③ 由此可见，乡绅，即缙绅，包括现任或家居的文武官员，而之所以"缙绅，小民之望也"，是因为缙绅"属本籍之人"。

从"乡绅"的含义中，我们可以看出，乡绅是与官僚密切相关的阶层。因而，乡绅的组成可以官僚系统为参照物来划定，分为三类：第一类，处于官僚系统内部，即现任的休假居乡的官僚；第二类，曾经处于官僚系统内部，但现已离开，即离职、退休居乡的前官僚；第三类，尚未进入官僚系统的士人，即居乡的持有功名、学品和学衔的未入仕的官僚候选人。不难发现，这三类组成人员要么现在正具有行使国家权力的资格，要么曾经具有这种资格，要么具有将来行使国家权力的可能性，他们都与国家权力存在交集，因而必然在一定程度上拥护和支持封建政权，但由于他们身处乡村社会这样一种时空背景之下，与乡民存在共同的利益，所以维护乡村、宗族的利益和维护个人的利益必然是正相关的。

作为现任官员的乡绅，在城市的官衙里，他们是真正意义上的官僚，但"官僚、士大夫、绅士、知识分子，这四者实在是一个东西。虽然在不同的场合，同一个人可能具有几种身份，然而，在本质上，到底还是一个"。④ 也就是说，士大夫阶层，即"学者-官员"⑤（费孝通语）的最高追求就在于"学而优则仕"，入仕之后，官僚是其在官位上的称号，乡绅则是其社会身份。这种身份是具有空间转换性的，即在任期间由于某种原因（如父母丧）而居住于本籍的乡村，即使只是一段时间，他们的身份

① 参见〔日〕寺田隆信《关于"乡绅"》，载《明清史国际学术讨论会论文集》，天津人民出版社，1982，第112~113页。

② （清）王有光：《吴下谚联》卷3《座台上乡绅》，清嘉庆二十五年刻，同治十二年、民国二十四年补修本，第39页。

③ 《清朝文献通考》卷3《田赋考》，商务印书馆，1935，第4876页。

④ 吴晗、费孝通等：《皇权与绅权》，天津人民出版社，1988，第66页。

⑤ 费孝通：《中国绅士》，惠海鸣译，中国社会科学出版社，2006，第2页。

也已发生转变——由官而绅——在当地的公共事务中代表当地人与不是当地人的州县官进行商谈、对话。

作为离任、退休而居乡的前官僚的乡绅，他们在公共领域中的官僚身份已然不存在，但在私人领域，还会与现任的官僚有着密切的联系，"他们不可避免地与京师及各省高官有着千丝万缕的联系，并可绕过州县官直接与省或中央官员接触，在更高的层次上对决策施加影响"。甚至，"具有超常身份的'官绅'甚至可以直接向皇帝奏请"。① 此处的"官绅"，包括上文所提的乡绅中的前两类，即与官僚身份已经发生联系的乡绅，通常，官阶高者比官阶低者具有更大的影响力，原因很明显，官绅特别是官阶高者与权力系统有更密切的联系。

与官绅相对应的是"学绅"，即乡绅中的第三类，他们因为尚未入仕，所以与国家权力并未发生直接的联系，但仍有一种与科举制度相关的"潜规则"使学绅与官僚的关系保持紧密："学绅"有义务对其座师、门生、同年及其子女保持忠诚或亲近，并在困难时相互帮助——这是所有学绅共守的义务。所谓座师，即决定应试者通过考试的主考者；所谓门生，即考试及第从而被视为主考者学生之人；所谓同年，即在同一年通过科举考试者。② 这一做法有朋党之嫌而为明清时期的国家法所禁止，但作为一种"潜规则"，它在中国这样一个人情社会却极具生命力。至此，我们就可以理解为什么中外学界对于乡绅的研究兴趣始终无法消退，那是因为这一社会角色充分地反映了中国古代政治体制下国家与社会的独特关系，以及国家的统治之术发展到明清时期所达到的娴熟的技巧。乡绅研究是打开传统中国之门的一把钥匙。

以往的研究者往往把对乡绅阶层组成人员的界定作为研究的前提，并且在乡绅是否应包括现任官员以及举人、贡生、生员等未入仕的官员候选者是否属于乡绅等问题上纠结不清。对于乡绅的作用有着切身体会的清代康熙年间州县官黄六鸿指出："本地乡绅，有任京外者，有告假在籍者，有闲废家居者。"③ 即乡绅有不在家乡、在家度假和闲废在家三

---

① 瞿同祖：《清代地方政府》，范忠信、晏锋译，何鹏校，法律出版社，2003，第299页。
② 瞿同祖：《清代地方政府》，范忠信、晏锋译，何鹏校，法律出版社，2003，第300页。
③ （清）黄六鸿：《福惠全书》卷4《待绅士》，清康熙三十二年刻本。

种状态。书中"乡绅"一项，小注为"或现任某官、或原任某官，挨次造入"①，即乡绅具有仕宦身份，既包括致仕回乡的原任官，又包括现任官。"乡绅"项之下是"举人"项，小注是"某科中式，己未考拣，挨次造入"。② 可见黄六鸿认为举人不是乡绅。但清末刊行的《官绅约》中，乡绅范围扩大到"未出仕而家居候选者"。③ 同样的矛盾还出现在同一个人的不同时期的著作中，乾隆时期的官员——陈宏谋，在其任职期间颁布的文件中留有关于乡绅的记载。他在任陕西布政使时曾有《咨询地方利弊谕》一文，其中说道："境内士习如何，生监好讼、多寡如何，乡绅内大者某家、小者某家，或现任、或原任、或在城、或居乡。"他的另一篇文章《饬取州县舆图檄》中同样记载："一、乡绅某某原任某官，因何回籍，或现任某省，已故者不列；一、文进士某某、武进士某某、举人某某，贡生几名，不列姓名，（小注：）出仕者列于乡绅条内。"可见，陈宏谋认为乡绅是原任或现任、居城或居乡的出仕者，不包括进士、举人和贡生。但陈宏谋在福建巡抚任上颁发的《咨询民情土俗三十条谕》中却指出："乡绅：境内有无乡绅仕族，或原任或现任或候选或居乡或居城，每年举报乡饮若干。"④ 这里的乡绅则明确地包括了"候选者"。

　　不仅明清时期的人们对乡绅是否包括未入仕的官僚候选者存在不同见解，今天的学者们亦对此存在争议。有的认为将候选者列为乡绅"不是清代的主要看法；在将候选者作为乡绅的条件下，又有将进士、举人与贡监区别开来，仅把进士、举人作为乡绅的情形，而且候选者当主要指举人，这与清代举人和贡、监三种人入仕的难易与社会地位的差别相一致。……生员没有出仕资格，不能'候选'，故不是乡绅"。⑤ 而不同看法则是，"乡绅分为两类，一类主要包括卸任、致仕甚至坐废的居乡官员，以及现任官员的居乡恩荫子弟，可称正式官员类：一类主要包括府州县学

① （清）黄六鸿：《福惠全书》卷 4《待绅士》，清康熙三十三年刻本。
② （清）黄六鸿：《福惠全书》卷 4《待绅士》，清康熙三十三年刻本。
③ （清）石成金：《官绅约》，载周炳麟《公门劝惩录·附录》，清光绪二十三年刻本。
④ 陈宏谋的相关著作皆转引自常建华《清代国家与社会研究》，人民出版社，2006，第417 页。
⑤ 常建华：《清代国家与社会研究》，人民出版社，2006，第 422~423 页。

的生员，以及最高学府国子监的监生"。前者属于"上层乡绅"，后者属
于"下层乡绅"。① 对清代绅士进行实证研究的张仲礼先生则统计出"太
平天国前任何一时期的 110 万绅士中，只有 12 万即 11% 左右属于上层绅
士。……在太平天国后任何一时期的 145 万绅士中，近 20 万属于上层绅
士，他们在整个绅士阶层中所占比例从 11% 增加至 14%"。② 由此推算，
清代下层绅士占绅士阶层的比例是 86%~89%。上层绅士指的是官吏、进
士、举人和贡生，下层绅士指的就是各类生员、监生和例贡生③，可见，
如果将后者排除出去，乡绅阶层在社会中应有的作用将大打折扣。

同样，在乡绅是否包括现任官员的问题上，争议亦多。吴晗先生曾认
为："见任官是做官的本人，见任官的父兄子弟则是乡绅。"④ 但同时他又
认为："绅士是官僚离职、退休居乡（当然居城也可以），以至未任官以
前的称呼。"⑤ 在研究乡绅的日本学者中，奥崎裕司认为："乡绅者（不论
现任、赐假、退任），乃为具有官僚身份的人乡居时的称呼，举人以下不
具有官僚身份的监生、生员等称为士人，以示二者之区别。"⑥ 而寺田隆
信则认为："乡绅，作为明末时期的用语，是具有生员、监生、举人、进
士等身份乃至资格，居住在乡里的人的总称。"⑦

从以上的争论，我们不难发现，除离职、退休的官员被人们一致认为
是乡绅外，对于现任官员和未入仕的官僚候选人员的归属均存在分歧，甚
至同一个人的看法也有着前后矛盾之处。但如果我们从社会角色、功能和
价值角度出发，抓住其最主要特征，即"士绅的成员可能是学者，也可
能是在职或退休的大官。传统士绅的资格是有明确规定的，至少必须是低

① 任昉：《明代的乡绅》，《文史知识》1993 年第 2 期。
② 张仲礼：《中国绅士——关于其在 19 世纪中国社会中作用的研究》，李荣昌译，上海社
会科学院出版社，1991，第 135 页。
③ 张仲礼：《中国绅士——关于其在 19 世纪中国社会中作用的研究》，李荣昌译，上海社
会科学院出版社，1991，第 5 页。
④ 吴晗、费孝通等：《皇权与绅权》，天津人民出版社，1988，第 63 页。
⑤ 吴晗、费孝通等：《皇权与绅权》，天津人民出版社，1988，第 49 页。
⑥ 〔日〕奥崎裕司：《中国乡绅地主之研究》，转引自〔日〕寺田隆信《关于"乡绅"》，
载《明清史国际学术讨论会论文集》，天津人民出版社，1982，第 113 页。
⑦ 〔日〕寺田隆信：《关于"乡绅"》，载《明清史国际学术讨论会论文集》，天津人民出
版社，1982，第 114 页。

级科举及第的人才有进县和省官衙去见官的特权,这就赋予他作为官府与平民中间人的地位和权利"。① 在这一意义上,居住在家乡的乡村中的缙绅,无论是现任官、致仕官还是官僚系统的候选人,都应包括在乡绅阶层之中。因为,不仅在这一阶层的内部本身就存在流动,而且更重要的是——乡绅之所以在明清时期能够构成一个独立的社会阶层,关键在于他们具有一般的乡民所缺乏的权力要素。这种权力要素主要包括与官僚系统密切联系所带来的政治资源以及由学校和科举生涯所带来的文化资源。只要占有这样的资源,乡绅就可以自由地游走在国家与社会之间,上达当地州县官及其上级,甚至直通皇帝,下则在国家默认的权力范围内主导着乡村治理。我们正是要在这样一种与国家权力紧密相关的乡村治理模式之下去认识明清时期的乡绅。

二 绅权主体的民间引领

乡绅在中国乡村社会结构中扮演着民间引领者的角色。维持社会秩序和保护地方公共利益应当是乡民在认同乡绅过程之中最起码的一种角色期待。通常,凭借功名和财富,乡绅在乡民眼中自然是"很有身份的人",但这只是乡绅扮演乡村治理者这一角色的必要条件,而不是充分必要条件,"有相当部分绅士,虽然具有学位和财富,但并不能成为权威,因为他们的活动局限在私人领域,没有在地方体中获得公共身份"。② 因此,只有在乡绅积极参与和领导公共事务,获得公共身份之时,他们才是真正意义上的基层领袖和治理者。然而不可否认的是,功名和财富为乡绅介入地方事务提供了前提,铺就了治乡之道,在这一治乡之道上突出地显示了乡绅作为地方权威的社会责任。

在乡村社会中,乡绅的社会责任主要体现在两个方面:教和养。所谓教,即教化之意。《说文》释"教","教,上所施下所效也"。段注:"上施故从攵,下效故从孝。故曰教学相长也。……详古之制字,作学

---

① 周荣德:《中国社会的阶层与流动——一个社区中士绅身份的研究》,学林出版社,2000,第5页。
② 张静:《基层政权:乡村制度诸问题》,世纪出版集团、上海人民出版社,2007,第19页。

攵，从教，主于觉人。秦以来去攵，作学，主于自觉。《学记》之文，学、教分列，已与《兑命》统名为学者殊矣。"① 在秦以前"教"和"学"为同一字，尚未分化，"教"本身即包含了"学"，教与学融合无间。自秦以后，"教"和"学"开始分化，意味着"教"和"学"观念的区别。教为上所施，即以先知先觉教后知后觉；学乃下所效，即后知后觉效仿先知先觉。《说文》释"化"，"教行也"。段注："教行于上，则化成于下。贾生曰：'此五学者既成于上，则百姓黎民化辑于下矣。'老子曰：'我无为而民自化。'"②因而，"化"是指上之所教在受教者身上取得的效果，侧重于受教化者所受之影响。"'教化'联合成词，其含义就是指先知者将自身教化理念施诸受教化者，从而使其内在的精神世界、生命理性发生转变。"③ 这是一个将道德伦理布之于百姓，使之仿效，并进而化民成俗的过程。养，即为养民，为之提供起码的生存保障，使之后顾无忧，则天下太平。所谓"民之所以不安，以其有贫有富。贫者至于不能自存，而富者常恐人之有求，而多为吝啬之计，于是乎有争心矣"。④ 故唯有做到"岁时有合食之恩，吉凶有通财之义"，方可"不待王政之施，而矜寡孤独废疾者皆有所养矣"。⑤ 而养民的内容，则不仅包括对鳏寡孤独者予以救济，还在于地方公共产品的提供。在绅权治理中，养民与教化相辅而行，养民侧重物质帮助，教化则主导意识形态；同时，教化往往寓于养民之中，后者是手段，而前者是目的。

1. 乡绅的教化之道

在乡绅的治乡之道中，其首要原则是通过道德教化来维护乡村社会的礼仪秩序，所谓"以礼化俗、化民成俗"，即促使儒家的伦理道德内化为乡民的一种信仰和行为准则。这无疑与乡绅的"儒"的角色相关。其实，自西汉文官与儒生逐渐结合以来，乡间的读书人便被赋予与政治相关的身份，并逐渐被纳入以道德相维、以礼仪相尚的儒家范围。科举制兴起以

---

① 段玉裁：《说文解字注》，浙江古籍出版社，1998，第 127 页。
② 段玉裁：《说文解字注》，浙江古籍出版社，1998，第 384 页。
③ 许家星：《略论儒家的教化之道》，《南昌大学学报》（人文社会科学版）2009 年第 1 期。
④ 顾炎武：《日知录集释》卷 6，黄汝成集释，世界书局，1936，第 288 页。
⑤ 盛康：《皇朝经世文续编》卷 8，清道光二十三年刻本。

后，读书人——"士"——开始固化为国家的学校和考试制度下的一个概念。乡绅作为"士"的一个组成部分，自然将儒家的道德和礼仪与国家的正统意识形态密切地联系在一起，并将之视为一种道德使命。这就意味着乡绅不仅要将儒家的道统贯穿于乡里社会的礼仪事宜中，而且其自身和家人的行为要严格符合乡绅的身份规定，以起到对乡民的表率作用，即通常所谓的儒者实现自身价值的最高追求——修身、齐家、治国、平天下。

教化以约束自身、树立榜样为开始。家训是乡绅实施家庭教育的基本方式，通过这一方式，乡绅希望将其阶层优势和文化优势在家族中传承下去。虽然乡绅家训包罗万象，但总体而言，治家与治学是其主要内容，而儒家思想是其核心。相关研究者认为，儒家思想所强调的孝顺、和睦、诚信、勤奋、立志、仁爱、廉洁等一直是所有家训中不变的主题。而尤为值得注意的是，家训虽是具有亲密关系的家人之间的一种话语，但并非"私人话语"，而是一种"社会话语"。① 按照葛兆光的观点，在清代的士人中出现了话语的分裂，在公众社会中使用的是"社会话语"，它是一本正经的、未必发自内心但可以放心说的话语，尤其通行在官场、文书撰写、礼仪、社交等场合。一种是在学术圈子里使用的"学术话语"，它是以知识的准确和渊博为标准，用于少数学术精英之间的彼此认同和沟通；还有一种是在家庭、友人之间使用的"私人话语"，它是呢喃私语或浅斟低唱，满足个体化的或狭隘范围内的心灵与情感需要。其中，空洞而终极的道德说教尽管已经成了反复絮叨的、令人乏味的车轱辘话语，但正是这种反复絮叨使它成了一种司空见惯、日用不知的当然，这种道德说教一方面渗入生活，另一方面凭借权力，成了一种"社会话语"，人们在公开场合、在流通的文字中总是使用这种类似于社论或报告式的"社会话语"。② 这种"社会话语"指向道德层面，构成了国家所提倡的行为规范。正如黄仁宇所言："孔子所提倡的自身之约束，待人之宽厚，人本主义之精神，家人亲族的团结，和礼仪上之周到等等全部构成官僚集团行动上的规范。"③

---

① 参见王瑜《明清士绅家训研究（1368—1840）》，华中师范大学 2007 年博士学位论文，第 11 页。
② 参见葛兆光《中国思想史》（第 2 卷），复旦大学出版社，2001，第 397~398 页。
③ 黄仁宇：《中国大历史》，生活·读书·新知三联书店，2004，第 43 页。

在更广泛的层面上，这同样是作为士人的乡绅的行为规范，也是他们对子弟的规训。可见，家训在意识形态上是与封建国家保持一致的。

首先，恪守家训是乡绅阶层自省和自律的体现。"乡绅原是一方表率模范，风俗的美恶，人心的厚薄，大半原从乡绅身上做出来的"，因此，"乡绅尤当急急为善"，"乡绅家第一要教子弟，教子弟不是单教他做文章，第一要教他明道理，教出一个明道理的子弟来，便是宦门之福也，实是地方之福"。① 家训的传承对于净化士风和保持乡绅的特殊地位无疑具有重要作用，即使在商业浪潮日趋汹涌的晚明，社会上出现"满路尊商贾，穷愁独缙绅"的现象，"但掌握了话语权力的士绅阶层仍是通过各种教化途径使得旧有的价值系统摇而不坠，商人社会地位的尊显最终还是要通过捐纳官职功名方可得到社会的确认。这种状况一直持续到绅商已成为重要社会力量的清朝末年"。②

其次，乡约是乡绅借以对乡民进行教化的重要工具。乡约是一种基层社会组织，源于北宋，大兴于明清。按照学界的通说，乡约最早源于北宋熙宁年间陕西汲郡儒士吕大钧、吕大临等四兄弟在其家乡蓝田制定的《吕氏乡约》，这是一种建立在自愿基础上的民众自我管理组织。其具体组织是："每月一会，具食；每季一会，具酒食。所费率钱，令当事者主之。遇聚会则书其善恶，行其赏罚。若约有不便之事，共议更易。""约正一人或二人，众推正直不阿者为之，专主平决赏罚当否。"约中成员日常事务由值月负责处理。"值月一人，同约中不以高下，依少长轮次为之，一月一更，主约中杂事。"③ 可见此时乡约组织较为简单，关键在于主持会议的约正首先必须具备一定的经济实力，否则自费提供酒、食。另外，约正也必定有一定的号召力，或者本身就是乡中有一定权力场域的人。此类在经济上有地位、在政治上有权力场域的人当然非当地乡绅莫属。因而，就性质而论，乡约是民间士绅自觉地对乡村社会进行自我控制的组织④的判断不无道理。

---

① 周炳麟：《公门劝惩录》附录《官绅约》，光绪二十三年仪征吴氏有福读书堂重刻本。
② 徐茂明：《江南士绅与江南社会（1368—1911年)》，商务印书馆，2004，第165页。
③ 陈俊民：《蓝田吕氏遗著辑校》，中华书局，1993，第567页。
④ 参见杨建宏《吕氏乡约与宋代民间社会控制》，《湖南师范大学学报》2005年第5期。

　　明代最具有影响力的是正德年间王守仁制定的《南赣乡约》，它成为晚明时期很多地区仿效的蓝本。《南赣乡约》推行的目的在于纠正当地习俗中"怨愤相激，役伪相残"的恶习，要求各县乡族建立"乡约"，通过约中的成员间的互相监督、感化、劝说，达到"同约之民，皆宜孝尔父母，敬尔长兄，教训尔子孙，和顺尔乡里，死丧相助，患难相恤，善相劝勉，恶相告诫，息讼罢争，讲信修睦，务为良善之民，共成仁厚之俗"的目的。按照《南赣乡约》的规定：设约长一人，由年高有德、为众敬服的乡绅担任；另设约副二人，约正四人，约史四人，知约四人，约赞二人。乡约大会于每月十五日举行。开会前一日，由知约将约所清扫干净，在堂中设立告谕牌及香案。开会当日，约众到来，约赞击鼓，约众至香案前，按次序北面跪下，约正宣读告谕。读完，起立。各就各位后，年轻的向年长的敬酒，然后由约史向众人提议，某人有某善，某人能改某过，请书在"彰善簿"上。众人若表示同意，约正便向善者作揖，请他进"彰善位"，东西立。然后再请众人推举善者，举荐完毕，约史将善考写在"彰善簿"上，约正、约副举酒杯号召众人向善者学习："凡我同约当取以为法"；饮毕击鼓，再由约史向众人扬言：某人有某过。过者跪而请曰："某敢不服罪？"自起倒酒，跪而饮曰："敢不速改？"约正、约副、约史都对他进行劝谕，完毕，众人一起聚餐。饭毕，约正站在中堂再次向众人训话，仍是劝善戒恶的内容。完后，散会。① 不可否认，通过每月一次的这种隆重仪式，即使不会使每个约民自觉知礼习义，也的确会对那些作奸犯科者形成一种心理上的压力，因为生活在一个熟人社会中，面子是非常重要的。在一个公众场合被谴责和训斥，无疑大伤颜面，日后难以面对乡邻。因而，乡约的教化应当是有一定成效的。

　　从乡约的教化方式而言，除弥漫着神圣庄严气氛和充满劝善惩恶规训的乡约大会以外，还设置了大量以惩罚和制裁为后盾的约规。"对违约者的处罚，在宋代的乡约中规定被人察出错误却不改正的人要被驱逐出约，王阳明则主张对不能改过者采取送官究治的办法。"② 吉安府《永丰乡约》

---

① 参见岑大利《乡绅》，北京图书馆出版社，1998，第118~119页。
② 袁海燕：《明代中叶乡约与社区治理——吉安府乡约的个案研究》，《华南农业大学学报》2004年第3期。本书关于江西吉安府的乡约相关内容参见该文。

则将两种办法加以结合，"其有冥顽桀骜，怙终不服，一都不能处者，关一乡；一乡不能处者呈本县。本县处之而不服者，是终无改化之机，然后置之于辟，与众黜之于约外。而吾同约之人，不得与之为亲为，私相往来。其约长正副敢有擅自行私，不同众议，纳贿庇亲，自堕约法者，约众即与更置，仍书过行罚，以警于众"。① 可见，《永丰乡约》除仿照《赣南乡约》"书善书过"以外，对违约者，轻则由乡里给予惩处罚赎，重者呈官究治。冥顽不化者，以"黜之于约外"作为处罚，在一个熟人社会中将之孤立于众人之外，也是一种非常严厉的惩罚。除此以外，甚至在有的乡约中明确规定令犯有严重过错的族人自尽以免玷污宗族名声。如徽州地区祁门文堂《陈氏乡约》规定："凡境内或有盗贼生发，该里捕捉即获，须是邀同排年斟酌善恶，如果素行不端，送官惩治，毋得挟仇报复，骗财卖放，或令即是自尽，免玷宗声。"②

明清乡约皆有官办与民办之分，而两者推行效果往往大相径庭。根据地方政府的行政命令而设置的乡约，属于官办乡约。官办乡约是具有半官方性质的基层行政组织，一些地方官员在推行乡约的过程中，甚至将之与保甲融为一体。如吕坤任山西巡抚时期推行的"乡甲约"即属此类。他认为"乡约保甲原非两事"，而是一枚硬币的两面，"乡约所约者此民，保甲所保者亦此民，但约主劝善，以化导为先，保主惩恶，以究诘为重"，因而实施时应将"乡约、保甲总一条鞭"，约长与保长亦一身二任，约史、约赞、知约皆由保甲公役者充任。③ 此类官办乡约的命运与保甲相同，因为对官僚政治的依赖而往往沦为供地方政府所驱使的职役。相比而言，"明代后期以地方精英为主导创办的乡约数量更多，而且其创办人大多都是士绅阶层的成员"。④ 此所谓民办乡约，因其创办者大多为乡绅，故而其目的"并不是要通过强制性手段来维护地方秩序，他们在很大程

① 《康熙永丰县志·永丰乡约》，载《中国方志丛书·华中地方》，成文出版社，1989，第368页。
② 《文堂陈氏乡约》，转引自洪性鸠《明代中期徽州的乡约与宗族的关系——以祁门县文堂陈氏乡约为例》，《上海师范大学学报》（哲学社会科学版）2005年第2期。
③ 吕坤：《实政录》卷5《乡甲约》，清道光七年刻本。
④ 高寿仙：《晚明的地方精英与乡村控制》，载万明主编《晚明社会变迁问题与研究》，商务印书馆，2005，第279页。

度上是基于教化乡里的使命感"。① 如江西吉安府乡约的推行者皆王门后学,直接受到王阳明的影响,以教化乡里为己任,死而后已。其境内乡绅张峰,"约束里中输纳不后期,而倡行乡约,近鳌尤力。盖公力艰拯危,维风变俗,才志业业,若水之必润,火之必燎,若越人之治病,随地必效"。② 曾于乾,"谓古道不复,卷卷以正风俗、成人材自任。……申订罗文庄公云亭乡约,乡人尊行数十年,以故云亭视他俗稍美"。③ 邹守益指出:"夫教于乡者,其知一体之学乎!乡鄙合而为邦国,邦国合而为天下。……古之善教天下者,必自乡始。"④ 在乡约教化的思想上,他们继承了王阳明的思想,认为唯有唤起乡民的道德意识,有耻且格,才能达至大治。可见,乡绅在民办乡约中意欲构建一种无须外力强加的、人人都自觉遵守儒家伦理道德规范的乡村秩序,这无疑带有一定理想主义色彩,在主观上来自士人的社会关怀情结和社会责任意识。而正是在这一点上,民办乡约相比较于官办乡约更多地体现了自治精神。但官方过分介入和主导最终导致了乡约的异化。

当乡约形同具文时,乡绅的教化功能却依然存在,这是因为它们自身就是儒家文化的象征。而当乡野村夫们经过千年的礼治熏陶,认同了儒家的道德话语之后,他们也自然认同了拥有对这套话语解释权的乡绅。于是,当乡约的基本功能丧失之后,乡绅依然可以在其活动场域里将教化衍生到国家权力所不及之处,即主要通过调解纠纷和兴办学务等方式继续推行儒家的意识形态,以使乡村维持邻里相让、上下有序、各守本分的和谐状态。乡绅在乡村的日常生活中处处可行教化之责,由此,我们不能不叹服绅权治理所具有的巨大的融通性和内在调节性。

在乡村的日常生活中,纠纷大量存在是难以避免的。这些纠纷中的一

---

① 衷海燕:《明代中叶乡约与社区治理——吉安府乡约的个案研究》,《华南农业大学学报》2004年第3期。
② 胡直:《水部尚书张玉屏先生寿藏铭》,载宗成、胡直《宗子相集衡庐精舍藏稿》,上海古籍出版社,1993,第128页。
③ 胡直:《亡友月塘曾君墓志铭》,载《宗子相集衡庐精舍藏稿》,上海古籍出版社,1993,第234页。
④ 邹守益:《东廓邹先生文集》,载《善本书室藏书志》卷37,清光绪二十七年钱塘丁氏刻本。

部分闹上公堂，变成了当时官方话语中"细事"，也就是我们今天所谓的民事诉讼案件，而这些案件的审理，即"听讼"，则是州县官最重要的公务之一。根据黄宗智先生对清代巴县、淡水和新竹以及宝坻县档案的统计，民事案件占县衙处理案件总数的大约三分之一，并有不断上升趋势，到 20 世纪 30 年代，其比例达到了一半，因此对于这些"细事"的审断"实际是地方衙门处理事务之中的极其重要和占相当比例的一部分。方大湜在他的《平平言》中说得很明白：'户婚田土钱债偷窃等案，自衙门内视之，皆细故也。自百姓视之，则利害切己，故并不细'"。① 言下之意，这些在地方官看来不起眼的"细事"却是利益之争，如果处理不当也可能造成不良的后果，破坏社会秩序，而这正是统治者不愿看到的。

因此，无论是州县官堂讯的"公断"，还是民间的"调处"，其追求的效果都在于"息讼"或"不争"，而途径则是"妥协"，这对于具有整体观念的中国人而言，也完全符合"常识性的正义衡平感觉"（滋贺秀三语）。而根据汪辉祖的观点，相比较而言，"可归和睦者，则莫如亲友之调处"（汪辉祖语）。而笔者理解，中国传统社会调处之所以大行其道，其关键首先在于"亲"，即基于血缘关系和虚拟血缘关系，在家族、宗族和乡族范围之内，由具有血缘关系的权威者进行调解和裁断，其中当事人的和解既有信服的成分，也有压力的成分。其次为"友"，这往往来自因共同利益，基于地缘关系联合在一起的乡族②，调解的情况可能较为复杂，因为要找到一个双方或多方宗族都认可的权威者，或是通过权威者合议的方式解决。这一权威者在绝大多数情况下都是乡绅。

从国家法角度而言，乡绅对于乡里纠纷并无调解与裁决权，甚至被严格限制干预他人词讼。明初，明太祖的"禁约十二条"中规定："今后州县学生员，若有大事干于己家者，许父兄弟侄具状入官辩诉，若非大事，

---

① 黄宗智：《清代的法律、社会与文化：民法的表达与实践·重版代序》，上海书店出版社，2007，第 5 页。

② 乡民聚族而居在明清时期极为普遍，其社会组织是在血缘组织和聚族而居的基础上自然形成或由民间组织的家族、宗族和乡族系列。一般而言，家族和宗族是以血缘关系为基础形成的社会群体组织，乡族的情况较为复杂，其形成方式有联姻、联族、联姓、联村、联籍等。其中，联村、联籍属于地域性联合；联姻属于血缘性联合；联族、联姓属于虚拟的血缘性联合。参见张研《试论清代的社区》，《清史研究》1997 年第 2 期。

含情忍性，毋轻至公门。"而清初的《清会典》中亦规定，士绅"当爱身忍性，凡有官司衙门，不可轻入，即有切己之事，止许家人代告，不许干预他人词讼，亦不许牵连生员作证"。个中原因不难理解，它源于皇权对于绅权的一种警惕，换言之，绝对君主专制在本质上排斥任何一种可能与之形成对抗的地方权威，尤其是在其上升时期。

　　但由于正式权力管理乡村的有限性，明清的法律不得不赋予里老、保长以及乡约长以案件的调查权和纠纷的调解权，他们在身份上虽不是"乡官"，却是被国家权力所认可的法定代理人，即所谓的"乡役"。与乡绅比较而言，乡役的可控性要大得多，因而对于皇权的威胁也小得多。关于乡役的司法职能，顾炎武曾提及："今代县门之前多有榜曰，诬告加三等，越诉笞五十，此先朝之旧制亦古者县法象魏之遗意也。今人谓不经县官而上诉司府谓之越诉，是不然。《太祖实录》洪武二十七年四月壬午命有司择民间年高老人公正可任事者，理其乡之词讼。若户婚、田宅、斗殴者，则会里胥决之，事涉重者，始白于官。若不由里老处分而径诉县官，此之谓越诉也。"① 顾氏认为，根据明太祖诏令，"细事"在控告到州县衙门之前，当事人必须先申诉至里老。但瞿同祖先生认为，根据明清律关于"里老"之条，"仅仅是允许他们在'申明亭'——里面张贴着皇帝教导人们作良民的诏书及不肖子孙、为恶者的名字的乡亭——中调解或处理纠纷。② 法律并未特别规定人们在诉至州县衙之前必须先去'里老'那里。《明律》和《清律》关于'越诉'的规定都仅指越过有管辖权（'本管官司'）的官府而言"。③ "法律允许地保和'乡约'（乡首）向州县官汇报纠纷案件，由州县官做出裁决；但是州县官不得授权给乡约或地保裁决争讼。不允许州县官授权乡约、地保调查抢劫、杀人或其他重大的案件。"④ 这里似乎国家法内部存在冲突。不言而喻，律作为"国之常经"，具有最高的法律位阶，但在专制国家，皇帝的诏令在实际的法律运用中高于律的情况也是经常存在的。因此，顾、瞿二人的说法也并不矛盾。

① 顾炎武：《日知录集释》卷8，黄汝成集释，世界书局，1936，第182页。
② 《明律集解》卷26；《清律例》卷34。
③ 瞿同祖：《清代地方政府》，范忠信、晏锋译，何鹏校，法律出版社，2003，第192页。
④ 瞿同祖：《清代地方政府》，范忠信、晏锋译，何鹏校，法律出版社，2003，第8页。

其实，"法的表达与实践"（黄宗智语）经常出现背离。有些案件，"知县可能觉得值得考虑，但案情又太轻，不必亲自过问，因此发还给下属处理——或交乡保办理，或让衙役跟乡保一道处理……把此类事情交给下属处理，这种做法实际上违背了大清律例。……颇有意味的是，这类案件没有一件获得解决，或至少在记录中没有下文。它们占记录不完整案件的百分之三十六"。① 可见，在法律的实际运作中，非涉及重大案件的纠纷调解和裁决出乡里进行是客观存在的，从中央政府角度而言，为防止地方权威坐大，多将这一任务交由国家权力在乡村的代理人——乡保（乡约长和保长），并且是非常有限的；而地方政府为方便自身无疑将这一权力进行了扩大。但从目前文本来看，乡役调解的效果是难以令人满意的。如果我们进一步追问为什么由乡保调解的效果如此不尽如人意，一个符合逻辑的解释就是他们的社会权威是极为有限的，因而难以胜任调解职责。真正在乡里社会进行有效调解的主体绝大多数是乡绅，在这一点上我们仍然可以视之为"法的表达与实践"的背离，虽然法律没有授权，甚至是禁止，但这种不切实际的法律最终会失效或是被规避。

在宗族发展极为昌盛的明清时期，乡绅可以族绅的身份，而不是以"生员"的身份调解纠纷，从而规避了国家法。"作为'四民之首'，绅士无疑是宗族内的'贵'者，拥有支配族政的特权。一族之族正、族长、族副往往由绅士担任或由绅士控制，所谓'族正以贵贵为主，先进士，次举贡、生监'。"② 故而，作为族长、族正、族副，其调解方式是族内调解，即尽量在宗族内部依据家法族规解决，防止纠纷扩大化。根据各地宗法，本族成员之间的纠纷首先必须报告本族，由族长出面处理。"倘族人有家务相争，投明族长。族长议论是非，从公处分，必合于天理，当于人心。轻则晓谕，重则责罚，财产为之分析，伦理为之整顿。"③ 对于一般

① 黄宗智：《清代的法律、社会与文化：民法的表达与实践》，上海书店出版社，2007，第94页。
② 郝秉键：《试论绅权》，《清史研究》1997年第2期。
③ 安徽太平《馆田李氏宗谱·家法》，转引自朱勇《清代宗族法研究》，湖南教育出版社，1987，第93页。

纠纷，宗族法亦如同国家法一样，强调不得越诉，称为"不得越房而投族"。对于较大的违规触法行为，则准许直接投告宗族。同时，针对不同性质的纠纷和案件，处理方法亦有区别。凡属于分家析产、买卖租赁、田界屋址等民事纠纷及一些轻微的口角争斗，其处理以调解为主，由宗族首领及公认"正直"、"明理"的缙绅会同当事人，协商解决。"有关绅士这类事务的例子不胜枚举，故人们下这样的断言，即由绅士解决的争端大大多于知县处理的。兹举数例，据称有一生员素称极善调解纠纷，所以他的老家的各村庄很少有诉讼案件。还有一生员素称刚正鲠直，常常为其家乡的一些家庭分家拆产排解纠纷。有一贡生据说调解纠纷十分明断，十余年来他所在的庄上竟无讼案。"①

而各种案件一旦投告到宗族而被受理，即进入审理的程序。"对于重要案件或纠纷的审理和执行，常召集全体族人参加。其目的不仅在于提高审断规格，造成对被审被罚者心理上的压力，同时，也在于以生动的实例，向全体族人宣传宗族法，重申宗族法的严肃性。无论是重要案件的审理、执行，还是细小纠纷的调解，一般皆于祠堂内进行。祠堂为祖宗神灵栖息之地，在笃信尊祖教的族人看来，现世子孙的一言一行在祠堂内都受到先世祖宗的直接监视。而以'祖宗规训'名义制定的宗族法正是在祖宗神灵的授意下，由宗族首领代为执行。宗教教条和道德伦理的精神约束力使得强制性宗族法在适用过程中，更加合'情'合'理'。"②

在明清时期的某些地区，当乡绅的权力发生扩张，超越律法的情况也并不罕见。据官方正史，时有所谓乡绅包揽词讼、武断乡曲的记载，如1724年，雍正在山东巡抚陈世倌的奏折上批示："凡地方上顽劣绅衿贡监之流，宜严加约束，毋邀虚誉而事故息，以滋长刁风。"③雍正的批示在一定程度上说明，史上确有一些乡绅任意妄为、起灭词讼、为害乡里的状况，通常这些乡绅被称为"劣绅"。客观而言，乡绅阶层的素质并非整齐划一，所谓"贤愚优劣，固有不齐"。赵翼曾言："前明一代风气，不特

---

① 张仲礼：《中国绅士——关于其在 19 世纪中国社会中作用的研究》，李荣昌译，上海社会科学院出版社，1991，第 61 页。
② 朱勇：《清代宗族法研究》，湖南教育出版社，1987，第 97 页。
③ 《朱批谕旨·陈世倌奏折》，雍正二年九月十七日折朱批。

地方有司私派横征，民不堪命。而缙绅居乡者，亦多倚势恃强，视细民为弱肉，上下相互，民无所控诉也。"[①] 因此，一些劣绅不遵律法，通过把持官府词讼而获利的情况应该是存在的。但从另一角度来看，这些记载亦可视为国家权力对于绅权的警惕和担心。在一些历史时期，强调绅权的危害作为一种主流话语也会控制当时集体记忆，使置身于其中的个人记忆发生错乱，人们对乡绅的印象只剩下土豪劣绅，而解决纠纷也就变成了包揽词讼，这里存在价值评价的意识形态话语。但无论如何，乡绅对于乡村纠纷的解决所起到的作用都是不可否定的，其副产品便是乡民无讼和息讼观念的养成。

　　主导乡村学务同样也是乡绅教化乡里的重要形式。科举制和附着其上的学校体系是乡村读书人通往仕途的晋升之阶。学务与科举紧密相连，"是否具备领导国家和社会的资格，这由国家建立的考试制度来检测，但依赖于由绅士自己提供的教育。因此，教育是赋予绅士的最基本的任务"。[②] 根据潘光旦和费孝通对明清时期近 900 名进士的研究，其中近一半来自乡村家庭，而有功名的中下层乡绅在士绅中所占比例则更高，他们是乡村社会中文化系统的主体。[③] 在清末科举制度废除之前，几乎每一个家庭都不遗余力地供养其子弟读书，期望通过科举获得功名。功名本身就是一种身份，是一种社会地位的象征。这在乡村社会尤为突出，因为大多数的乡民处于文盲或半文盲状态，因而对于读书人更为崇敬，乡绅即凭借这种功名身份来保持和延续其精英的地位，获得社会权威。对于乡绅而言，将包含着儒家道德伦理的知识抬得越高，也就越能体现其不可忽视的崇高地位。因此，乡绅成为乡村学务的主导者和组织者。学务的繁荣虽然不能使所有的农家子弟都步上帝国官僚的晋升之阶，却在不同层次的教育中宣扬着儒家的人生哲学，从而潜移默化，使乡民达于礼而不自知。

　　明清时期地方学务的发展与乡绅有着极大的关系。就学校的兴办而言，有官学与私学之分。官学亦称庙学，由政府兴办，经费充足，设施较

---

① 赵翼：《廿二史札记》卷 34，清乾隆六十年刻本。
② 张仲礼：《中国绅士的收入》，上海社会科学院出版社，2001，第 246 页。
③ 参见〔美〕施坚雅《中国封建社会晚期的城市研究》，吉林教育出版社，1991，第138 页。

为完善，但由于多设于城市，离乡村较远，难以满足乡里社会知书达礼的要求，这种空白或由民间力量单独加以弥补，即由乡绅个人出资或动用宗族资产来兴办义学和社学，或官方与乡绅共同兴办书院，以达到建设地方文化事业及为国家培养和输送人才之目标。

地方学务系统原由官学、书院、社学、义学等共同构成。其中，官学由最初的教育机构逐渐演变为考试机构与祭祀中心。在官学衰败之后，取而代之的书院成为明中叶以后儒学传承最主要的场所，而社学、义学则是书院的支流，为乡村的启蒙教育机构，使村民自幼便开始接受儒学熏陶。书院、社学和义学除承担了乡村教育的使命以外，也起着化民成俗的作用。不可否认，由于各地的民情风俗各异，而经济政治发展亦不平衡，因而以上各种机构在不同时期和不同区域的地方教育和教化体系中的地位与作用也是不尽相同的，但从总体而言，明清时期的地方教育与教化呈现由官办为主向民办为主转变的趋势，尤其是民办教育机构在乡村的教育与教化机构中占据了主导地位。在明代的科举中，中举者往往乡村多于城市。以吴江县为例，从洪武三年（1370 年）至弘治二年（1489 年），中进士者共 49 人，除 8 人居住地不详外，其中乡都占 36 人，而县市只有 5 人。即使是科贡，乡村也多于城市。仍以吴江县为例，从洪武十一年（1378年）至弘治二年（1489 年），科贡共计 103 人，除 17 人居住地不详外，其中乡都占 54 人，县市只有 32 人。乡村教育发达和兴盛可见一斑，这不仅仅是乡村社学普及而致，也与义学的兴盛大有关系。[①] 而这些领域也正是乡绅发挥其治理功能的重要场所。

值得一提的是，乡绅一般是通过参加官学进学考试而获取功名的，在这一过程中他们无疑承载了官方的意识形态，由此，乡绅对于乡村私学的主导也就保证了乡村的意识形态与官方保持一致。乡民从蒙童时期就开始接受的儒家的道德话语也一辈一辈地传下去，甚至在清末实施新政的 20世纪初，有着"农民运动大王"之称的彭湃也不得不承认有些现实是难以一时改变的，当时"有的只是那些乡村的私塾，请了一个六七十岁的八股先生，教一班面黄目青肢瘦肚肿的农村小孩们，读'子程子曰……'

---

① 参见陈宝良《明代的义学与乡学》，《史学月刊》1993 年第 3 期。

'关关雎鸠'不会念的就罚跪抽藤条打手板夹手指等酷刑，简直只有把这小孩们快点弄死罢了。然而农民们不但不以为怪，并说这个先生明年还要请他再干；又说有这位严厉的先生，这班小孩们就不会回来家里哭"①，从这种最初等的简陋的教学条件中，我们不难看出乡村道德氛围形成的必然性，那就是村民们对于"子程子曰"有着极为强烈的认同，官、绅、民在儒家的意识形态上早已达成了共识。

2. 乡绅的养民之道

绅权治理的成功之道还在于对儒家民本主义思想的深刻理解和全面践行，即养民。儒家民本主义思想的精髓，首先是肯定了"民"是作为"人"这一道德主体而存在的——所谓"仁者，人也"②，人皆具有向善的内在德性——教化的目的就在于发掘"民"的内在德性，培养"民"的自我向善的能力。其次，"民"的道德主体性的实现需要一定的社会物质条件，孔子的"庶、富、教"论③和孟子的"恒产恒心"论无不强调教化的物质前提，"无恒产而有恒心者，惟士为能。若民，则无恒产，因无恒心。苟无恒心，放辟邪侈，无不为己。及陷于罪，然后从而刑之，是罔民也"，"是故明君制民之产，必使仰足以事父母，俯足以畜妻子；乐岁终身饱，凶年免于死亡；然后驱而之善，故民之从之也轻"。唯此，方为"王道之始也"。④ 由此，不难看出孔孟的智慧，他们在"民"作为道德主体的实现的可能性与现实性之间预留了空间，而联结这种可能性与现实性的桥梁，即统治者必须将养民和教化一样作为推行"王道"的至关重要的途径。然而，"王道"对于春秋战国时期的君主似乎并不具有太大的吸引力，其现实效果反映在汉代以后，董仲舒曾指出孔子修订《春秋》是为后世君主而作，就是这一道理。帝制时代的中国是一个由无数乡村组成的小农经济国家，治国之道始自一乡，而治乡之道则与春秋时期的治国之道并无不同。这也正是儒家民本主义思想的政治意义所在，绅权治理作为一种治理模式秉承了这种政治理念，除了"形而上"的教化之外，在

---

① 澎湃：《彭湃文集》，人民出版社，1981，第110页。
② 《中庸》。
③ 《论语·子路》。
④ 《孟子·梁惠王上》。

国家力量无法提供乡村社会保障的时空中力尽养民之责，使乡民"富而好礼"①，从而为礼治秩序的形成铺就了一条"形而下"的道路。

所谓"养民"，首先在于日常生活便利之提供，诸如筑桥铺路、修葺祠堂庙宇、修建水利及村防设施；其次在于灾害发生之救济，诸如建立社仓和义仓；再次在于民间慈善事业的持续发展，诸如兴办各类善会善堂，解决各种社会保障问题。对于乡里社会的存续而言，这三者无疑都是至关重要的，"日常生活之养"作为公共产品满足乡民的衣食住行所需，虽微不足道却又不可或缺，但无奈官府以及保甲、里甲组织均无提供之法定责任；"灾害救济之养"和"民间慈善之养"事关乡民的身家性命和社会控制，官方虽有法定之救济和保障责任，但无奈财力、能力有限。因此，"养民"之责在很大程度上只能由地方精英——乡绅、宗族首领、富民等——以私人身份去承担，而乡绅因其学识、威望、财力、道德使命感和明清时期已经形成庞大的群体，自然成为最为主要的组织者和承担者。因研究主旨所限，故本书在此着重讨论乡绅的"养民"功能。

首先为日常生活之养。以水利的兴修为例。水利对于农业社会至关重要。由于常常需要在超越村庄的较大范围内进行，且需要更多的人力和资金，因此，各区域的乡绅之间不仅需要相互合作、发动乡民，同时也要尽量争取官方（国库）的资助，而这就需要乡绅具有较强的活动能力和协调能力。值得注意的是，乡绅在其中的作用是多方面的，他们首先会向地方政府吁请，因为他们具有直接见官的特权而使这一吁请相对容易；其次，办理筹款，除官、绅、民捐款外，乡绅需组织佃户出役，而此劳役往往折算为地租，因而可视为乡绅的间接捐款；再次，亲自督修，一些乡绅由此而成为水利专家。如浙江生员凌介禧曾游历于江浙一带，悉心研究旱涝原因，著有《东南水利略》一书，书中详细指出何处河流应疏浚，何处应建闸蓄水，此书在咸丰年间刊行。② 而在实际的水利兴修中，他的建议在多处被采纳。③ 之所以引出这一事例，目的在于对人们对乡绅的传统看法予以纠偏。以往学者认为，乡绅所掌握的知识是十分狭隘的，"仅限

---

① 《论语·学而》。
② 《湖州府志》卷76，同治十三年刻本。
③ 《松江府续志》卷7，光绪十年刻本。

于道德知识、经典知识、体制内合法化知识，或者叫功名知识，而不能用现代的知识概念来打量"。① 费孝通先生也认为，"传统社会里的知识阶级是一个没有技术知识的阶级，可是他们独占着社会规范决定者的权威"。② 笔者认为，从乡绅身份的获得而言，他确实需要熟知甚至只要掌握儒家经典，但在乡土社会中，乡绅要进一步巩固其社会权威，通过公共参与来获得公共身份，因而一些规范知识以外的技术知识似乎对于乡绅而言也是很需要的，起码可以算作一种"学识"的增长。这一增长无论对于乡绅本人，还是乡里社会，都大有裨益。

专门对福建地区水利所进行的研究表明：明清福建沿海"官办"的水利事业，大多陆续改为"民办"。从兴修而言，明代以降，地方政府并无用于兴修水利的专款，因而即使有官吏出面组织兴修水利，一般也只能取资于民。明代中叶以前，地方官筹集兴修水利的经费，主要以赋役的形式直接摊派，或可称为"官督民办"；但之后，由于赋役制度改革，官府不能直接征派赋役以兴修水利，只能以倡导的方式"计亩劝资"，或是授权于民间自行组织，或可称为"民办官助"。而无论是官督民办，还是民办官助，都实为官修向民修的过渡形式，发展趋势是官修为民修所取代。在多数情况下，清代由官府倡修的水利工程，实际上仍是由民间自行组织。从管理而言，明代中叶之前，官办水利事业一般有专人负责管理，以派役方式维持。明代中叶以后，由于徭役逐渐演变为银差，而地方官府又往往克扣雇役银，遂使这种管理方式难以维系。在某种意义上，水利事业的民办趋势，反映了乡族和乡绅势力的发展。"这是因为，如果民间尚未形成足以取代地方官府的权威，'官办'向'民办'的转变就不可能完全实现。"③

在诸多乡绅兴办水利事业，造福乡里社会的同时，不可忽视的历史的另一种面相是——乡绅、豪强以"受税"为名，将水利资源据为己有，

---

① 郭剑鸣：《晚清绅士与公共危机治理——以知识权力化治理机制为路径》，光明日报出版社，2008，第19页。

② 吴晗、费孝通等：《皇权与绅权》，天津人民出版社，1988，第19页。

③ 郑振满：《明清福建沿海水利制度与乡族组织》，载郑振满《乡族与国家：多元视野中的闽台传统社会》，生活·读书·新知三联书店，2009，第60页。

导致水利私人化而置公共利益于不顾。在明清时期，因兴修水利而造成的地方政治斗争有时相当激烈。"权豪富盛之家，占射浮涨，以为己业，若欲疏决，则痛入骨髓，故捐厚币、出死力以争之。"① "公下令按图籍，开浚修沟洫之事，而责之田主者。顾田主者，皆贵人豪室，但坐享佃户贡岁入，不复问亩浍通塞何状，令下率抗不服。"② 如浙江余杭县南湖，是一处极为重要的水利枢纽，但由于豪绅势力私占湖田，南湖的蓄水能力不断下降，致使杭、嘉、湖三府屡遭洪水侵袭；从弘治年间开始直至明末，当地官员多次清理湖田，但事过不久，"诸豪割据如初"。③ 从这一角度而言，乡绅也是一个复杂的群体，并非所有乡绅都有道义担当，在更多的时候，他们愿意将乡里利益与家族、个人利益相统一和兼顾，但一旦不能兼顾，家族和私人利益是一些乡绅首先考虑的，甚至丝毫不顾乡里利益。此所谓"劣绅"所为。而在这一情况之下，地方政府就要进行有策略的斡旋。一方面，一些豪绅私占湖田所带来的利益是个人性的，他们对水利设施的破坏不但给乡民带来危害，而且会使其他豪绅的利益受损，这自然遭到受损豪绅的反对。另一方面，乡绅中的一些有识之士为本阶层长远利益考虑，也往往支持地方政府进行水利制度改革。吴金城对江西鄱阳湖地区、湖广汉水下游地区和洞庭湖地区的水利设施进行了考察，认为明代后期的乡绅阶层在解决水利问题时发挥了重要作用：他们向地方官员反映民间舆论，提出兴建水利工程的建议，有时还与地方官员联名向上级甚至中央提出请求，同时协助筹集经费，征集民力，在许多时候还担负工程的监督工作。④ 无怪乎清人叶镇在《牧令书》中感叹："邑有兴建，非公正绅士不能筹办"；而著名巡抚胡林翼也曾说道："自寇乱以来，地方公事，官不能离绅士而有为。"⑤

---

① 史鉴：《西村集》卷5《与叶黄门廷缙书》，四库明人文集丛刊本。
② 张萱：《宝日堂初集》卷16《瀛海耿公墓志铭》，明崇祯二年刻本。
③ 参见高寿仙《晚明的地方精英与乡村控制》，载万明主编《晚明社会变迁问题与研究》，商务印书馆，2005，第299页。
④ 参见〔韩〕吴金城《明代社会经济史研究》，渡昌弘译，汲古书社，1990，第167~177、237~244、295~299页。
⑤ 胡林翼：《麻城县禀陈各局绅筹办捐输情形批》，载《胡文忠公全集》，世界书局，1936，第1757页。

其次为灾害救济之养。中国是一个自然灾害多发国家，"这一事实得以形成的最重要原因完全是地理方面的"。① 频繁的自然灾害给乡村社会带来的冲击是多方面的，一是生存危机，由自然灾害引起的疾病、瘟疫、流民和社会动荡会直接导致乡民生命堪忧、流离失所。二是精神恐慌，在汉代之后儒家的天人感应论中，天降灾疫被解读为上天对人间统治者的"警示"，而"频繁的灾害就意味着政治正当性的流失"。② 乡民自然担心以战争形式出现的改朝换代给自己和家人带来的危险。三是道德失范，即人们在逃避灾疫过程中的非道德行为的普遍化。时人记载："近时间巷之间，偶染时疫，邻里挈家以逃，甚且父子相仳离，兄弟妻子弗顾，或至死亡，往往又子不能见其父，弟不能见其兄，妻不能见其夫；此其残忍刻薄之行，虽禽兽不忍而为，而谓人其忍乎哉！"③ 在儒学的道统体系中，天地、君臣大义是建基于父子人伦之上的，"民风"、"士风"、"仕风"实乃一脉相承，民风"之弊不可枚举"，"士大夫罕以气节为重"，礼治秩序的丧失恐比前两者更让读书人痛心疾首。因而，灾疫发生之前的预防、之中的救济和之后的重建是乡绅义不容辞的责任。在特殊时期，乡绅对乡民的扶危救困是"养民"的重要内容，其意义则是深层次的。

值得一提的是，封建国家对于灾疫救济的重视程度与前述对乡村公共设施建设的投入程度相比，是不可同日而语的。从制度层面而言，中央政府所制定的荒政制度非常完备，对18世纪中国荒政作出专门研究的法国学者魏丕信指出：与近代以前的欧洲相比，明清国家有一个显著特点，即拥有一个中央集权的国家，以及一个成熟和稳定的官僚制度。这一点，正是中国具有比欧洲更强的抗灾能力的关键之所在。中国国家层面组织的救灾活动，不仅十分周密详尽，而且已经制度化。而这也正是中国古代大量救灾著作存在的原因。而他的研究的缘起也主要是一部官方赈灾的文书汇编——《赈纪》，其中记述了1743~1744年直隶赈灾的过程，其结局是

---

① 〔法〕魏丕信：《18世纪中国的官僚制度与荒政·导论》，徐建青译，江苏人民出版社，2003，第3页。
② 郭剑鸣：《晚清绅士与公共危机治理——以知识权力化治理机制为路径》，光明日报出版社，2008，第61页。
③ 《民国象山县志》卷31《艺文》，载《中国地方志集成·浙江省专辑》第33册，上海书店出版社，1993，第53页。

"全活无数"，足以证明当时救灾的成效。在国家的赈灾制度尚可以有效发挥作用的情况之下，魏丕信也特别强调了地方精英（特别是乡绅）在救灾中的"同等作用"，"在多数情况下，国家行政组织以及与之共同形成一个权力结构的那些社会群体是不可能截然分隔的，它们紧密地联系在一起，而国家只是处于这个权力结构的顶点。在国家正式任命的官僚的权力层次以下，即县以下的地方权力结构中，士绅（指那些拥有功名的人及其家庭）靠着与其身份相联系的一定的优越条件，以及他们被认为所拥有的道德威望（实际上是没来由地赋予他们的）而处于最突出的地位。……只有绅士能与那些出身于他们自己阶层的官员平起平坐，而在必要时，还担负着与'权力'抗衡的作用"。①

进一步而言，在中央政府的控制能力衰弱的明清后期，赈灾的主导权已经基本由民间掌握，地方官虽参与救荒赈济，但起实际作用的是当地乡绅，地方官甚至在其中只是充当一个参与者的角色。崇祯十四年（1641年）浙江发生饥荒，山阴著名乡绅祁彪佳②在其著作中指出："辛巳岁，越中大饥，即一村镇之中，流移乞丐，死者日以五六人计。恻然怜之，亟拟赈救。"③ 为赈济天乐乡贫民，使其渡过饥荒，祁彪佳募集资金，助民开垦，而在整个过程中，当地官员的参与仅限于捐助，计为"得盐台守宪之捐助，计一百五十金；邑父母复助米三十石，司宪陈公祖特助米十五石"。④ 而祁彪佳则用这些捐助和其他乡绅、富民的捐助，资助和组织天乐乡民众开垦荒地 6800 余亩。晚清时期的状况亦是如此，自 19 世纪特别是从道光朝开始，官僚政府的救荒政策逐渐式微的另一个标志是文献中极少有"破例赈济"的提法，自那时以后，多数抗灾活动都是由"赈局"举办的，"赈局"完全是由地方乡绅管理的。即使州县和省的地方官并不

---

① 〔法〕魏丕信：《18 世纪中国的官僚制度与荒政·导论》，徐建青译，江苏人民出版社，2003，第 18 页。

② 祁彪佳（1602~1645 年），字虎子，又字幼文、弘吉，号世培，别号远山堂主人，明末清初文学家、戏曲家。出生于士宦藏书家之家。17 岁中举人，21 岁中进士，次年任福建兴华府推官。因朝政腐败，便以侍养为名，上疏请求退休。家住 9 年，绍兴连遭灾荒，乃救荒赈济，行和籴法、分籴法、设粥厂法、给米法，救活灾民千计。

③ 祁彪佳：《祁彪佳集》卷 6《救荒杂议·散钱议》，中华书局，1960，第 145 页。

④ 祁彪佳：《祁彪佳集》卷 6《救荒杂议·借种议》，中华书局，1960，第 156 页。

总是持消极态度,一般来说,他们的作用也仅限于召集地方精英们开会,在会上要求他们成立一个赈济组织。①

乡绅的赈济首先以个人的形式在宗族、社区等小范围出现,最为普遍的情况是由本村的乡绅(包括一些非乡绅的田主)救济自己的佃户。明嘉靖年间著名儒学大师唐顺之,因与上司不和而辞官回家,成为江苏武进的一名乡绅,在其后人唐鹤徵的记述中有云:"予家岁间行之(赈济佃户),颇无大费。"② 可见,其时唐家对其佃户的赈济是一种经常性的行为。而对松江地区的荒政与地主佃户关系进行实证研究的日本学者森正夫也指出:"'田主赈佃户'中所主张的灾害时地主贷与'性命米',也是以往的惯常行为。更进一步,由这些也可以推定,陈氏在'田主赈佃户'中作为地主救济佃户的前提的那个本源的'痛痒相关'的地主佃户关系,确是以往实际存在的,是他自身在十六世纪五十年代开始的漫长的一生中体验过的东西,或者是作为不久的过去而闻见过的东西。"③ 此处,陈氏为明万历末年的江南名士陈继儒,他29岁之时,焚儒衣冠,隐居小昆山之南,表示绝意科举仕进。父亡后,移居东佘山,自此闭门读书,然仍与三吴名士来往,其中亦有高官豪绅。在其著作中曾介绍松江地区的民情风俗,其中有云:"若有田之家,照管佃户,佃户种田一亩者,借与工米五升,及冬同租还纳。此皆旧例,原非创设。"④

宗族范围的救济以义庄的方式进行,它们大多数由族中的乡绅或者富户捐置,而管理权基本属于乡绅。明清时期属于"绅衿富人宗族制时代"⑤,就宗族组织极为强盛的江南地区而言,宗族绝大多数是缙绅所创,"赀力殷富"的"素封"之家尚在其次,因为缙绅家族由科举入仕者较多,常常世代蝉联,形成显宦世家,他们不仅资产丰饶,而且享有

---

① 参见〔法〕魏丕信《18世纪中国的官僚制度与荒政·导论》,徐建青译,江苏人民出版社,2003,第257~261页。

② 唐鹤徵:《赈济说》,载《古今图书集成·经济汇编·食货典》卷101《荒政部艺文八》,上海图书集成铅版印书局,1904。

③ 〔日〕森正夫:《十六世纪至十八世纪的荒政和地主佃户关系》,载《日本学者研究中国史论著选译》第六卷,中华书局,1993,第46~47页。

④ 陈继儒:《晚香堂小品文选注》,牛鸿恩选注,首都师范大学出版社,2010,第78页。

⑤ 参见冯尔康等著《中国宗族社会》,浙江人民出版社,1994,第13~17页。

各种特权，与地方政府关系密切，成为民间的权威人物，由他们出面主持宗族，较之单纯的富室庶民，更易于成事，且能世泽绵延，使宗族维持发展下去。[①] 义庄的主要功能在于赈济家境贫困或遭遇天灾人祸的族人，其救助以血缘关系为准则，受惠者有一点局限性，到了晚清，随着士绅阶层的城居化现象不断严重，义庄大多设在城镇，农村义庄比例很小。因此，义庄与乡绅的个人救济一样，虽然可以免去一些烦琐的行政申报手续而快速、直接地扶危救困，但救济面较为有限。相比较而言，大规模的救济须以一定的制度为基础，并在更大程度上和更广泛区域发动社会力量。

仓储制度是国家应对灾荒的重要举措。明清时期的粮仓包括官方的预备仓、常平仓和民间的社仓、义仓。在理论上，民间粮仓应为官方粮仓的补充，但在明清时期的实际社会生活中，后者却发挥着更为重要的作用，以至于中央政府一再诏令各地建立社仓、义仓。就性质而言，社仓并不完全由民间主导，而是官民共建的。嘉靖八年（1529 年），明中央政府下令在全国建立社仓，目的在于：其一，由官府倡导，士民捐助，存贮里中，其性质是政府监控下的民间粮仓；其二，社仓通过民间自捐自助的方式来赈灾济贫，由此可以达到"敢非心而兴礼义"的劝善教化的政治目标，这完全契合了以乡约为纲，以社仓、社学为目的乡治理论。[②] 不少地区制定了相应的旌表条例，捐谷者依其捐献数额可受到纪善、官府送匾、给予冠带、优免杂役、竖坊旌表等表彰或嘉奖。可见，从制度本身而言，社仓通过官方与民间的合作来达到地方社会备荒和教化共举之目标。但是，由于明末政治衰败，官府的救济措施越来越没有效率。明末清初山西阳城乡绅白胤昌指出，官方主导的社仓是名存实亡的，"朱子社仓法，万历间余邑亦行之，初意为备荒计，后乃半为纸上空言，半为司府公费，及岁荒时干没殆尽。受其扰而不得享其利，以名实之重违也"。[③] 其时，知县以社仓有任意摊派之弊为由，议将五处社仓裁撤，归并入县治的预备仓。此举遭到当地乡绅的强烈反对，士人韩范连续写了《救荒议》、《积粟备荒议》

---

① 徐茂明：《江南士绅与江南社会（1368—1911 年）》，商务印书馆，2004，第 140～141 页。
② 徐茂明：《江南士绅与江南社会（1368—1911 年）》，商务印书馆，2004，第 134 页。
③ 白胤昌：《容安斋苏谭》卷 2，清康熙元年刻本。

和《贻书抚台止社仓谷归并预备仓》三篇文章提出自己的救荒方案。韩范反对裁并社仓，他认为此举不仅收储不便，东部的灾民甚至要往返400里，登山涉水，才能领到粮食，而且为官吏贪污、奸民包揽打开方便之门。但他的意见并没有得到重视。从县志记载来看，这些社仓都被裁并，只存留了县治的常平仓，这促使韩范计划在家乡自立义仓。① 事实上，从明代中后期直至清初，义仓大多数都属于由民间建立的以赈灾济贫为目的的粮仓，但嘉庆、道光以后，社仓制度由于存粮经常被官方挪作他用，加上官吏从中营私舞弊而逐渐衰落，官方遂将民间义仓作为其倡办的重心，以作为官府"养生恤死"的地方惠政。随之，义仓的性质也由于官方的干预发生了变化。因此，魏丕信认为，社仓与义仓在性质上都属于半民间（semiprivate）。② 但无论社仓还是义仓，其管理者都是当地乡绅。许多社仓、义仓还制定了健全的管理与监督制度。作为地方权威，乡绅总是被期望发挥领导作用，一些地方特别规定社正、社副优先选择"贤良先达及孝廉庠序中忠厚廉洁之士"担任，或由绅耆行使监督职责，"往来防闲其奸"。③

再次为民间慈善之养。如前所述，社仓、义仓在灾害救济中发挥着不可替代的作用，尤其是通过粮食的供给为民众生存提供了最基本的保障，承担着重要的经济功能。同时，社仓、义仓也关乎政治秩序，国家权力也多参与其中，这也就造成了此类救济与政府力量和清廉程度相关联，变数较大，"养民"若完全依靠这类组织亦不现实。因此，从救济范围的广度和作用以及时间的连续性而言，明清时期新出现的民间慈善组织——善会善堂的功能是无可替代的。"善会是个人自愿参加的，以实行善举为目的的自由结社，而善会办事机构的所在以及具体实施善举的设施则是善堂。"④ 善会善堂在明末以及清代的中国各地曾经普遍存在。在时间方面，从16世纪末的明代开始，其后除在17世纪明清交接之际稍息数年外，作为

---

① 杜正贞：《村社传统与明清士绅——山西泽州乡土社会的制度变迁》，上海辞书出版社，2007，第159~161页。
② 〔法〕魏丕信：《18世纪中国的官僚制度与荒政·导论》，徐建青译，江苏人民出版社，2003，第165页。
③ 《公宇志·惠政》，载《大名府志》卷5，明正德刻本。
④ 〔日〕夫马进：《中国善会善堂史研究》，伍跃等译，商务印书馆，2005，第4页。

民间慈善组织的善会善堂一直有所发展，甚至在民国初年，为数不少的传统善堂仍在继续运作。可以说，善会善堂在明末和清代是一个非常普遍的事物，它们的社会意义是极为重要的。民间慈善组织的兴起一方面由于政府济贫能力有限，甚至是存在明显缺陷，造成的社会救济领域的空白亟待填补，另一方面则缘于一种特殊的社会力量——乡绅阶层在明清时期的崛起——他们希望通过管理这些民间慈善组织来达到重整社会秩序的目的。

　　那些在善会善堂中发挥着主导作用的乡绅，他们施善行为的背后有着怎样的一种政治动机或是士人理想？虽然明清时期从事慈善事业的乡绅在本质上并无不同，但细观其中的成分则明显有所区别。就明末而言，善会的推动力量以官绅为主，他们是退休家居的士大夫，因不再有官职让他们赴任之理想，故而通过善会来弥补这方面的缺憾，这源于士大夫本身所具有的社会责任感。因为领导者通常具有较高的政治文化地位，所以这种善会的影响力较大，不但可以遍及县城内外，而且可以辐射乡里，其中不乏一些领导人通过自己的交际网络而使善会具有更广泛的影响。以明末民间慈善组织之中最具代表性和影响力的同善会为例。同善会的成立无疑与明末士人结社风气相关。成立最早的同善会大概是在万历十八年（1590年），由名士杨东明在家乡河南虞城所设。至崇祯时期，江南地区的士人相继组织同善会。据统计，明亡以前，江浙地区有同善会事迹记载的至少有武进、无锡、昆山、嘉善、太仓等地，日本学者夫马进更进一步指出同善会遍布福建、山东、河南、江西等地。如果把名称不同而性质相同的善会也算作其内，如杨东明在同善会成立一年后又设立的广仁会，黄淳耀在家乡嘉定县设立的慧香社，祁彪佳在家乡绍兴设立的药局和育婴社等，其数目相当可观。

　　明末善会属于一种自生自发的民间自组织系统，它更多地体现了官绅——上层乡绅——的一种治世理想，而与政府的政策没有多少关联。出于济世的需要，甚至是一种救世情怀，明末善会具有明显的意识形态色彩，善会的领导者大多对明末衰败的政治环境感到失望或是不满，因而，他们希望可以尝试通过善会渠道来落实教化民众的理想，即寓教化于救济之中。首先，在善会的聚会宣讲中倡导民众要守德、遵法、行善。个人每每要检点自己的行为，因为个人的相加即为整体，所谓"一人作歹，十人看样，便成了极不好的风俗。这一团恶气，便感召得天地一团恶气"。[1]
此外，宣讲还告诫民众应通过行善守法来趋吉避凶，"提醒其恻隐，上上
下下合县学善，虽有兵火大患到来，此方人或者可免落劫"。[2] 而富者
"散财行善"、"做好人"则是积福的最好方式，"富贵的要思量，几百几
千人中才生得我一个……今既处富贵，天已把个好人看待我，何不长行好
事去凑那皇天，这便是上等人家不可不为善的缘故"。[3] 其次，在被救济
者的资格上，道德水平的高低是考量的重要因素，而并不完全以贫穷尺度
为标准。如浙江嘉善同善会（1631 年）的章程中明确规定了被救济者的
资格：善款优先接济贫穷又无依无靠的孝子节妇，其次为官府养济院不收
但又没有行乞的贫老病人（即不作恶的贫人），对于"不孝不悌、赌博健
讼、酗酒无赖，及年力强壮、游手游食以至赤贫者"不予救济。此外，
还有四种"宜助而不助"的人：衙门中人，因其年轻时不劳而获，年老
时贫困，属于"稍偿其孽"；僧道，因其不耕而食，而且可以自行逛募；
屠户，因其"仁心必短"；败家子，因其败坏风俗。这种对被救济者的分
类明显蕴含着教化的意味，其中最值得救济者、可以予以救济者和不值得
救济者分别对应的是贫穷者中的道德高尚者、道德中立者和道德败坏者，
而法律上的贱民，即屠夫和僧道也不被列入救助对象，其中蕴含着更深层
次的儒家的道德伦理。[4]

梁其姿先生由此认为，明末的善会具有"崭新的社会性格"，崭新之
处一是其理念主要在于处理俗世社会问题，而非宗教思想问题，而之前从
南北朝至唐代佛教慈善组织皆以传教为主；二是它们以地方上无官职而有
名望的人为领袖，不似宋代的救济组织，处处由中央政府或地方官领导；
三是被救济的人的资格并不受官方机构所订的注籍所限，也不同于以家族
为中心的义庄，因而救济范围更为广泛。[5]

时至清代，国家对民间慈善开始予以干预，无论是清初出于对明末士

---

① 高攀龙：《高子遗书》卷 12，明崇祯五年刻本（北京大学图书馆藏）。
② 陈龙正：《几亭外书》卷 4，明崇祯四年刻本（北京大学图书馆藏）。
③ 陈龙正：《几亭外书》卷 4，明崇祯四年刻本（北京大学图书馆藏）。
④ 参见〔日〕夫马进《中国善会善堂史研究》，伍跃等译，商务印书馆，2005，第 95 页。
⑤ 参见梁其姿《施善与教化——明清的慈善组织》，河北教育出版社，第 52 页。

人结社的禁止而阻断同善会的发展，还是乾隆朝以后官方的资金注入和庇护增加而导致善会善堂的官僚化，都在不同的层面上说明了这一趋势，不过前者属于消极意义上的，而后者是积极意义上的。但清代政府进行干预并非完全有效，在绝大多数情况下，善堂善会的实际控制权始终在乡绅手中。

　　盛清时期，尤其是乾隆朝，伴随着中央政权的不断加强，官方开始介入一部分善堂，导致这些慈善机构出现了所谓的"官僚化"① 现象，但维系时间并不长。这种介入有其积极的一面，尤其是在清理财物和解决管理人员贪污问题上发挥了很大作用。但其消极的一面更为突出，那就是在地方官有效的整顿和支援善堂后，善堂主办人往往产生过分依赖官员的惰性，他们逐渐失去主动解决问题的动力，而官员也逐渐将此事视为例行公事，加上清代地方官职位的变动频繁，最终导致了这一部分善堂管理不善，其结果要么是彻底荒废，要么是再度转由民营。改为民营善堂仍然按照明末旧例实行绅士董事制，大量的史料通常使用"绅士经理"来记载。道光二十二年（1842年）的一段碑刻中这样记载："切苏郡男普济堂，收养四方无告老病民……由殷绅按年输充司董，由来已久。无如常年经费不敷，应设法调剂。惟查该堂举出新董，如有实不能充，情愿捐资贴补堂用者，向奉宪准有案。"② 而有的善堂即使在盛清时期也从未"官僚化"，《嘉庆松江府志》的"普济堂"条下，简要记述了从乾隆元年（1736年）到嘉庆二十二年（1817年）该堂的变迁，其中的《普济堂规条》中规定："董事管理堂务，三年更换，由本府于华娄两邑绅富中，择其身家殷实，才具干练者四人，贴谕委办。……堂务永远民为经理，不得假手胥吏，致滋弊窦。"③ 但不可否认，乾隆时期的地方官多将善堂视为自己的政绩的体现，因而善堂也多设于县城和大都市之中，规模一般也较大，由此带来管理的难度也较大，尤其是资金问题，常常出现由于经费不足而要

---

① 参见梁其姿《施善与教化——明清的慈善组织》，河北教育出版社，第135~170页。
② 《奉大宪勒石永久遵守碑文》，转引自〔日〕夫马进《中国善会善堂史研究》，伍跃等译，商务印书馆，2005，第442页。
③ 《嘉庆松江府志》卷16《建置·育婴堂》，载《中国地方志集成·上海府县志辑》第2册，上海书店出版社，1991，第68页。

求由绅董垫付的情况，但其后，垫付之资也并不是总能收回，这种现实一方面要求作为善堂董事的乡绅具有相当的经济能力，另一方面也使一些乡绅视善堂董事之职为一种"徭役"和负担。这同时也是官方介入而导致善堂的自治性减弱的后果，也就是说，因为不单纯是自己的事业，乡绅对此失去了一种主动承担的热情和主动性。

嘉庆、道光以后的大清帝国国势开始转弱，中央对地方的控制力也逐渐变弱，从小规模的动乱到史无前例的太平天国运动，中央政府的精力几乎全部专注于国家政权的维持，无暇于社会慈善事业的发展，对善堂的实际资助极为有限，所能提供的多是精神的鼓励和嘉奖①，而此时由于灾害的频繁和战乱的增加，社会慈善的迫切性也是前所未有的，善堂开始呈现新的时代特征，那就是县城和大都市的善堂的辐射面大幅缩小，小型社区的善堂组织模式日益兴盛，尤其是乡村善堂增多。以19世纪新的保婴会为例，其产生的原因即在于挽救由于育婴堂功能的退化而日渐衰败的婴儿救济事业，由乡绅余治在道光时期构想出一种新的婴儿救济模式，其着重点在于以家庭为单位进行补助，防止父母溺婴，而不再以脱离家庭的弃婴为救济对象；保婴会以十里为限，将保婴责任落实在较小社区，便于邻里之间的监督，这与以整个县为济婴单位的育婴堂有着显著的区别。同时，其他绅士也以一乡一村为保婴的最大范围，浙江遂安县以保婴为主的生生会倡导每乡设一局至四局，"局不必有公所，即人家店户亦可"，至1867年，此县声称已有十乡举办了保婴局。这一情况也出现在嘉庆、道光以后施棺局和其他一些综合性善堂。②

对于这种小型社区的慈善，乡绅表现出巨大的热情，因为被救济者和救济者共同生活在一个乡村或其他小型社区之中，善举依赖于小型社区的认同而又强化了社区认同，而这种认同对于增强施善者——乡绅在社区中的权威有着极大的帮助。这些乡绅与明末时期的乡绅在成分上有所不同，后者大多是官绅或者上层乡绅，在一个官本位国家中这种经历即为一种社会资本，因而其权威本并不依赖于善举，从经济学角度而

① 参见靳环宇《晚清义赈组织研究》，湖南人民出版社，2008，第313~316页。
② 参见梁其姿《施善与教化——明清的慈善组织》，河北教育出版社，第242~278页。

言，善举对于其权威是边际效应递减的；前者则大多属于"中下层儒生"，也就是学绅或者是下层乡绅，他们参加善会更看重一些实际的利益，如免除杂役及借助善举来维护儒家的伦理道德，以便掌握更多的文化资本，保住并增强自己的社会文化地位，从经济学角度而言，善举对于其权威的边际效应无疑是较大的。这种小型社区善堂模式的发展使得晚清的慈善事业在更大程度上依赖于民间力量。表 1 根据梁其姿先生《明清慈善活动（1600—1850）研究计划报告》①中的相关数据整理而成，以 1850 年为界，从前、后善堂的主办人的身份状况可以看出，1850年以前，官办善堂主要是育婴堂、普济堂和栖留堂，其比例与乡绅的民办善堂比例基本持平，但官办其他善堂所占比例较小。1850 年以后，官办各种善堂（除清节堂、综合善堂外）的数量都不同程度下降，整体数量更是明显减少，仅占善堂总数的 30% 以下，而由乡绅独立举办的善堂占到 70% 以上。

表 1　明清善堂种类与性质（以 1850 年为界）

单位：个, %

善堂 主办	育婴堂		普济堂		栖留所		清节堂		施棺局		综合善堂	
	前	后	前	后	前	后	前	后	前	后	前	后
官办	283	109	178	4	190	45	13	53	31	28	19	21
	48.9	27.7	49.2	10.8	79.5	48.9	23.2	33.3	8.7	11.9	16.4	9.5
民办	296	285	184	33	49	47	43	106	324	207	97	201
	51.1	72.3	50.8	89.2	20.5	51.1	76.8	66.7	91.3	88.1	83.6	90.5

　　可见，乡绅在明清的社会慈善事业中是不可替代和不可或缺的中坚力量。善会善堂作为乡绅"养民"之道的一个重要方面，持续而有效地达到了对社会底层的扶危救困，并传播了儒家民本主义的理念，有力地维护

---

①　参见梁其姿《施善与教化——明清的慈善组织》，河北教育出版社，第 327~330 页。

了社会秩序和儒家信仰，而这对于官、绅、民而言，无疑是一个"三赢"的局面。

第二节　明清绅权对国家权力的制度填补

在古代中国这样一个有着强烈国家主义传统的社会里，乡村的治理无疑是国家权力范围内的事情。从实在法的规定来看，乡绅阶层在乡村社会中并没有法定的权力，因而不构成掌握权力的力量。无论是明太祖的"禁例十二条"，还是清顺治帝的卧碑戒条①，都严格限制乡绅阶层对权力运行过程的参与。但实际的乡村社会生活恰恰相反，"天高皇帝远"，法律也是一纸具文，两者皆无法阻挡乡绅对国家权力行使过程的全方位控制，而最终不得不默认这一掌握非正式权力群体的存在。这是专制主义的迫不得已。但值得注意的是，皇权作出让步的真正原因在于绅权目的的正当性，即：是协助而不是背离皇权——绅权是国家权力在乡村的制度填补。而其中的微妙关系唯有一层层拨开表象方可揭示。

一　国权不下县与乡村社会控制

在权力运作的表象上，中国封建时期的国家权力只呈现从皇权到州县官的单向性，封建政权结构形式的根本点在于确保"皇权"的安然，而不在于治民理事。因而，中国古代的"行政法"尤为发达，也就是说，整个官僚体系以"治官"之本。处于基层的州县官作为国家权力的末梢，拥有最少的权力，却是"亲民"之官，承担着管理基层社会各种事务的责任。作为一名州县官，"他是法官、税官和一般行政官。他对邮驿、盐政、保甲、警察、公共工程、仓储、社会福利、教育、宗教和礼仪事务等等都负有责任。……虽为文官，也必须在发生叛乱或外

---

① 卧碑者，顺治朝所颁，以告诫学校生员者也。内容为《清会典》所载，共八条。其中包括不可干求官长，交结势要，希图进身；当爱身忍性，凡有官司衙门，不可轻人，即有切己之事，只许家人代告，不许干预他人词讼，亦不许牵连生员作证；军民一切利病，不许生员上书陈言；如有一言建白，以违制论，黜革治罪；生员不许纠党多人，立盟结社，把持官府，武断乡曲；所做文字，不许妄行刊刻，违者听提调官治罪。参见柳诒徵《中国文化史》，蔡尚思导读，上海古籍出版社，2001，第751页。

寇入侵时守卫城池"。①

　　理论上，作为封建国家权力代表的州县官在乡村社会的统治职能应该既包括服务，又包括管制，即既要承担起维持公共利益的责任，同时又充分利用国家权力的强制性以确保民众服从管理。国家政权的生存依赖于各种职能间的相互协调。但在现实中，杜赞奇曾指出，至少在清末时期，征收赋税却成为国家政权统治乡村社会的主要体现，也正是在这一领域，国家政权与农民大众的接触最深。② 由于这一结论来自杜赞奇对 1940～1942 年的《中国惯行调查报告》③ 以及其他一些清末史料的分析，因而他保守地加上了"至少在清末时期"的限定。但笔者认为，这种状况应该是贯穿中国整个封建时代的。在封建官僚制度下，官僚行使国家职能的最终目的并不是为民做主，而是为了对上级有所交代；不是谋求社会的全面发展，而是保住自己的官位，并尽可能地在官阶上爬得更高。所以，即使是"亲民"的州县官真正关心的也只有两件事：地方的安定和赋税的征收。里甲制和保甲制由此成为明清时期国家控制基层社会最主要的工具。里甲制用于赋税的征收，保甲制则用于维护地方的治安。理论上，保甲的任务似乎是容易实现的，因为在儒家长达两千年的教化之下，民众大多已是顺民，再加上中国古代调解制度的发达，所以，乡村社会在整体上较为安定。相比较而言，如杜赞奇所认为的——赋税收缴是国家政权统治乡村社会的主要体现，它在一定程度上是州县官最为重视的事务，甚至在某些地区或某一时间成为唯一重视的事务。但在制度的实际运行中，保长和甲长的职责并非那么分明，"到 18 世纪中期，保甲人员担负了许多赋役催征责任，从而使保甲制与里甲制职责混淆不清"。④ 过于细致地区分两者似乎没有必要，治安与赋役无疑是互为表里的。但无论从前者还是后者的角度出发，都无可否认封建国家对乡村社会统治的汲取型特征。

---

① 瞿同祖：《清代地方政府》，范忠信、晏锋译，何鹏校，法律出版社，2003，第 31 页。
② 参见〔美〕杜赞奇《文化、权力与国家——1900—1942 年的华北农村》，王福明译，江苏人民出版社，1996，第 37 页。
③ 由南满铁道株式会社调查部（简称"满铁"）根据 1940～1942 年调查编成，其资料覆盖河北和山东农村地区。
④ 〔美〕杜赞奇：《文化、权力与国家——1900—1942 年的华北农村》，王福明译，江苏人民出版社，1996，第 43 页。

二　绅权对乡村基层组织的幕后操纵

甲长和保长实际担负着从乡村不断汲取财富以供养皇帝和各级官僚的职责，他们虽并不是正式的国家官员，但所履行的实为重要的国家职能，而此两种国家职能的行使则无一不受到乡绅阶层的控制。乡绅对保甲的控制是绅权治理的重要内容，彰显了国家权力在基层社会中的延伸。而国家权力对乡绅控制权的默认则多少是一种无奈的选择。以清代为例。

萧公权在《十九世纪之中国乡村》中曾指出，清王朝设立保甲制的真正目的在于利用这一制度，平衡或制约高度分散聚居的乡土社会中的任何一种社会力量的独立性发展。① 因此，保甲的设立有意绕开乡村的自然区位系统，采用十进制的编制形式，同时尽量排除乡村原有权威力量的干扰，规定"绅衿之家一体编次，听保甲长稽查，如不入编次者，照脱户律治罪"。② 并且强调"十家长及保正，俱选庶民、'青衿'、'衙役'勿使充任"。③ 这一做法与明代做法大为不同，明代的"地方绅衿之家不在编排保甲之列"④，乡绅在法律地位上区别和独立于平民阶层，由此不断发展为乡村社会的领导者，大有对抗国家权力之势。所以，清代总结以往经验，为防止乡绅势力进一步扩张，不得不"反复尝试过将民众的所有阶层纳入这一制度，包括地方士绅，他们也要和平民一道登记。可是，各级十进制单位的首领们却是平民。这一制度的一个特征显然是企图提供一种平衡力量，以制约绅士在其地方社会中早已存在的重要影响"。⑤ 但这一做法完全忽视了乡绅已经凭借其文化教养和社会资源所建立起来的权威体系，因而只能是一种空想，并走向反面，即再次承认乡绅对地方的控制。

---

① Kung-Chuan Hsiao, *Rural China: Imperial Control in the Nineteenth Century*, Seattle: University of Washington Press, 1960, p. 31.
② 《清朝文献通考》卷25《职役考》，商务印书馆，1935，第5073页。
③ 黄强：《中国保甲实验新编》，正中书局，1936，第137页。
④ 〔韩〕金钟博：《明清时代乡村组织与保甲制之关系》，《中国社会经济史研究》2002年第2期。
⑤ 〔美〕孔飞力：《中华帝国晚期的叛乱及其敌人——1796—1864年的军事化与社会结构》，谢亮生等译，中国社会科学出版社，1990，第27页。

保甲欲真正成为国家政权向乡村社会延伸行政触角的权力代表，既需要制度上的精心设计，同时还必须保证支撑这一制度的资源是充分的和契合的。但这两者几乎都存在致命的问题。从制度本身而言，保甲制内部存在无法消解的矛盾。因为保甲是"运作完全靠当地居民自己，地方官只是监督其执行，而不以任何方式直接参与进来"① 的基层组织，所以封建国家如果希望通过这一组织来延伸行政力量，就必须为它提供可供支配的资源，否则保长就无法成为承担组织重要职责的权力载体，但事实上，国家正是在控制乡村的过程中无法提供有效资源的情况下才设立了保甲制。同时，在实际的运行中，保长也不可能强有力地从当地的乡村社会中聚集本土资源，因为他们是没有权威的。所以，保甲是一种既没有国家权力也没有社会权威的组织。"封建国家政权对保甲的设计，恰恰忽视了乡村社会关系的实际状况，忽视了乡村社会分层的基本特点。它悬空于乡村社会的天真创意，以卑御尊、以弱御强的倒挂体制付诸实施，几乎必死无疑。"②

因而，解决以上困境绕不开利用现成的乡村权威体系以推行保甲制，或授予保长官职以使保甲组织获得某些官治特征，虽然这些做法都不是保甲制度设计者的初衷。咸丰年间曾有一位知县刘如玉"考周礼党正族师闾胥比长之职与今之保正甲长相类，其时皆系官名"，但如今保正、甲长之职"人皆不以为荣，反以为辱"，故而建议给予保正、甲长以"身份"，赐予顶戴。但这一建议遭到其上司不容置疑的否决，因为保正、甲长在事实上就是"应差当役"，"乡党自好之事必不肯为，虽给以顶戴之荣犹将逊谢不顾"，而那些"乐于承充者，保无倚势横行乡里，谓给以顶戴遂能使殚心为公，诚实可倚，恐亦必不可得之数也"。③

剩下唯一并且最为直接的做法就是对固有乡村权威的承认，即将乡绅纳入保甲控制的主体而不是客体。如动员乡绅充任保长或甲长，所谓

---

① Kung-Chuan Hsiao, *Rural China: Imperial Control in the Nineteenth Century*, Seattle: University of Washington Press, 1960, p. 45.

② 王先明、常书红：《晚清保甲制的历史演变与乡村权力结构——国家与社会在乡村控制中的关系变化》，《史学月刊》2000年第5期。

③ 参见王先明《近代绅士：一个封建阶层的历史命运》，天津人民出版社，1997，第81~82页。

"保卫间里，贤者之所应为。古者里宰、党正皆士大夫之选，并非里胥贱役可比。宜踊跃从公，以襄善事"。① 甚至主张乡绅总理保甲事务，"乡设一局，以绅衿一人总理，士大夫数人辅之，谓之董事。牌头无常人，轮日充当，谓之值牌。如此，则牌头之名不达于官，董事民间所自举，不为官役，又皆绅士，可以接见官府，胥吏虽欲扰之不可得矣"。"今惟责成本乡绅士，遵照条法，实力奉行，地方官只受绅士成报，时加劝导，不得令差役换查。"② 由此可见，虽然乡绅不得担任保甲首领是制定法之明确规定，但现实迫使官僚认可甚至支持乡绅来领导保甲。曾经担任惠州、湖州知府的刚毅就曾将依靠乡绅推行保甲作为经验之谈："予莅任惠、湖，常下乡召集耆老绅民，询其本乡某为端人，某为正士，令其举出，即由所举之内，择优派充保正。"③ 由乡绅保举保长的做法较为现实可行，既没有违反制定法，又可以化乡绅对保甲的敌视为合作，从而将制度推行下去。

乡绅对保甲的控制首先表现为控制保长的选任。相关学者通过对华北定县和宝坻档案的实证研究得出如下结论："在整个 19 世纪，直至 20 世纪之初，每里之中总有几个人始终参与乡保的保举。……这些人是一保之中有财有势的人物，他们保举乡保，并成为乡保背后的实际操纵者，乡保们一旦'得罪'了这些地方实力派，便有被罢免的可能。……乡保换来换去，但保举之人却似乎依旧，这说明乡保之后还有一个暗在的乡绅网络，他们通过操纵在前台的乡保，从而控制乡村社会，保举乡保似乎成了他们的义务和责任。……官府与乡绅在长期的交往之中已达成一种默契：即乡绅有配合官府治理乡村的义务和责任。可以说，乡绅是乡村的潜在领袖。"④ 但有时，乡绅甚至连州县官也不放在眼里，公然推举自己的"代理人"，如宝坻档案中，同治年间的和乐里乡绅韩国安保举赵步云为乡保，后赵步云因为误公被革，知县要求另举，而韩国安等人保举赵步云充

---

① 《保甲条规》，载（清）邵之堂《皇朝经世文编》，文海出版社，1980，第 1651 页。
② （清）张惠言：《论保甲事例书》，载（清）邵之堂《皇朝经世文编》，文海出版社，1980，第 1653 页。
③ （清）刚毅：《保甲》，载《牧令须知》卷 1，清光绪十一年刻本。
④ 从翰香：《近代冀鲁豫乡村》，中国社会科学出版社，1995，第 36 页。

当，理由是"查得乡身里并无可靠之人，均不谙于公事，其粮租等项不知底里，无人接充"。于是赵步云又充乡保。① 而在公务的执行中，保长离不开乡绅的支撑。在同样来自宝坻的一份档案中，兴保里保长禀告："里共十一庄向系公保乡保办公，每遇杂差以及春秋承催租粮，俱由各庄富绅垫办，由来已久。"②

　　综上，清代设置保甲制的出发点本是意欲通过保长所代理的国家权力抑制乡绅的非正式权力，从而使国家权力最大程度地深入基层，但在制度的实际运作过程中，却从一个反方向的路径达到同样的结果——决定保甲制真正发挥作用的最关键因素并不是保长控制乡绅，而是保长听命于乡绅。事实上，乡绅操控之下的保甲制确实在很大程度上达到了维持一方治安之目的。正是在这一层面上，非正式权力控制了国家权力，并同时推动了国家权力在乡村社会的下沉，即包含着控制保甲这一重要内容的绅权在绝大多数场景之下完全可以被视为国家权力的延伸。但不可否认，这种延伸是隐性的，也就是说，乡绅控制保甲既然没有国家的授权，那么就只能视为一种惯习。乡绅永远是保长背后的人，即虽然乡绅可以操控保长，但前台执行者却不是乡绅。

　　绅权作为国家权力的延伸的显性表现则是团练的创办。清末在保甲基础之上所创立的团练制度直接体现了绅权作为国家权力的延伸在乡村控制上的主动性与能动性。团练产生于清王朝的社会失控时期，嘉庆元年（1796 年）川楚白莲教大起义，驻扎于府城之中的正规军衰朽不堪，不足凭恃，清政府无奈之下，不得不发动社会力量，以达重整社会秩序之目的。嘉庆五年（1800 年）四川、湖南等地团练相继兴起，成为镇压白莲教的重要力量。其后，太平天国运动给清王朝的统治秩序带来更猛烈的冲击，同时也成为团练普遍兴起之契机。团练从保甲组织中衍生出来，在编制形态、基本职能等方面与保甲有着相似甚至重合的地方。亲自组织湖南团练的曾国藩就认为团练与保甲"名虽不同，实则一事，近人强为区

---

① 参见任吉东《多元性与一体化：近代华北乡村社会治理》，天津社会科学院出版社，2007，第 113 页。

② 任吉东：《多元性与一体化：近代华北乡村社会治理》，天津社会科学院出版社，2007，第 112 页。

别……不知王荆公初立保甲之时，本曰民兵，本尚操练，与近世所谓办团
者，初无二致"。① 但事实上团练与保甲有着根本不同。就乡绅与两者的
关系而言，首先表现为乡绅阶层在其中地位的变化。"保甲长多非士绅，
此乃清廷政策，欲借保甲长之权力以压制绅权，免得士绅在地方上权势过
大。"② 但团练是由地方上的乡绅所发起和组织的，"与保甲形成对照，团
练承认并且依赖绅士领导，这一事实表明了中国农村中官僚政治潜在的虚
弱以及其他社会组织形式相对的强大"。③ 其次，如果说乡绅对保甲的控
制仅仅是一种国家所被迫默认的现实，那么，团练中乡绅的主导地位则是
国家所主动承认并在一定程度上予以支持的。清廷甚至不断派遣在籍大员
帮助地方官和乡绅共同办理团练，"督同在籍帮办团练之士绅实力奉行，
各就地方情形妥为布置，但期守卫乡间不必拘执成法……一切经费均由绅
民量力筹办，不得假手吏役，如地方官有藉端科派、勒捐等弊，即著该督
抚严参。至各省所保绅士人数众多，其中如有办理不善，不协乡评及衰老
不能任事者，该地方官查明即令毋庸管理。至近贼地方，绅民团练尤须官
兵应援，方足以资捍御。统兵大臣即该督抚等务当相度缓急，拨兵策应，
俾兵民联为一气，庶众志成城，人思敌忾，蠢思群王，不难荡平也"。④
此道咸丰帝的上谕用意十分明显，其一在于鼓励地方官、乡绅与督抚三方
合作以抵御外敌，其二在于防止地方军事化超过一定的限度而对中央造成
威胁，故强调督抚的决定权。

　　但是，团练的控制权却始终掌握在乡绅手中。其原因不仅在于乡绅阶
层因饱受儒家纲常伦理熏陶产生强烈的道统思想和功名心而主动担当，还
在于团练的资金筹集和管理皆离不开乡绅。无论是乡绅捐资，还是按土地
面积或收成由乡民所缴纳的摊派，都是"由绅士而不是由衙门胥吏或衙

---

① 孙鼎臣：《请责成本籍人员办理团练疏》，转引自王先明《近代绅士：一个封建阶层的
历史命运》，天津人民出版社，1997，第 96 页。

② Kung-Chuan Hsiao, *Rural China: Imperial Control in the Nineteenth Century*, Seattle:
University of Washington Press, 1960, pp. 68-69.

③ 〔美〕孔飞力：《中华帝国晚期的叛乱及其敌人——1796—1864 年的军事化与社会结
构》，谢亮生等译，中国社会科学出版社，1990，第 64 页。

④ 中国第一历史档案馆：《咸丰同治两朝上谕档》第三册，广西师范大学出版社，1998，
第 344 页。

役管理"。① 财政独立无疑为团练的政治独立提供了前提。但乡绅领导下的团练并没有走上政治独立的道路，反而时时强调国家权力对团练的领导权。如宿州团练章程虽然规定，地方上一应事务，小自耕牛田禾被窃、青苗被践、火灾救火，大至"依仗同族邀约多人，诡捏分产借贷等情"，均由团绅练总裁决，甚至可以"纠勇擒捕"。但同时章程也规定团练军火器械，不许私行佩带；"违者练长协同地保拿获送官"，倘练长有徇隐情事，该练总可"命"官惩罚。② 可见，无论对于基层社会的控制达到何种程度，乡绅都不会完全取代国家权力的法定意义上的代表者——"官"。由团练而搞地方独立未见于史籍。究其原因，乡绅地位的获得和保障在制度上依附于国家权力，乡绅的非正式权力与官僚的正式权力是一种唇亡齿寒的关系。乡绅控制保甲而使封建国家在一定范围内实现对乡村社会适度的汲取。团练则充分体现了"某些时候，国家极其衰弱，无力提供领导，士绅们便会完全接管有关事务。……不能依照公共领域与市民社会模式的导向，以为士绅公共功能的一切扩展都意味着某种独立于国家的社会自主性日增的长期趋向"。③ 所以，无论是保甲还是团练，无论是斡旋还是主控，都不可否认由于乡绅阶层是封建官僚的特殊组成部分，绅权则必然是国家权力在乡村社会中的延伸。

第三节　明清绅权对国家权力的消极防御

在中国封建社会强大的专制王权之下，绅权的存在无疑得到了国家权力的支持、默认，或者至少是不反对，而原因就在于绅权在协助国家权力控制乡村社会方面是不可或缺的，更是不可替代的。同时，绅权也无意于脱离封建国家，因为乡绅本身就是科举制度的产物，是附属于专制王权的

---

① 〔美〕孔飞力：《中华帝国晚期的叛乱及其敌人——1796—1864 的军事化与社会结构》，谢亮生等译，中国社会科学出版社，1990，第 93 页。

② 参见安徽省博物馆《宿州县告示章程》，转引自牛贯杰《从"守望相助"到"吏治应以团练为先"——由团练组织的发展演变看国家政权与基层社会的互动关系》，《中国农史》2004 年第 1 期。

③ 黄宗智：《中国的"公共领域"与"市民社会"——国家与社会间的第三领域》，载邓正来、J. C. 亚历山大编《国家与市民社会：一种社会理论的研究路径》，中央编译出版社，1999，第 433 页。

社会阶层。绅权与国家权力之间是共生关系。但是，绅权并不只是封建王权在乡村社会的延伸，在国家权力过度盘剥乡里之时，绅权也是防御国家权力的屏障，但值得注意的是，绅权是保守的，革命也是绅权所反对的，因此，这种防御更多是消极的抵抗，或称之为"不合作"。这在一定程度上也类似于杜赞奇所提出的"保护型经纪"。所谓"保护型经纪"，是指村社自愿组织起来负责征收赋税并完成国家指派的其他任务，以避免与营利型经纪（村民认为他们多是掠夺者）打交道。① 而"营利型经纪"的典型即为保甲制，其虽由乡绅控制，但不可改变这一制度的性质，即封建国家通过收费经纪（税收）来统治乡村社会。保甲制是国家权力直接深入乡村的一种工具，对于什么人充当保长，国家并不关心，因为"官府的意图很明显，他需要下面有一个给他办公差的人，只要能完差办公，其出身背景可以不必详究"。② 由于保长的素质参差不齐，加上乡民天生对汲取型统治的厌恶和回避，所以营利型经纪是被乡民所排斥的。同样，对于营利型经纪所代表的封建王权，乡民的态度亦是如此。在乡民看来，最佳的生活状态是生活富足、避开官府，所谓"民生富庶，至有老死不识官府者"。③

一 绅权的民间属性

绅权的根基在民间。乡民可以老死不识官府的前提则是乡绅主动地承担起保护型经纪的角色，无论是国家的法律制度，还是官僚的行政命令都经由乡绅进行过滤，然后才进入执行，或是变通执行，或是驳回、谈判的程序。村庄是一个由乡绅保护起来的共同体。在封建等级制度下，乡绅虽是不同于普通乡民和庶民地主的特权者，统治乡里，但"其目的不是为了赢利，而是要保护社区利益"④，在以宗族为中心的乡村社会中，乡绅

---

① 虽然杜赞奇认为此种划分并非完全泾渭分明，乡绅代征钱粮的过程中，从中收取佣金，也是一种营利型事业，但此处我们可视之为一种理想类型的划分、一种分析的工具。
② 任吉东：《多元性与一体化：近代华北乡村社会治理》，天津社会科学院出版社，2007，第107页。
③ 《续文献通考》卷16《职役二》"历代役法"，转引自赵秀玲《中国乡里制度》，社会科学文献出版社，1998，第238页。
④ 〔美〕杜赞奇：《文化、权力与国家——1900—1942年的华北农村》，王福明译，江苏人民出版社，1996，第45页。

承担着保护宗族的道德义务，不仅是经济上的周济、文化上的教化，更要在政治上进行庇护。乡绅所做的这一切对于整个村庄来说是至关重要的，因为"在君主统治下，人们只有责任而没有权力；皇帝的话就是法律。如果他要建造一个宏伟的宫殿、一座庄严的坟墓或一条巨大的运河，他就可以下命令去做，而不必顾及人民。如果他要扩展他帝国的疆界，他就命令他的军队行动起来，不必顾忌人民是否喜欢这件事。纳税、征兵——这些都是人民的负担，并且是没有酬报的。那些生活在专断的君主权力下的人，将会理解孔子的话`，'苛政猛于虎'"。① 乡绅虽然"没有影响决策的真正的政治权力，并且在任何时候都不可能和政治有直接的联系，但他们试图影响朝廷，并且免于政治压迫。统治者愈可怕，愈像老虎，绅士的保护外衣就愈有价值"。②

　　乡绅之所以可以保护宗族，甚至扩大到维护整个地方利益，以防御国家权力的过度侵夺，是因为他们拥有另一种权力——"绅权"。在封建专制主义的语境下，绅权是皇权的对称，是皇权的防线和缓冲，在费孝通先生所提出的"双轨"政治中③，绅权的行使可以构建起一条自下而上的政治轨道，使民间的愿望通过这一轨道向上传达，有时可能一直提到最高当局。这条自下而上的轨道的通达是十分关键的，因为它可以及时消解底层民众的不满与怨愤，而不至于积蓄成一次性的毁灭性爆发。在权力结构上，绅权作为一种非正式权力，是官僚的正式权力的对称，绅权的行使可以柔化正式权力的刚性，使正式权力在不同的乡土环境中得到较为灵活的遵从而不是被规避，并同时阻止正式权力越出其边界。因此，我们首先可以将"绅权"视为一种权力，无论是对于皇权，还是官僚正式权力，其作用均在于制衡。如前所述，乡绅是居住在作为家乡的乡村中的缙绅，因而其绅权是有区域性的，即表现为对处于国家权力系统末端的州县官权力的制衡，而对皇权的制约往往只能是间接性的。

　　绅权对正式权力的制衡体现于乡村治理中，即乡绅治权对官僚治权的防御甚至对抗。虽然乡绅的权力并非来自明清时期国家法的明确授予，却

---

①　费孝通：《中国绅士》，惠海鸣译，中国社会科学出版社，2006，第5~6页。
②　费孝通：《中国绅士》，惠海鸣译，中国社会科学出版社，2006，第12页。
③　费孝通：《中国绅士》，惠海鸣译，中国社会科学出版社，2006，第55页。

是国家权力所默认的。国家赋予乡绅的法定特权（权利）是具有权力性的绅权得以存在的根据。在一个有着高度权力崇拜情结的人治社会中，任何希望获得某种统治权的集团论证自身合法性的最佳方式往往是证明其领导者与国家权力有着某种密切的联系，得到国家权力的支持，而并不一定强调其统治权是国家法所明确授予的。因而，乡绅在政治上所享有的特权就成为防御州县官权力的基础。

二　绅权对国家权力的不合作

绅权对国家权力并非完全顺从，但也非积极抵抗，往往表现为一种迂回曲折的不合作。绅权与国家权力经常处于博弈状态，这首先直观地表现为"自由见官"权及其衍生出来的非正式权力。"绅士一般被视为可与地方官平起平坐的。……当一个绅士拜会官员时，他不必行平民百姓必须行的特定的下跪礼。"[1] 当州县官的命令与乡绅的意愿不能达成一致时，"非正式的谈判将会进行。在这个过程中，地方社区领袖作为绅士的地位和官方地位是平等的，他会对县官作一次友好的访问，讨论政府的命令。如果在这些地方绅士和地方官员的谈判中不能达成一致的协议，地方绅士会求助于他们在城镇里的朋友和亲戚，把事情提到更高一层的官员那里去，有时可能一直提到最高当局。最后，双方将会达成某些协议，中央政府会改变它的命令，事情也会再次得到解决"。[2] 费孝通先生的这一番描述生动地反映了乡绅与州县官之间的权力博弈，从中我们可以看出事情的解决是迂回的，乡绅拥有的虽然是非正式权力，但可以与州县官以上的正式权力阶层发生联系，而更高层级的正式权力通过非正式运作则可以对当地的州县官的决策产生影响，并促使其发生改变。

除乡绅个人运用其社会资源达到防御地方政府的目的以外，乡绅群体往往也会对地方政府形成一个压力集团，"他们的权力或力量主要来源于集体团结和集体行动——比如联名请愿，或集体罢考。有时候，他们甚至联合起来反抗和侮辱州县官，而州县官们发现很难控制

① 张仲礼：《中国绅士——关于其在 19 世纪中国社会中作用的研究》，李荣昌译，上海社会科学院出版社，1991，第 30 页。
② 费孝通：《中国绅士》，惠海鸣译，中国社会科学出版社，2006，第 51 页。

或惩罚他们"。① 正是由于乡绅拥有如此巨大的权力和力量，所以官员也不得不承认"盖官有更替，不如绅之居处常亲。官有隔阂，不如绅士之见闻切近"。② 由此可见，在传统的中国社会中，乡绅在当地官府中具有特殊的政治地位，是不容忽视的。因为这种政治地位在极其重视人际关系的社会中往往会衍生出一种强制性的政治资本。如上文所述，围绕科举、地缘、血缘关系，乡绅之间以及乡绅与官僚之间可以结成一张张密不透风的亲情关系网——科举的同榜构成师生和同年的政治关系，来自同一乡里则构成同乡关系，生于同一家族更是自不待言。凭借这些关系，乡绅足以对本县官员的正式权力构成制约，"尤其是父兄或子弟在朝的乡绅，更是势焰熏赫，奴使守令如奴仆，成为地方政府的太上政权"。③

即便如此，地方政权在正常情况下会选择与乡绅合作，而不是对抗。因为合作所带来的益处是显而易见的。根据国家法的明确规定："知县掌一县治理，决讼断辟，劝农赈贫，讨猾除奸，兴养立教。凡贡士、读法、养老、祀神，靡所不综。"④ 而国家权力的代表者皇帝也同样认为："州县之官，宜宣扬风化，抚安其民，均赋役，恤穷困，审冤抑，禁盗贼，时命里长告诫其里人，敦行孝悌，尽力南亩，毋作非为，以摧刑罚。行乡饮酒礼，使知尊卑贵贱之礼，岁终察其所行善恶而族别之。"⑤ 由此可见，从"书本上的法律"而言，州县官所要负责的公共事务是事无巨细的，但这对于"一人政府"的州县官而言，却是无论如何都无法实现的。更何况在实际的考绩中，即在"行动中的法律"层面上，只有司法和征税才是评估政绩的依据，除此以外的其他职责，因并不影响考绩，所以如果不是有意忽视的话，州县官一般只以很少的精力去应付。⑥ 但不可否认的是，除赋税和司法以外的公共事务同样是十分重要的，因为乡村社会秩序的维

---

① 瞿同祖：《清代地方政府》，范忠信、晏锋译，何鹏校，法律出版社，2003，第 300～301 页。

② （清）惠庆：《奏陈粤西团练日坏亟宜挽救疏》，载盛康《皇朝经世文续编》卷 82，清道光二十三年刻本。

③ 岑大利：《乡绅》，北京图书馆出版社，1998，第 79 页。

④ 《清史稿》卷 116。

⑤ 《明太祖实录》卷 37。

⑥ 参见瞿同祖《清代地方政府》，范忠信、晏锋译，何鹏校，法律出版社，2003，第 31～32 页。

护是一个环环相扣的综合体,任何一个环节出问题,秩序就会有被破坏的可能性,事故就可能发生。而任何事故都有扩大化的可能,逐级追究的行政负责制,将最终使州县官承担责任。所以,唯一的解释就是有一个外在于正式权力系统的力量替代地方政府完成了除赋税和司法以外的公共事务,这一替代性力量就是乡绅。并且乡绅在公共产品的协调与提供上,是"代政府而行事,但又不是政府的代理人。……在自愿的基础上行事"。① 久而久之,这些便自然被视为乡绅的职能,虽然此职能并无法律明文规定,但人们在心理上对乡绅保护乡民的责任已逐渐产生了认同,州县官和乡民也都会按这样一种传统去评判一位乡绅,若他不能达到这些期望,就会引起官吏和乡民的不满和埋怨,甚至其他乡绅的责难。

绅权防御国家权力的力量源泉除来自乡绅阶层所拥有的特权以外,同时还源自乡村社会本身,因为一个自治的共同体天然对抗外来权力对其自治权的干预。绅权并非国家权力建构的产物,而是来自乡村这样一种共同体。而这种共同体的特征则在于它的自发性,它基于共同理解而不是共识产生。因为,共识只是指由思想见解根本不同的人们达成的一致,是艰难的谈判和妥协的产物;共同体却并不需要去追求,更不需要建立或斗争,而是"就在那里"。② 乡绅与乡民之间就存在这样的"共同理解",它是一种朝夕相处所产生的情感,是一种相互的、联结在一起的情感。尽管在乡村生活的过程中有着各种矛盾和冲突,有着分离的因素,但正是这种"共同理解"使得人们保持着根本性的团结。因而,在乡民的意识之中,绅权的合法性与国家政治权力就没有必然关系,乡民服从绅权是因为乡绅能够成为整个村庄利益的代言人,即以乡绅的社会权威为依据——乡民因为乡绅的社会权威而对其产生了毋庸证明的信任。

社会权威以正当性为基础,从而有别于政治权力。因为"政治权力是用暴力来得到的,并且是征服者与被征服者的关系;而社会权威是建立在个人一致和共同理解的基础之上的社会规则"。③ 不可否认,在中国的

---

① 张仲礼:《中国绅士——关于其在 19 世纪中国社会中作用的研究》,李荣昌译,上海社会科学院出版社,1991,第 57 页。

② 参见〔英〕齐格蒙特·鲍曼《共同体》,欧阳景根译,江苏人民出版社,2003,第 5 页。

③ 费孝通:《中国绅士》,惠海鸣译,中国社会科学出版社,2006,第 39~40 页。

国家主义传统之下，权威服从与权力服从的前提有着某种一致性，即等级之间政治、经济和法律上的差距，但与权力服从不同的是，权威服从更强调心理上的认同。如果缺乏心理认同，则等级差距越大，下层反抗的可能性也越大。正常情况下，乡民一般不会反抗绅权，原因即在于心理认同，而不是乡绅拥有多少财富和特权所产生的优越地位。最为关键的是，乡绅"读书人"的身份暗合了中国传统社会最基本的价值取向——礼。读书识字是过一种符合礼的生活的唯一途径，这是所有中国古人理想的生活方式，即使那些大字不识一个的乡民也是如此。中国古代的行为准则是儒家文化指导下的一套社会规范，当社会生活变得日益复杂，这种规范就无法完全靠口耳相传了，而主要靠书面来传播，识字变得非常重要了。而识字并熟悉与主导意识形态的乡绅，就被人们看作规范的解释者和象征，在教化、礼仪、诉讼、契约、请愿等公共事务方面求助于他们。于是，绅士就因"文化"而获得他人的膺服，而权威也就从中产生。正如弗兰兹·迈克尔所说："绅士乃是由儒学教义确定的纲常伦纪的卫道士、推行者和代表人，这些儒学教义规定了中国社会以及人际关系的准则。绅士所受的是这种儒学体系的教育，并由此获得管理社会事务的知识，具备这些知识正是他们在中国社会中担任领导作用的主要条件。"[1]

由文字的神秘性而带来的尊崇是权威产生的一种心理基础，除此以外，乡绅得到乡民拥戴的原因还在于这种治理模式能够带来实际的利益，"在一个群体中提供必要的贡献使个人能够获得他人对他的要求的服从"。[2] 绅士几乎承担地方上所有的公共事务，并由此将其"触角"延伸到乡村生活的各个领域。以往的史学研究者在乡绅的社会功能上进行过非常详尽的描述。如张仲礼认为，"绅士视自己家乡的福祉增进和利益保护为己任，他们承担诸多公益活动，排解纠纷，兴修公共工程，有时还有组织团练和征税等许多事务……总之，绅士在其本地区发挥了十分积极的作用"。[3] 王

---

[1]　转引自张仲礼《中国绅士——关于其在19世纪中国社会中作用的研究》，李荣昌译，上海社会科学院出版社，1991，第1页。

[2]　〔美〕彼得·布劳：《社会生活中的交换与权力》，孙非、张黎勤译，华夏出版社，1988，第232页。

[3]　张仲礼：《中国绅士——关于其在19世纪中国社会中作用的研究》，李荣昌译，上海社会科学院出版社，1991，第54页。

先明则将其社会职责归于三个方面，即兴办地方学务，领导或管理地方公共事务，管理地方公产。① 近年来的研究者开始从实证主义角度，以地方志和乡绅的日记等相关史料为依据对乡绅的社会功能进行考察，从而进一步地论证乡绅在乡村生活中的主导性地位。

乡绅阶层的真正价值就在于他们对于乡村生活的领导和调控，换言之，正是通过乡村治理的过程中绅权的运作及其达到的社会效果，我们才能发现乡绅在传统中国社会中的定位——乡绅在本质上是属于乡村社会的。他们在公共事务中发挥的重要作用可以视为替政府分忧，但从另一角度，则是造福乡民，同时也借以树立自身威望。在承平之世，我们往往注意到的只是乡绅与官僚之间的合作，即社会权威与国家权力的一致性，乡绅防御国家权力过度侵夺，保护乡村的功能似乎并不彰显。但在动荡之世，"一乡之望"的公共身份则促使乡绅主动为民请命，担负起保护乡族的责任。乡绅会利用国家所赋予的特权地位，限制国家的过度侵夺，此为防御之举。我们可从明清时期的荒政窥见一斑。

众所周知，在一个传统的农业国家，国家发展与民心安定在很大程度上皆系于自然界的风调雨顺，但偏偏"我国灾荒之多，世罕其匹"②，灾荒是社会危机爆发的引子，稍有不慎，即会造成国家政权的覆亡。因此，通常情况下，国家对赈灾是极为重视的，权力也不轻易下放。但伴随国家政权的衰弱，明清晚期的赈灾都不得不依靠民间力量。根据魏丕信对 18 世纪中国荒政的研究，地方乡绅在赈灾中所起的作用只是辅助性的，但从 19 世纪 40～50 年代开始，"国家干预占压倒优势的情况几乎终止了"③，"自那时以后，多数抗灾活动都是由'赈局'举办的、'赈局'完全是由地方乡绅管理的。即使州县和省的地方官并不总是持消极态度，一般来说，他们的作用也仅限于召集地方精英们开会，在会上要求他们成立一个

---

① 参见王先明《近代绅士：一个封建阶层的历史命运》，天津人民出版社，1997，第 53～55 页。
② 邓云特：《中国救荒史》，商务印书馆，1993，第 1 页。
③ 〔法〕魏丕信：《18 世纪中国的官僚制度与荒政》，徐建青译，江苏人民出版社，2003，第 111 页。

赈济组织"。① 此时，乡绅出自乡谊和道德责任感而主动赈灾，为维护乡族而不惜与官府进行利益的博弈。在自动出资救济乡民的同时，乡绅会要求政府拿出举措——以减代赈、蠲免赋税，以缓解乡民在面对灾疫时的压力。据统计，晚清时期每年因灾获得赋税蠲免的州县占全国州县总数的八分之一至六分之一。② 而这正是乡绅极力督请的结果。"苏州绅士冯桂芬系卸任官员，仰仗其他上层绅士的支持，他通过写文章著书，通过与巡抚的交往，成功地为本省一大片区域赢得减免赋税的权利"。③ 咸丰年间，江南六省的减赋运动是在湘潭举人周焕南的建议下，率先在湖南展开的。此次减赋不仅"将钱粮宿弊，大加厘剔"，使朝廷赋税数年积欠得以清完，同时，湖南民众也得到减赋总额约 50 万两的实惠，民众因而"踊跃输将"。④ 此可谓乡绅调和之下，官府与社会达到双赢结局之典范。

然而，中国封建社会晚期的政治腐败导致吏役横征暴敛加剧，绅权对国家权力的防御手段往往会走向极端化，甚至演变为直接对抗。道光十三年（1833 年），佛山同知与吏役勾结企图令米户压低谷价从中牟利，七市米行各行长、绅耆当即张贴公启，指斥官府"自取其咎"，申令各米户"自后报价勿以藩府高低为拘"，"照时分上中下三等谷价真实呈报，如衙书吏有甚别议，即通知大魁堂司事传阖镇绅士与他理论"。⑤ 道光"二十四年，耒阳革生阳大鹏因控告钱漕"，"大鹏纠众攻城，将夺犯，三次扑城"。⑥ 后耒阳知县徐台英同当地乡绅妥协，"各村纳粮，就近投柜，粮入串出，胥吏不得预。甲长祗任催科，无昔日包收之害"。并不再追究杨大鹏之责任，"大鹏之乱，诱胁者多。台英禁告讦，一县获安"。⑦ 同治二年

---

① 〔法〕魏丕信：《18 世纪中国的官僚制度与荒政》，徐建青译，江苏人民出版社，2003，第 261 页。

② 康沛竹：《灾荒与晚清政治》，北京大学出版社，2002，第 62 页。

③ 张仲礼：《中国绅士——关于其在 19 世纪中国社会中作用的研究》，李荣昌译，上海社会科学院出版社，1991，第 58 页。

④ 参见周育民《晚清财政与社会变迁》，上海人民出版社，2000，第 213 页。

⑤ 《佛镇义仓总录》卷 2《劝七市米户照实报谷价启》，转引自张研《试论清代的社区》，《清史研究》1997 年第 2 期。

⑥ （清）曾国荃：《湖南通志》卷 89《武备志》12，兵事 4，光绪十一年刻本，转引自章开沅、马敏、朱英《中国近代史上的官绅商学》，湖北人民出版社，2000，第 387 页。

⑦ （清）赵尔巽：《清史稿》卷 266《循吏》4，民国十七年清史馆铅印本。

（1863 年），广东潮州、廉州、琼州三府及南海等县在当地乡绅的组织下抗拒地方官吏利用厘捐敛财，引起朝廷重视，清穆宗上谕："抽厘助铜，原系一时权宜，万不得已之举，固不可任意苟敛，致怨言之繁兴，然刁商聚众阻挠藉端要挟，此风亦断不可长。"① 太平天国运动爆发前夕，两湖地区时有官府"入乡催征，抗不应。寻有上乡民数千人，计名应输升合，争织竹筐，负米聚县堂，击鼓讙噪，请验收清漕，炊烟四起，声势汹汹"。②

　　但是，这种汹汹声势最终都没有演化为更大范围的斗争或是农民起义。其中原因，不仅在于抗争的主导者——乡绅的地方性，更在于乡绅的保守性，即绅权反抗国家权力的目的并不是取而代之，而只是防御。乡绅在国家和乡村社会之间作为一种屏障而存在。这种屏障并不是一个静态的"中间层"，而是一个动态的"调节器"，移动于国家和乡村社会之间，向国家争得了一个相对自治的乡村社会。在明清的专制主义之下，为防止皇权的极端膨胀而窒息原本就微弱的社会自治，乡绅以保守的姿态而不是革命的情绪，巧妙地运用着由法定特权所带来的非正式权力，制约一元化的皇权和官僚的正式权力，从而成为清末和民国地方自治的先声。

---

① 《清穆宗实录》卷 74。
② 《宁乡县志事纪编》，民国初年稿本，转引自章开沅、马敏、朱英《中国近代史上的官绅商学》，湖北人民出版社，2000，第 388 页。

第三章 绅权向国家权力的无序扩张

自 16 世纪中叶到 19 世纪中叶的 300 多年里，以"平衡术"来概括中国的乡村公共权力格局应该是十分形象的，即官、绅、民三者的利益都得到程度不同的兼顾。值得注意的是，虽然绅权的生成伴随着国家权力对乡村控制的逐渐弱化，甚至乡绅一度在地方的权力体系中占据优势地位，但这最终并没有导致国家从乡村中彻底退出。因为在中国封建社会后期的"弹性体制"下，根据客观政治经济形势的变化，权力结构的组成是可以调整的，权力行使的方式也可以是灵活机动的，所以，体制外的异己力量不容易滋生、聚集和壮大，而体制内的异己力量固然会时常出现，但不会成为对封建制度本身的威胁。[①] 对于国家权力而言，乡绅——无疑作为体制内的异己力量——不但本身并不会根本性地扭转当时社会发展的总体方向，而且抑制着体制外的异己力量在乡村社会的生发。他们只是以保守的姿态，巧妙地运用着由法定特权所带来的非正式权力，制约着一元化的皇权和官僚的正式权力，从而达到了权力之间的均衡，并保证了乡村秩序的稳定。在几千年农业文明的浸润之下，稳定的乡村社会秩序几乎是所有阶层所希望的。而绅权作为中国传统乡村社会公共权力长期博弈与演化的结果，作为一种非正式权力也是适应当时政治、经济、文化的权力形式。但

[①] 经济学家厉以宁先生曾指出了中西方封建社会的弹性体制与刚性体制的区别。所谓刚性体制是指封建统治者按照既定的方式进行统治，以确保制度的存在和延续。弹性体制是指这种体制在不违背封建统治者整体利益和长远利益的前提下允许改变，封建统治者以相对灵活的方式进行统治，以确保制度的延续。中国封建社会自宋至明清，社会的弹性体制逐步产生、发展和完善。参见厉以宁《资本主义的起源——比较经济史研究》，商务印书馆，2003，第 45~49、439~450 页。

反言之，当社会发生急剧动荡和变革，而不是像以往那样缓慢的社会变迁之时，绅权的性质是否发生变化以及绅权对乡村社会的治理是否有效，就值得进一步加以考虑。

　　19 世纪中叶是中国社会动荡和变革的开始，不但民变四起、战争不断，而且西风东渐、列强入侵。在内忧外患之下，一向奉行"行政安全优先"①的清政府更是将维持王朝存续视为唯一职能，而这种存续在国力衰弱的情况下有时仅仅剩下了保证中央政府完整和存在之唯一目标，对于基层社会的控制心有余而力不足。但基层社会稳定的重要性仍是毋庸置疑的，此时甚至决定着政权的走向，因而绅权对国家权力的支撑作用也就更加凸显。美国著名汉学家芮玛丽在总结起义或叛乱成功要素时，除强调武装力量这一显而易见的常规要素以外，还着重提到了农村和农民，以及文人学士的支持。② 这无疑是深刻的洞见，而事实上，后两大要素不仅可以适用于革命（起义或叛乱），也完全可以适用于其他一些政治事件，如随后要讨论的清末新政以及相关的制度改革（或称为改良）。而如果我们进一步将后两大要素综合起来加以讨论，无疑就构成了这样一个关键因素——争取到乡绅的支持，并通过乡绅进行有效的乡村控制，它是在政治平衡被打破后的重新博弈过程，也是某一方或联合的政治势力取得胜利的重要砝码。孔飞力则直接指出："地方绅士的权威、社会关系以及才干是镇压叛乱所必需的。"③而清政府对此有着非常清醒的认识。为此，清政府在晚清日趋复杂的社会背景之下，越发重视利用乡绅来安定基层社会，乡绅亦不负重托地做到了这一点。但另一方面，在此过程之中，这一"利用"却发生了异化，国家权力对乡村的控制几乎每一步都不能脱离乡绅而实现，已然变成了一种"依赖"。而绅权则一步步取得了合法性，由之前的非正式权力逐步演变为准正式权力，并最终在清末的地方自治中成为一种正式权力。绅权也一步步从幕后走到台前，不断膨胀，甚至僭越国家权力。

---

　① 秦晖：《西儒会融，解构法道互补》，载杨念群《新史学》，中国人民大学出版社，2003，第 342 页。

　② 〔美〕芮玛丽：《同治中兴：中国保守主义的最后抵抗（1862—1874）》，房德邻、郑师渠等译，中国社会科学出版社，2002，第 56 页。

　③ 〔美〕孔飞力：《中华帝国晚期的叛乱及其敌人——1796—1864 年的军事化与社会结构》，谢亮生等译，中国社会科学出版社，1990，第 45 页。

第一节　晚清国家权力的衰退

在中国人的宇宙观中，王朝的兴衰规律即在于"其兴也勃焉，其亡也忽焉"①，当一个阶段达到顶点时，另一个阶段已发展起来并即将取而代之。在这一循环往复的过程中，相伴随的便是国家权力的强弱态势。有清一代，经康、雍、乾三朝的经营，一个专制主义集权式的强大中央政府建立起来，国家权力也空前强大。但此后，王朝由极盛走向衰弱，清政府不可避免地走向了衰落，"先是统治阶级丧失了热情，之后便失去了符合儒家政府的高标准的才干。他们日益奢侈造成国库匮乏。计划用来发展灌溉、控制水患、修造粮仓、发展交通、支付军饷的基金被中饱私囊。由于道德风尚遭到破坏，因此腐败公行。虽然受到儒家社会哲学强化训练的官吏和百姓延缓了这一衰落进程，但是仍不能改变事物发展的基本方向"②。只是在 19 世纪中期以前，这种弱化的速度并不十分明显。但其后，帝国迎来了它的多事之秋，国内反抗迭起，外国列强入侵。而对于一个长期处于稳定状态并正在筹备进行现代化建设的官僚主义帝国而言，前者的威胁似乎更为严重。因为首先，镇压叛乱对财政的消耗是极大的，而这既影响了当时的军事自强计划，也影响了经济的重建计划。其次，人力的消耗也是巨大的，以致像奉行儒教的中国这样稳定的农业帝国也难以长期忍受这种过分紧张的状态。再次，国内的动荡也会招致外国的干涉，所谓"外侮之来，多由内患之不靖"。而更为关键的是对清政府的严重威胁压倒了其他问题，在野政权已经宣称要夺取全国统治权。③ 这种公然的挑战是任何一个当政者都无法容忍的。此中规模最为庞大的当属著名的太平天国运动。

1850 年咸丰帝即位不久，在广西地区爆发的太平天国运动是对晚清时期的中国这一老大帝国的经济和军事实力的一大考验。而战争中清政府

---

① 《左传·庄公十一年》。

② 〔美〕芮玛丽：《同治中兴：中国保守主义的最后抵抗（1862—1874）》，房德邻、郑师渠等译，中国社会科学出版社，2002，第 55 页。

③ 〔美〕芮玛丽：《同治中兴：中国保守主义的最后抵抗（1862—1874）》，房德邻、郑师渠等译，中国社会科学出版社，2002，第 121~122 页。

一再失败的事实显示，此时的国家权力已经极度衰弱，无法采取有效的措施来制止这一"叛乱"。1859~1861年，内忧外患更为严重，增格林沁的部队大败于英法联军，天津港陷落；咸丰帝驾崩，朝廷内部陷于一场权力争夺；而此时也是太平天国运动夺取全国胜利的关键阶段，清廷著名将领胡林翼和太平军领袖陈玉成在安徽西部相对峙，清廷名臣曾国藩则被太平军最伟大的军事家李秀臣逼到安徽祁门无法动弹，直到最后才被左宗棠的援军所解救。这一切似乎昭示着决定清政府生死存亡时刻的到来。面对这一切，国家体制内的力量已经难以有所作为，"在清朝将领中几乎寻觅不到可以委以重任的将才，军队发不出饷银，士气低落，开小差现象严重，还经常倒戈加入起义队伍。清帝国岌岌可危，绝非言过其实"。① 这些显而易见的事实大致可以用以描述晚清国家权力弱化的现象。概言之，在晚清战乱这一特殊时期，国家权力的衰弱主要体现为军事溃败和财政拮据。前者可视为一个原本骁勇善战的民族长期居于安逸而导致的退化，后者则是因为缺乏功利性的儒家传统难以应付一个骤然变动的社会。

一　经济的困顿

在清王朝统治的绝大部分时间里，"轻徭薄赋"一直是其财政的主要特点。有研究表明：有清一代的田赋，一直维持在较低的水平上，直至晚清，在全国的绝大多数州县，仍只及土地产出的2%~4%。而在同一时期的明治日本，田赋却高达土地产出的10%左右。因此，相比之下，很难说清代的田赋负担过重。② 史家由此认为，"中央政府的财政制度是相当程度地浮在表面上的"，"中央政府通常将其经济作用只限于要求分享一部分生产中比较固定的经济所得，以及保持国内安定和防御外患以确保下一年的再生产"。③ 清代的这一做法无疑继承了以往汉族统治者的传统。"在大一统的中国，一个世界上最庞大的人口，却只需要维持同一个国家

① 〔美〕芮玛丽：《同治中兴：中国保守主义的最后抵抗（1862—1874）》，房德邻、郑师渠等译，中国社会科学出版社，2002，第13页。
② Yeh-chien Wang, *Land Taxaton in Imperial China*, *1750-1911*, Cambridge Mazz.：Harvard University Press, 1973, p.128.
③ 〔美〕费正清：《剑桥中国晚清史》，刘广京译，中国社会科学出版社，1985，第73页。

机器。用以维持政府开支的资源，均摊到每个人身上，便相对较轻。更为重要的是，在缺少列国并存和武力竞争的条件下，历代统治者不必将主要财源用于维持兵力和对外战争。在国泰民安的大一统局面下，国家为各级政府日常运转及地方治安所需要的开支，均是一个常项，因此也没有必要不断加增田赋负担。"① 1711 年，康熙宣布"滋生人丁、永不加赋"的政策后，田赋就再也不能随人口的增长而增加了。各省上缴中央的份额只有在新垦地纳入税册时才会有所提高，而各省却很少把土地税增加的情况上报中央。这直接影响了清廷的财政收入。直至晚清，政府也没能改变原有的税收制度，继续维持着低税率。史家对清政府的这一税收政策亦有意识形态上的解释，即满族在征服中原以后，在心理和文化上却是一个被征服者，它一直感到自己是异族，所以决心通过维护儒家的正统来证明自己统治的合法性。财政上的消极无为无疑是符合儒家政治思想的主流的。

但国泰民安的局面在鸦片战争爆发后不复存在。如果说道光年间的财政因为之前的库存较大还有所盈余的话，那么咸丰之后，清政府相对稳定的收入难以承受如此庞大的开支。由于军需、河工、赈务、赔款之用数额均巨，因而，度支窘迫、入不敷出的状况越来越严重，咸丰三年（1853年）六月，部库仅存正项待支银 227000 余两，其时供职户部多年的官员感叹"从未见窘迫情形竟有至于今日者"。② 晚清户部银库空虚的原因首先在于有清一代刚性的收支原则，使其在面对非常项支出时难以招架。清朝建立伊始便确立了"国家出入有经，用度有制"③ 的财政原则，即国家的财政收支有固定的范围和数额，一般不得超越，"表现出鲜明的定额化特点"。④ 但问题在于，"经制"中并未将战时军费、社会救济经费等重要项目包含在内，相对固定的收入难以应付突发的灾疫和战乱。这一制度的非弹性缺陷在清代前期并不明显。因为天下较为太平，非常项支出（主要为军费）所造成的财政缺口较小，可以通过捐纳等非常项收入形式加

---

① 〔美〕李怀印：《中国乡村治理之传统形式：河北省获鹿县之实例》，载《中国乡村研究》（第一辑），商务印书馆，2002，第 104 页。

② 中国人民银行总行参事室史料组编《中国近代货币史资料》（第一辑），中华书局，1964，第 176 页。

③ 程含章：《论理财书》，载《清经世文编》（上册），中华书局，1992，第 650 页。

④ 何平：《清代赋税政策研究：1644—1840》，中国社会科学出版社，1998，第 108 页。

以填补。但到了晚清，天灾人祸频繁，非常项支出不仅范围扩展，而且数额庞大。在军费方面，仅咸丰、同治年间用于镇压各地起义所耗军费，最低也有 8.5 亿两。[1] 为抵抗外国军事侵略，清政府也消耗了巨额军费，而战败后赔款又使其遭受了更大损失。按《马关条约》和《辛丑条约》的规定，清政府要支付的对外赔款不计利息即达 6.5 亿两，相当于它七年财政收入的总和。而晚清皇室奢靡的程度也远甚前清。同治十一年（1872年），皇帝大婚，清廷谕令各省添拨京饷银 100 万两。光绪十三年（1887年），为办理帝婚，慈禧命户部先行拨银 200 万两解交礼仪处。这些巨额的非常项开支事先并未列入预算，因此当其突然出现时，清政府只能通过加赋增捐、开征厘金、举借公债等手段来弥补经常性收入的不足，以期平衡收支。然而支易收难，财政支出的扩张速度远远超过了收入增加的速度，清政府陷入了财政赤字的泥潭。[2]

其次，农业经济的落后和农民生活的贫困也是晚清财政拮据的重要原因。农业生产是国家财政收入的基础，农民是赋税的最终落脚点，即税收归宿。农业生产状况的好坏和农民生活水平的高低对国家财政收入有着决定性影响。清代前期，"摊丁入亩"、蠲免钱粮等赋税政策的实施使农业经济逐渐恢复，农民生活有所改善。因此，即使此时出现军费等非常项支出，也能通过田赋的自然增长及捐纳等临时性收入的征取来缓和入不敷出的紧张。到了晚清，由于西方资本主义国家的经济侵略、清政府的加赋抽厘剥削及自然灾害的严重破坏，农业经济凋敝不堪。与此同时，晚清农业生产与以往封建社会没有多少差别，仍然主要是依靠土地的开发和劳动力投入的增加，而不是农业技术的改进，这就决定了农产品产量不可能有太大提高。在南方产稻最裕之江浙一带，亩产量仅为 136～508 斤，产量最高之湖南长沙，亩产也不过 680 多斤。[3] 在这种农业经济状况下，农民生活异常艰难，"加以各省摊派赔款，不支，剜肉补疮，生计日蹙"。[4] 在此情况下，清政府增加财政收入可谓困难重重，因为厘金、公债等非常项款

---

① 彭泽益：《十九世纪后半期的中国财政与经济》，人民出版社，1983，第 137 页。
② 参见申学锋《清代财政收入规模与结构变化述论》，《北京社会科学》2002 年第 1 期。
③ 史革新主编《中国社会通史·晚清卷》，山西教育出版社，1996，第 37 页。
④ 朱寿朋编《光绪朝东华录》（第五册），中华书局，1958，第 5251 页。

项的征收最终会将税负转嫁至农民身上，而农民的贫弱已如上所述。因此，入不敷出的结果也就必然产生了。①

晚清财政制度的种种弊病在封疆王朝的最后一个中兴时期也并没有得到纠正，中央政府并没有打算改变重农抑商的传统，并积极刺激经济发展，而只是希望通过提倡节俭，抑制政府开支、士绅的奢侈和农民的物质欲望来重建一个稳定的农业社会。当时大清帝国的经济学家则相信，凡是节俭和精明的管理相结合的地方就不会有经济危机的发生，所谓"毋庸另寻致富之路，只须严肃纲纪，治理得当，何有贫困之苦？"一言以蔽之，为了不触动封疆王朝统治的经济基础，王朝挽救财政危机的方法只是"节流"，而不是"开源"，因为开源意味着国家经济政策大的变动，其结果也许是难以控制的。更重要的是，"官员们都墨守着这样的信念：新的开支是特殊的开支，对新的收入来源的需要只是暂时的。膨胀的军队将被遣散，西方列强将会撤回，只要进行一些修补，中国就可以回到盐业垄断的收入几乎是商业税的两倍，而土地税又使这两样税收都相形见绌的时代"。② 这也许可以解释为缺乏功利性的儒家传统的保守主义。

二 军事的失败

军事与财政是密不可分的，正如嘉庆帝所认识到的，"从来兵制与国赋相权而行"。③ 晚清政府每况愈下的财政状况在客观上严重地制约着军事的发展，在一定程度上是晚清国家军事溃败的外部决定性因素。财政的匮乏导致国家不得不靠克扣兵饷来缓解财政困难。但这一克扣无疑给原本就实行低薪制的绿营兵带来更大损害。就绿营兵常规的低薪制而言，在尚未进入战乱的太平时期就已经造成士兵的素质下降。研究者认为，清代绿营兵月饷自顺治年间成为定额以后，未曾更改，而"到乾隆末年物价更贵，有较康熙间增至八九倍的，即较乾隆初年也有增至三四倍的。所以绿

① 参见申学锋《清代财政收入规模与结构变化述论》，《北京社会科学》2002 年第 1 期。
② 〔美〕芮玛丽：《同治中兴：中国保守主义的最后抵抗（1862—1874）》，房德邻、郑师渠等译，中国社会科学出版社，2002，第 238 页。
③ 《清仁宗实录》卷 288《嘉庆十九年三月丁巳条》。

营兵丁到乾隆末年以后，因为物价日高，而额定粮铜，却永不加增，他们生活愈艰"。① 这种低薪带来的后果至少包括了三项：第一，绿营兵在当差之余，不得不兼营他业，或当小贩，或出卖手艺，以便经营度日；第二，直接影响到兵丁的招募，兵丁素质降低；第三，火药自备，兵丁无力操演。② 可见，绿营的常规俸饷制只能维持将士的最低生活水准，俸饷低微带来了许多弊端，不可避免地影响到清军的战斗力及军政的肃整。一旦战事兴起，军队需要迅速集结，将士需要效命疆场，无论从经济利益还是从心理平衡的角度而言，原有的常规俸饷制度都难以适应战时的需要，难以驱使将士"冒锋铺于战阵之间，效奔命于霜露之地"，以性命来报效国家，而对价何在？时人指出："夫出征于数千里之外，势不能裹粮以相从，而兵又不可以枵腹以战。……惟是各营战兵，月饷不过一两五钱，即给本兵一人，当此米珠薪桂，犹虑不足以自供，况有父母妻子俯仰待食者乎？是各兵在平时之赡养固难矣。及至出征……其何以鼓战士之气也哉！"③ 兵饷太薄对出征士气所带来的消极影响由此可见。

从军队本身而言，晚清军事溃败首先应归结于国家军事力量的主力——绿营兵——积习难改。顺治以后，清代军队的主力已由汉人组成的绿营军承担，绿营兵和由满人所构成的八旗兵通称为"经制兵"，即国家的正规军。八旗兵在入关前和入关后很短一段时间曾发挥重要作用，但之后趋于衰落，不敷征用。1657年，顺治皇帝的谕旨中就已不得不承认八旗兵的战斗力衰弱，"我国家之兴，治兵有法。今八旗人民怠于武事，遂至军旅隳敝，不及曩时。"④ 而绿营兵在其组建初期，具有较强的战斗力。在清初平定三藩之乱，平定噶尔丹叛乱及收复台湾的诸多战争中，绿营兵发挥了主力军的作用。但是，由于绿营兵是沿袭明代兵制而组建的，因而明代兵制的腐朽习气也全部被承袭下来了。其突出表现是，军官"空名坐粮（即吃空额名粮）、贪污中饱的现象非常突出。自康熙以来，武官即

---

① 罗尔纲：《绿营兵志》，中华书局，1984，第347页。
② 参见陈锋《绿营兵的低薪制与清军的腐败》，《武汉大学学报》（社会科学版）1989年第2期。
③ 《清圣祖实录》卷44《康熙十二年十二月戊午》。
④ 《清史稿·世祖本纪》。

有'空名坐粮';雍正八年（1730 年）甚至将其固定为例，明文规定：提督吃空名八十分、总兵六十分，副将以下，依次而减，千总吃五分，把总吃四分。乾隆即位后，发现了这一弊端的危害，下诏废除此项规定。但因恶习太深，积重难返，无法扭转，吃空额的现象仍在暗中滋长"。①

其次，吸食鸦片导致军队彻底腐朽。罗尔纲在《绿营兵志》中将"绿营习气"概括为钻营、奉迎、取巧、油滑、偷惰、克扣、冒饷、窝娼、庇盗、吸鸦片、开赌场等②，而这些不良甚至恶劣的习气中，最为严重的当属吸食鸦片。乾隆中叶以后，天下太平，绿营兵长时间无战事，平时训练趋于懈怠，加上绿营兵散居各地，难以管理与考察，军纪难以约束。由于无所事事，鸦片的流毒便逐渐在绿营兵中泛滥开来。到了嘉庆末年，绿营兵吸食鸦片已成为普遍现象。吸鸦片需要大量钱财，钱用尽了，便去偷，甚而抢，兵匪无异，军纪破坏殆尽。鸦片作为一种毒品，吸食上瘾的后果往往是难以挽回的，它严重损害了官兵的身体和精神。其时林则徐就已警告："若犹泄泄视之，是使数十年后，中原几无可以御敌之兵，且无可以充饷之银。"③ 据史料记载，绿营兵的腐朽几乎到了难以想象的地步，在皇帝亲自校阅部队的重大操典上，众目睽睽之下，兵丁都不能完成起码的军事动作，并出现"射箭，箭虚发；驰马，人坠地"④ 的场面。腐败到这种程度的军队当然是打不赢仗的。嘉庆初年平定白莲教起义中，所征召的绿营兵全无战斗力可言，清政府"不得不募民充勇以供调拨"，"兵不能卫民而转率民以充兵"。⑤ 而几乎同时发生的湖南苗族起义中，也是"练勇千余人陟险登先，所向克捷，而总督魁保转带领兵丁在后为之策应"。⑥

任何事物的腐败都并非一朝一夕，但会在某个契机上集中爆发出来。晚清时期，国家军队的毫无用处，在与太平军的长期对抗中得到了更为充

① 参见冷华民《八旗兵与绿营兵述要》，《历史教学问题》1987 年第 1 期。
② 参见罗尔纲《绿营兵志》，中华书局，1984，第 68~70 页。
③ 中国史学会主编《中国近代史丛刊·鸦片战争》，转引自常江《绿营兵述论》，《社会科学辑刊》1998 年第 4 期。
④ 王先谦：《嘉庆东华录》卷 7，清光绪二十五年刻本。
⑤ 《清朝续文献通考》卷 212《嘉庆九年上谕》。
⑥ 《清朝续文献通考》卷 202。

分的证明。而另一方面，国家军队对帝国的服从和效忠也因为后者不再投入而逐渐消失。两者之间仅有的一点信任都丧失殆尽了。作为一个中国文明的他者，芮玛丽对绿营兵在镇压太平天国运动过程中的拙劣表现进行了精辟而得当的总结："虽然生活费用在上涨，但他们本来就很少的粮饷却一直没有增加。北京的兵部已失去了指挥他们的能力。统帅权日益分散，部队被派到驿站或其他地方驻防，执行那些微不足道的任务，很明显把他们集中起来进行训练或作战是不可能的。换防制度——根据这种制度他们分成小股四处迁徙，而不是整营转移——破坏了训练效能和团体精神的发展。训练徒有虚名，而无任何实际内容。谎报兵额的现象很普遍，整个制度都渗透着一种松弛的官僚精神。朝廷发现自己依赖的是一支未经认真训练、难以驾驭的军队，它拒绝打仗，虚耗国库，遇叛乱者就降，而以抢劫平民为能事。"①

此时的帝国还可以依靠什么力量来维持自己的统治？更进一步而言，动荡带来的更为深层次的危机是对清政权合法性的质疑，那么此时需要通过怎样的一种方式来重新整合民心和民力，防止基层民变聚合成推翻政权的另一股力量？这是摆在清政府面前的一大难题，但并非没有出路。已经有着丰富统治经验的执政者此时将眼光投向了乡绅以及由乡绅所领导的地方防御体系。镇压白莲教叛乱成功的历史经验已经证明这是一种非常有效的方法，而更深远意义在于，这种由乡绅所领导的"地方防御绝不是一件简单的阻止武装叛乱者侵入的事情。确切地说，它还包含了在农村社会中建立明确的分界线的内容。这些分界线（物质的是墙和栅栏；组织上的是团练和保甲）使官员不但能够将叛乱者与他们的支持者分离，而且能够用这种方法组织和控制乡村'良'民，防止他们本身变为叛乱者"。②令这一力量为己所用对于执政者而言可谓一举三得：叛乱得以镇压；基层得以控制；士人得以利用。而如果忽视这一力量（凭当时晚清政府的实力，是没有办法消灭这一力量的），无疑就在自己的阵营之外安放了一颗

①　〔美〕芮玛丽：《同治中兴：中国保守主义的最后抵抗（1862—1874）》，房德邻、郑师渠等译，中国社会科学出版社，2002，第242页。
②　〔美〕孔飞力：《中华帝国晚期的叛乱及其敌人——1796—1864年的军事化与社会结构》，谢亮生等译，中国社会科学出版社，1990，第49页。

定时炸弹。因为，士人是希望分享到权力的，不能进入体制内，就随时有可能倒向体制外，走上反体制的道路。因而，当大规模的叛乱发生之时，乡绅所领导的地方防御体系再次成为执政者的选择，就不难理解了。这本身就是一种路径依赖，更是清政府当时的最佳选择。而从乡绅阶层而言，他们也在晚清的大变局中适时地转变了政治意义，随时准备为捍卫道统而出世。

第二节　晚清绅权的勃兴

任何一种政治结构都有一套意识形态作为支撑，传统中国社会的权力结构中皇权与绅权的分割就是以意识形态中政统与道统的分别为指向的，"实际执政的系列——政统和知道应该这样统治天下的系列——道统的分别是儒家政治理论的基础"①，从孔子开始创建儒家的政治理论开始，他即强调了这是一个双重的意识形态系统，政统和道统并不对立，也互不从属，而是并行、相辅，却一定不可相互替代。进而言之，在古代士人的政治意识中，他们早已将政治的实然和应然相区分，他们一方面肯定这一状态的存在，并且对此予以理解和默认；但是另一方面，只有在政治达到其心目中的应然状态时，他们才会真正的有所作为，除此以外，便处于蛰伏的状态。这一政治意识的特征最为明显地体现在清代学术旨趣的不断转向之中。

一　基于政治意识的学术转向

王国维曾形象地指出清代学术之"三变"，所谓"国初之学大，乾嘉之学精，道咸以降之学新"。② 所谓"国初之学大"，特指明末清初顾炎武、黄宗羲、王夫之等几位大儒，痛感空谈误国之弊，不喜空谈性理，而强调笃行实践，其志在求天下利病，着眼于汉民族存亡之大处，气势磅礴；所谓"乾嘉之学精"，是说乾嘉时代汉学兴盛，汉学家埋首于故纸堆

---

① 吴晗、费孝通等：《皇权与绅权》，天津人民出版社，1988，第27页。
② 王国维：《王国维遗书·观堂集林》卷23《沈乙庵先生七十寿序》，上海古籍出版社，1983，第83页。

中，不关心国家大事，其治学以经学为主，以汉儒注经为宗，内容主要是文字音韵、名物训诂、校勘辑佚，从事经史古义的考证，强调精专；所谓"道咸以降之学新"，则指道咸以后由于西学的传入，以及中学对西学的吸纳，中国固有的学术发生了质的演变，成了一种"不中不西、亦中亦西"的"新学"。王国维对清代学术这一分期也成为后人用来分析学术对政治回应的起点。深究之，即学术的旨趣反映了士人的政治意识。纵观这一历史过程，不难发现其间的规律，即明清之际和道咸以降的学术都是崇尚一种经世致用的进取精神，而唯独清代的盛世时期士人在政治上表现得极为冷淡。

就明清之际而言，经世致用的学术导向在本质上是与反清复明的政治意图紧密相连的。但是，当满族最终夺取了政权，经世大师们既无法为反清而斗争，又不愿与清廷合作，那么，经世致用的结果要么流于空谈，要么就转向学者生活的当下。从本源上说，明末学术的经世精神源于对世风的深刻反思。其时，顾、黄、王等人皆将社会上人心涣散、道德沦丧的根源归结于掌握着道统的士人"游谈无根，束书不观"，没有起到道德教化和表率作用，故而倡导士人应有所担当，摒弃清谈，埋头实干，恢复正常的社会秩序。但事实上，明末国家政权已经腐败不堪，国运不济，士人也对此没有回天之力，能够做到的只有"隐于野"，面向自己生活的环境，改良乡里，整顿人心。这也就是绅权治理从明代中期萌芽，到明末仍有很大发展的一个重要原因。但时移世易，绅权治理在清初步入低潮。"夷夏"鼎革，清初统治者对汉族知识分子是极端不信任的，因而肆意打击。史上仅"奏销案"一案就革除江南13000多名士绅的功名，昆山探花方霭上缴税收只欠一厘却被黜革，其打击的残暴程度可见一斑，"清廷除以暴力手段严厉摧抑江南士绅外，还从制度上削减其政治和经济方面的特权，这种釜底抽薪的举措从根本上扼制了士绅阶层自明中期以来不断发展的趋势"①，绅权遭到前所未有的压制，隐而不出。明清之际的乡绅居于乡里都是一种"隐"，但如果说明末的"隐"是一种积极意义上的退守，即出世之"隐"是为了更好地入世和入

① 徐茂明：《江南士绅与江南社会（1368—1911年）》，商务印书馆，2004，第91页。

仕，那么，清初的"隐"则是非常被动和消极的，其目的在于回避皇权，以求自保，似乎不再有复出的希望。同时，这两种"隐"所带来的实际的社会效果也有很大差别。明末清初乡绅叶梦珠亲历"奏销案"，对两朝乡绅地位之殊异深有体会，"前辈两榜乡绅，出入必乘大轿，有门下皂隶跟随，轿伞夫五名俱穿红背心，首戴毛毡笠，一如现任官体统。乙榜未仕者，则乘肩舆。贡、监、生员新贵拜客亦然，平日则否，惟遇雨天暑日，则必有从者为张盖，盖用锡顶，异于平民也。今则缙绅、举、贡，概用肩舆，士子暑不张盖，雨则自擎，在贫儒可免仆从之费，较昔似便，然而体统则荡然矣"。①

　　清初政府打击缙绅的力度之大、涉及面之广、要害之集中，给士人的心灵造成了极大的创伤，虽其后自康熙帝开始倡导满汉一家，笼络士人，但法定的特权已较明代大为减少。夷夏之防在清廷和汉族知识分子那里应该说一直都存在，而后者对于清代的皇权也一直是心有余悸的。因而，当清政府开始主动承认儒家地位，继承明代的文化政策，将宋明理学奉为官方哲学，知识分子们便借机重振儒学，然而"乾嘉汉学的确在某种程度上走了纯粹考据学的偏锋，不少汉学家失去了经世精神"。② 其中一个重要原因就是清政府实行文化专制主义政策，"凡当主权者喜欢干涉人民思想的时代，学者的聪明才力，只有全部用去注释古典"。③ 之前，顾炎武将其经世的"微言大义"蕴藏于著述之中，等待"有王者起，将以见诸行事，以跻斯世于治古之隆，未敢为今人道"。④ 同样，在文网缜密的康、雍、乾三朝，士人仍然只是通过整理和解释儒家思想而"修道"。因为，"道是可以离事而修的。道修之后，用道于事，并不是'不在其位'的人的责任，而是'有国者'的责任。'有国者'可以用道，也可以不用道；'不在其位'的维持道统者可以设法'推而行之'，以见'容'于有国者，但是却不能直接行于事。……政统和道统，一是主

---

① 叶梦珠：《阅世编》卷4《士风》，上海古籍出版社，1981，第85~86页。
② 李细珠：《试论嘉道以来经世思潮勃兴的传统思想渊源》，《广东社会科学》2005年第3期。
③ 梁启超：《中国近三百年学术史》，载朱维铮校注《梁启超论清学史二种》，复旦大学出版社，1985，第114页。
④ 顾炎武：《答李子德书》，载《顾亭林诗文集》，中华书局，1983，第73页。

动，一是被动"①，所以，在道统维护者的眼中，政统有时合于道，有时不合于道，那是官府的事情，甚至当失道之时，他们要改变的意思几乎是没有的，他们要做的只是做好"自修"，使道不至于湮灭，等待机会，等待有识于道的重要性的有权者来推行被保藏起来的道。由此，作为道统维护者的乡绅，他们居于乡里社会，远离庙堂之高，其立场就是"用之则行，舍之则藏"的被动，这种被动表现在他们对官府政治的一种旁观态度，他们要做的就是平安地处于正式权力之外，治理好家族、宗族和乡族。对于乾嘉时期的传统士人而言，绅权治理不失为实现这一理想的途径。

二　士人进取精神的形成

道咸以降，危机四起，乾嘉汉学"纯学术"的指向已经难以满足国家政权强化意识形态以整顿人心的需求，学术由此发生转向，开始出现了"新"景象。这一时期学术推陈出新，虽已经注意到西方文化中器物层面的先进，但"体用之分"决定了这些新思维与传统儒学并无质的区别，实为儒家经世主义的复兴，中心在于强调理学与经世学的结合。经世学的代表人物，同时也是重要的实践者曾国藩，一度师从当时著名的两位理学家唐鉴和倭仁，但不像前者那样沉湎于义理之学而不能自拔，亦不似后者那样陶醉于讲道论义而顽固保守，在"济世"的目标之下，"以义理之学为先，以立志为本"，"苟通义理之学，而经济该乎其中矣。……义理与经济，初无两术之可分，特其施功之序，详于体而略于用耳"。② 同为湖湘地区的另一理学士人罗泽南则更明确地指出理学与经世学实为一体之两面，"今夫为学之道果何如哉？内以成己，外以成物，而己人之一心万物咸备，淑身淑世，至理昭著。内顾一身，养性情，正伦纪，居仁由义，只完吾固有也，外顾天下，万物皆吾心所当爱，万事皆吾职所当尽，正民育物悉在吾分内也。是故宇宙虽大，吾心之体无不包，事物虽繁，吾心之用无不贯。尽己之性，全己之天也；尽人之性，全人之天也；尽物之性，全

---

① 吴晗、费孝通等：《皇权与绅权》，天津人民出版社，1988，第29页。
② 曾国藩：《曾文正公全集》卷4《杂著》，岳麓书社，1987，第5~6页。

物之天而不失也"。① 可见，对士人而言，"内圣"是心之固有，"外王"是分内之职，只有将"完吾固有"与"外顾天下"相结合，才能成就自我。

理学讲求"内圣"，经世学则注重"外王"，理学和经世学的结合，不仅使晚清的学术风气为之一新，而且振奋了士人的精神。在晚清的一系列重大事件中，包括镇压太平天国运动、"同治中兴"和洋务运动等，汉族知识分子发挥着举足轻重的作用，清政府也不得不依赖于他们以保住其统治地位。早年一直为君王以口号相标榜的"满汉一家"直到道咸时期才得以实现。"满汉一家"当然是为了更好地统治，因而，从"劳心者治人"的角度，这里的"汉"在很大程度上指的是汉族的儒家知识分子。不可否认，两者可以成为一家是有条件的。作为儒家知识分子，他们在本质上是为君主服务的，无论是出世，还是入世，都是为了使君权能在自上而下的轨道上健康发展；但从结果而言，如同无法保证君权走向衰落一样，他们不会在根本上反对君权。经过近两百年的共处，那些退守在乡村社会中的乡绅也渐渐认同了同样遵奉儒学的清王朝，"恰恰是儒家的思想体系把满人和汉人统一起来，把中央官员与地方绅士连在一起"。②

更为重要的是，"在19世纪中叶，国内叛乱和外国侵略破坏了儒家士大夫的性质，威胁了绅士们的既得利益，因此引起了民众广泛的怀疑，首先是对国家的信任发生动摇，其次是对传统思想的正确性产生怀疑"。③而这正是一直以维护儒家正统地位为己任的道统所无法容忍的，一直居于乡里社会"自修"以等待机会的乡绅此时已经不能再旁观坐等，因为政统可以无道而暂行，但社会却不可一日无道而治。因此，道咸以来的学术转向反映了绅权治理的政治意识的变化——内忧外患之下，"皮之不存，毛将焉附"——"用之则行，舍之则藏"的道统哲学似乎需要放一放，积极进取以辅助政统已成为士人一种较为普遍的心态。

---

① 罗泽南：《人极衍义》，转引自张晨怡《守道与救时：论晚清湖湘理学群体的学术特色》，《渭南师范学院学报》（综合版）2009年第1期。
② 〔美〕芮玛丽：《同治中兴：中国保守主义的最后抵抗（1862—1874）》，房德邻、郑师渠等译，中国社会科学出版社，2002，第75页。
③ 〔美〕芮玛丽：《同治中兴：中国保守主义的最后抵抗（1862—1874）》，房德邻、郑师渠等译，中国社会科学出版社，2002，第156页。

第三节　晚清国家权力对绅权的依赖

依赖通常是指这样一种状态：因为依靠别人或事物而不能自立或自给，故而失去了独立的能力与精神。其特征包括：无独立性，难以单独进行自己的计划或做自己的事，在得到他人大量建议和保证之前，对日常事务不能作出决策；超容忍性，为讨好他人而过度容忍，甚至放弃原则和自尊，做自己不想做的事。这种解释虽然针对个人的心理，但笔者认为，"依赖"一词对于晚清的国家权力和绅权的关系却有很深的寓意。此时的国家权力在乡村控制中完全依托绅权而存在，而绅权则不仅可以独当一面，还对国家权力有着巨大的影响，在相当大的程度上决定了国家权力的存续。与此相应，为能使政权延续，绅权必须发挥更为强有力的作用，而清政府则不得不将传统上完全由国家垄断的基层军事权和财政权让渡给乡绅。这一切在之前的君主专制社会中是无法想象的，在本书上一章所述的明清时期的两者关系中，绅权仅仅作为国家权力的延伸而存在，从国家本身而言，只要其愿意，便可顺利地将其触角伸至任何它想到达的地方。乡村社会虽有"日出而作，日入而息，凿井而饮，耕田而食，帝力于我何有哉"①的自由、自主、自治的景象，但这一状态不可能无限制地发展，"帝力"在本质上决定了其统治的绝对性，即绝不允许乡村游离于国家控制之外。但世事流转，能力与意愿往往相左，太平天国运动的爆发暴露了晚清国力的衰弱，危急之际，选择乡绅作为依赖的对象虽是不得已，却又是最佳的选择。

明代中后期以后，绅权在中国封建社会历史上再度兴起是在太平天国时期。政治形势的变化造成了绅权的普遍扩张，为镇压起义以及战后地方重建，清政府不得不放手发动乡绅，不仅委以军事和财政大权，而且通过一系列的人事制度改革壮大乡绅阶层，以稳定乡村社会的传统治理模式。此种种举措唯有在当时特殊的历史背景之下方可理解，因为无论是军权、财权还是人事权原本都为专制集权主义国家所垄断，不轻易授予他人。对

---

① 《古诗源·古逸·古壤歌》。

于这种让渡，我们只能将之理解为特殊情势之下，国家权力对绅权的依赖格局所致。

一　人事权的让渡

中国古代国家的人事制度主要是对于官僚集团组成人员的一种安排，其中既包括了各种官阶的设置和官员的管理，也包括候选人的产生程序。其中，这些候选人即为乡绅的重要组成部分。候选人的产生主要通过科举，也包括捐纳。候选人的数量则决定于学额分配制度。晚清官僚候选人制度发生了较大变动，突出表现为学额与捐纳的结合。

所谓学额，"是按照行政单位分配的。各府、县均有生员就学的官学，每所官学在每次考试后录取的生员都有一定的数额即学额"。① 学额的多少以及如何在行政单位之间进行分配是由国家来决定的，因此学额在某种程度上就成为国家控制读书人的重要手段。每增加一个学额对于读书人而言就多了一个成为绅士的机会，多了一个可以享受特权的机会，而国家也因此多了一份财政负担。同时，在一个相对封闭的社会里，大规模地增加学额将引起社会结构和社会各阶层力量对比关系的变化则是毋庸置疑的。因此，在一个不希望打破稳定秩序的统治者那里，学额自然不会有大的变动。从清初直至19世纪中期，清政府的学额都是十分稳定的。到太平天国时期发生了很大变动，清政府改革学额制度，规定"凡捐输军饷的地方，将增加生员学额，以作为赏赐"。② 而这一做法的出发点在于试图将解决财政危机、士人出路和社会控制三大问题毕其功于一役。但其溢出效应却是将国家的人事权部分地让渡给了士人，由其自我掌控。

咸丰三年（1853年），清政府首次颁发谕旨，出台了新的学额政策："著照大学士等所请，由各省督抚，妥为劝导，无论已捐未捐省分，凡绅士商民，捐资备饷，一省至十万两者，准广该省文武乡试中额各一

---

① 张仲礼：《中国绅士——关于其在19世纪中国社会中作用的研究》，李荣昌译，上海社会科学院出版社，1991，第74页。

② 张仲礼：《中国绅士——关于其在19世纪中国社会中作用的研究》，李荣昌译，上海社会科学院出版社，1991，第81页。

名。一厅州县，捐至二千两者，准广该处文武试学额各一名。如应广之额，浮于原额，即递行推展。倘捐数较多，展至数次，犹有赢馀者，准其于奏请时声明，分别酌加永广定额。加额银数，及如何归并划除之处，悉照大学士等所议办理。其捐生本身，应得奖叙，仍准奏请，另予恩施。"①

不难看出，新的学额政策是地方累计捐输中将整体奖励学额与捐纳制度相结合，兼顾了士人整体与捐纳者个人的利益。首先，对于普通士人而言，增加的学额仍需通过科举考试才能获得，因此，刻苦攻读以成为"正途"绅士仍然是最佳的选择。其次，财力允许者通过捐纳获得监生身份仍是一条合法途径，因而国家对"异途"绅士的承认也实现了一些较富有的平民阶层的梦想。所以，地方绅民在财力允许范围内无不竭力用足新的学额政策。根据张仲礼先生的统计，由于学额总数的大大增加，"正途"绅士的人数从19世纪上半叶的74万增加到下半叶的91万，增加了23%。② 就捐纳制度在太平天国前后的比较而言，"异途"绅士在太平天国前不断下降，其解释为与人们的财力下降有关。太平天国后，除了那些发战争财的人以外，大部分人的财力极有可能下降更甚。然而在太平天国后，监生并不少见。相反，整个捐纳制度在19世纪后半期反而兴盛起来，这并不表现在捐纳的款项上，而表现在捐纳的人数上。③ 全国绅士的总数从太平天国前期的1094734人上升到后期的1443900人，上升了32%。④ 由于新的学额政策，绅士人数大幅增长，而这一现象背后有着清政府更深层的用意，那就是执政者由此强化了其正统的地位，将地方上的有钱人和读书人都牢牢地控制在自己手中。

在晚清的这一人事制度改革中，最大的受惠者应是州县以下的士人。按照科举定制，科考等级由低到高分别是县试、府试、院试、乡试、会

---

① 《清文宗实录》卷89。
② 张仲礼：《中国绅士——关于其在19世纪中国社会中作用的研究》，李荣昌译，上海社会科学院出版社，1991，第138页。
③ 张仲礼：《中国绅士——关于其在19世纪中国社会中作用的研究》，李荣昌译，上海社会科学院出版社，1991，第105~106页。
④ 张仲礼：《中国绅士——关于其在19世纪中国社会中作用的研究》，李荣昌译，上海社会科学院出版社，1991，第110页。

试、殿试，每种考试间隔一至三年不等。这些考试不仅直接决定儒生参加上一级考试的资格，而且决定他们的升迁或黜革。入县学、成为生员是读书人获取功名、进入乡绅行列并通向官僚进阶之路的起点。通常所说的科场机会少，首先就是指县学学额太少。按学者的推算，清末的举人与秀才限额的实际比例按大、中、小省，分别是80：1、60：1、50：1，参加会试、殿试考进士的比例大约是30：1、40：1，而童生考取生员的比例约为100：1。① 可见，县试中试名额比例之极小，成为一名生员之路之狭窄。就一般读书人而言，尤其是那些出生于祖上没有获取过功名的家庭的读书人，成为一名本籍乡绅应是他们最先的关注点。县学学额的多少自然关乎有多少身处乡村的读书人有机会获取功名这一根本性问题。而通过新的学额政策，一个县最多可增加10个学额，这也就意味着一县之内的读书人增加了一半乃至一倍的中试机会。"这无疑对安定最基层的读书人的心，并通过他们稳定乡村的秩序可以起到杀手锏式的作用。由此，人们或许不难理解何以太平天国争取不到士人、撼动不了由乡绅控制的乡村秩序，以及太平天国之后，晚清发生的1300余起民变或暴乱何以多涌动在城市，而很少生长在农村的逻辑。"②

二　军事权的授予

如本章上文有关明清时期的绅权治理与国家权力关系的论述，绅权作为国家权力的延伸包括了组织民众建立地方防御体系，尤其在东南沿海倭寇出没之地和一些偏远山区盗贼易生之处，此种地方防御尤为必要。但此时在乡绅领导下的各种守望相助和坚壁清野的活动都难以说达到了军事化的标准。甚至在嘉庆年间的白莲教起义发生之时，由乡绅自发组织的团练最多只能算得上是一种"低度的军事化"。从嘉庆年间的团练章程来看，团练并非完全由代表基层社会利益的乡绅所控制，一些重要事务的决定权掌握在县令手中。如"南充团练办法"中强调总团长的任命必须经过县令发给"领牌"；各团须派专人"常往本城平匪局内"，随时"与县署声

① 参见任恒俊《晚清官场规则研究》，海南出版社，2003，第3页。
② 郭剑鸣：《晚清绅士与公共危机治理——以知识权力化治理机制为路径》，光明日报出版社，2008，第131页。

息相通"；各团或团与团之间须在县令监督下定期聚集演练等。① 此时的团练在一定程度上可以理解为，在国家监督下把自发的地方武装纳入官僚管理机构的一种方法。与此同时，参加平叛的除团练以外，"军事化程度更高的是被招募随同正规军征战的雇佣军。他们仍叫'乡勇'，但与其家乡村社的联系已被彻底截断"。② 叛乱被平息后，他们中约有一万人转入了绿营兵。由此可见，太平天国之前，乡绅虽染指军务，但都没有达到乡绅"武化"或者说"高度军事化"的程度，国家仍然牢牢地抓住了军事权。

至太平天国起义爆发，咸丰帝在一开始也是循着嘉庆年间的思路，认识到发动基层防御力量的重要性，但同时强调官方在其中的主导性，即由绿营兵充当战斗的主力，由提督统率的团练则起辅助作用。但事与愿违，一方面，绿营兵溃不成军，而另一方面，提督统率的团练也难以在战争中有效杀敌。至咸丰三年（1853 年），战争局面对于执政者已经极为不利。太平军自武汉东下江宁定都天京，以摧枯拉朽之势扫荡了大江南北。为收拾残局，重建统治秩序，三月初六，咸丰帝正式发布办团上谕，首次大规模地直接任命地方办团人员。总共直接委派办理团练防剿事宜人员达 58人，遍及安徽、江苏、河南、山东、直隶、江西、贵州、福建、湖南等九省。此批办团人员全为朝廷大员，有在职和非在职之分，不少非在职官员受命办理团练防剿后实授官职，成为在职官员。细究之身份实为特殊：一方面，他们是上层统治结构中现任的高级官员，直接受命于皇帝，直接向皇帝负责；另一方面，他们在特定的时段回到自己的家乡，即为乡绅。而皇帝之所以委任他们来办理团练，根本的出发点在于他们可以获得上下两方面的信任，由他们所连接起来的"双轨制"较之一般意义上的"双轨制"在战争中能够发挥更大的作用，占尽了天时、地利、人和。授予这些特殊的乡绅以军事权也就在情理之中了，其中包括很多对定制的修改，不可不视为一种让步的措施。

---

① 参见牛贯杰《从"守望相助"到"吏治应以团练为先"——由团练组织的发展演变看国家政权与基层社会的互动关系》，《中国农史》2004 年第 1 期。

② 〔美〕孔飞力：《中华帝国晚期的叛乱及其敌人——1796—1864 年的军事化与社会结构》，谢亮生等译，中国社会科学出版社，1990，第 50 页。

其一，放弃回避制度，令其回原籍办理军务。为防上下勾结把持一方，在中国古代的官吏管理制度中，早在唐代就已经确立起回避制度，即官吏不得在本籍地任官。至清代，这一规定更为全面和严格，铨选授官必须"密其回避"，包括户部14司、刑部17司、御史15道，督抚以下至佐杂，皆须回避本籍，必须核查无讹，方许补授官缺。但咸丰帝所委任的办团人员则绝大多数是"回籍"、"在籍"的本籍人员，无疑是有违定制的。

其二，放开裙带限制，授权乡绅依托氏族和私人关系组织地方武装。防范官僚中的裙带关系一直是帝国君主建立中央集权统治的要务，军队更是其中的防范之首。但太平天国时期，为镇压叛乱，有效组织地方势力的抵抗，清廷不得不放弃这一原则。以曾国藩的家乡湖南湘乡为例。1850年，广西进士朱孙诒受任于危机之时，到达湘乡代署知县职务。1852年6月，当太平军进入湖南之时，朱孙诒立即召见当地乡绅，组织团练，放弃保甲制的行政区划，几乎完全按照自然的地方区划组建了一套地方防御体系。在这一体系中，氏族是招募团练民兵的基本单位；各氏族按照原先存在的村社之间的协作方式组成高一级的复合团。按顺序从房长到复合团的团长，是每一级团练的当然首领。为进一步抵抗太平军的进攻，当地乡绅写信给朱孙诒，要求募集一支能有效保卫县境的民兵部队，得到了朱孙诒的同意之后，组建了一支1000人的部队。当年的秋天，当曾国藩因其母亲去世返家服丧时，对当地的团练进行了视察。1853年，因情势进一步告急，在得到清廷的授权之后，曾国藩着手在长沙组建了一个"大团"（即后来的湘军），其组建基础中就包括了先前已经由乡绅建立的部队。来自湘乡的曾国藩的弟弟曾国葆等被委以重任，而这个新的部队的直接领导人则是曾国藩的门生江忠源。湘军在组织上是从最低一级向上伸展到金字塔指挥顶端的个人效忠的网络系统。"每一级的将领招募这一级直接下属的将领，这样就将军事指挥结构与原有的忠诚和报效的纽带连接起来。这个制度与正规清军的制度形成鲜明对照，在清军制度中效忠个人被严厉制止，组织的所有部分被认为是可以互调的。"①

---

① 〔美〕孔飞力：《中华帝国晚期的叛乱及其敌人——1796—1864年的军事化与社会结构》，谢亮生等译，中国社会科学出版社，1990，第151页。

三　财政权的下放

在国家财政已经极度匮乏的情况下，乡绅组织地方武装只能依靠自身及其家族的力量，或是从本地的各种资源和产业中提取。而从后一来源的合法性来看，显然不符合帝国体制下"普天之下，莫非王土"，天下财富尽归君主的所有权理念。而在现实的政治中，中央和地方的财政划分则决定了各自职能的实际履行能力的大小。在传统小农经济社会，资源极为有限的情况下，财政权如何分割就尤为敏感。毫无疑问，帝国中央是不大愿意看到地方过于强大的，而地方也不会愿意看到财政权为那些非正式权力所掌控。但是对于 19 世纪中期的中国政权而言，叛乱即将导致的政权易位是迫在眉睫的困局。此时，当中央不得不选择依靠地方，而地方不得不依靠乡绅时，他们不能不考虑到，如果单纯依靠乡绅个人及其家族的财富远远不足以组织一支规模庞大、装备精良的武装，更遑论快速组建以达到迅即平叛的目标。正是在这一情况下，国家将财政权下放给乡绅。因此，财政权到底是乡绅组织地方武装、操纵地方政治的前提还是结果？在这段特定的历史中，两者几乎是互为因果的。

其一，乡绅由捐资义务的承担到财政管理权的获得。团练的资金最初由乡绅及其家族捐资提供。乡土社会中，"富者出钱，贫者出力"的合作原则决定了乡绅作为这种自发性组织的领导负有不可推卸的义务，尤其是经济上的责任。但对于长期办理团练而必备的后勤保障而言，捐资因缺乏制度性保障而难以持续。"由于个人财富和传统的氏族所有财源相对来说不易扩充，地方防御组织的领导转向更丰足和更深层的供养血脉：几乎是村社的全部农业和商业财富。"[1]

而对农业增加的附加税，即"捐输"，是按比例在每亩田征收的正税之外所另行加派的，有亩捐、粮捐、芦田捐、沙田捐等名目。这些名目繁多的"捐"在太平天国时期多由地方开征，用以解决团练的经费问题。[2] 其资金皆由有着良好声誉的乡绅来管理，所谓"团练系为保卫乡

---

① 〔美〕孔飞力：《中华帝国晚期的叛乱及其敌人——1796—1864 年的军事化与社会结构》，谢亮生等译，中国社会科学出版社，1990，第 90 页。

② 参见彭泽益《十九世纪后半期的中国财政与经济》，人民出版社，1982，第 161～163 页。

里，各省俱系民捐民办"①，"不得假手吏役"②，"因为这是一种已被接受的地方神话：贪污贿赂是官僚制度带给地方社会的弊端，绅士自身不会产生的。一个知县几乎不能检查有影响的绅士通过团练局所操纵的收入和开销，而这些局私自收税的权限随着时间推移逐渐增加了强制力和豁免权"。③

对商业财富开征的"厘金"是地方在税制上的一种创新，而其筹办同样离不开乡绅。厘金，又称"厘捐"，最初是一种地方劝商捐助以达到临时筹款目的的捐税，后逐渐演变为全国性的商业税，在晚清的税收体系中占有重要地位。厘金开征于咸丰三年（1853 年）。是年四月间，时刑部侍郎在扬州帮办军务的副都御使以解决江北大营正规军的军需为由，采纳其谋士提议，于仙女庙、邵伯、宜陵等镇首设厘金之制。④ 抽厘的税率为值百抽一，其理由为仿行林则徐所设的"一文愿"之旧制。除此以外，另一依据则是"各行铺平常多有抽厘办公之举，相沿已久，于商民两无妨碍"。⑤ 而所谓"抽厘办公，实际上本来就是州县违制征商的一种方法"⑥，用以解决州县财政不足问题。厘金与"抽厘办公"不同之处则在于：厘金是一种正式制度，州县的"抽厘办公"则是一种非正式制度。"抽厘办公"的经办人为各行的行头，而雷以諴认为"各行头均系同业，难保不徇私容隐，应由该地方官慎选本地公正绅董专司稽查。即由该绅董经收，或迳解营，或交捐输局"⑦，由此形成了一套由官府主导、绅与商互相牵制的厘金征收机制。咸丰四年（1854年）三月二十四日，雷氏将在江北大营附近州县创设厘金成功的消息向

---

① 《清文宗实录》卷 230。
② 《清文宗实录》卷 87。
③ 〔美〕孔飞力：《中华帝国晚期的叛乱及其敌人——1796—1864 年的军事化与社会结构》，谢亮生等译，中国社会科学出版社，1990，第 90~91 页。
④ 参见中国第一历史档案馆《清政府镇压太平天国档案史料》（第 13 册），社会科学文献出版社，1992，第 308 页。
⑤ 中国第一历史档案馆：《清政府镇压太平天国档案史料》（第 13 册），社会科学文献出版社，1992，第 305 页。
⑥ 周育民：《晚清财政与社会变迁》，上海人民出版社，2000，第 167 页。
⑦ 中国第一历史档案馆：《清政府镇压太平天国档案史料》（第 13 册），社会科学文献出版社，1992，第 307 页。

咸丰帝进行了奏报。帝大喜，在收到奏折的当天，即寄谕两江总督、江苏巡抚和江南河道总督，"各就江南北地方情形，妥速商酌"，"劝谕绅董筹办"。① 其后，各省纷纷仿行。在厘金制度的实际执行中，专门设有厘金局，绝大多数省份的总分局卡委员以及重要办事人员皆由候补官员担任②，而在绅士力量尤为强大的湖南省，抽厘一开始就兼用士人。其时，湖南巡抚骆秉章于咸丰五年（1855 年）办起全国第一个省级的厘金局，即任用当地士绅帮办厘金。分局卡的主办人和各局卡的中级办事员也皆由委绅分任。③

其二，乡绅由财政管理权的执行到法定筹饷权的获得。乡绅作为在地知识分子具有管理团练的财政的便利和优势，但这并不意味其管理权涉及基层财政权的所有方面。由于经济在很多场合是实力较量的支柱，而地方政府也并不希望在地方控制上完全受制于乡绅，所以通过经费的来源途径控制团练，保持团练在一定程度上的官方主导色彩在情理之中，也是有史可查的。细致考察团练的研究者发现，嘉庆年间合州刺史龚景瀚在其"坚壁清野"办理团练的设想中，关于"筹度经费"的来源强调的是"银皆官给"，交由堡寨长（很多时候由乡绅担任）"司其出入"。但实际所颁布的团练章程中却未提及经费筹措的来源和途径。④ 对这一情形的合理解释是，县一级的执政者比来自中央的官员更清楚地知道这样一个事实，那就是县署根本没有能力提供办理团练的经费。而到了道咸年间，团练章程中不但具体规定了捐输办法，而且以"经费宜裕"为由，将临时捐输制度化。⑤ 也就是说，乡绅对于团练经费不仅要负责管理，而且要负责筹备，所谓"筹饷"。乡绅的筹饷权的获得法定依据来自最高一级政权，其获得过程似乎也颇有意味。

---

① 中国第一历史档案馆：《清政府镇压太平天国档案史料》（第13册），社会科学文献出版社，1992，第393页。

② 参见罗玉东《中国厘金史》，商务印书馆，1936，第84页。

③ 郑备军：《中国近代厘金制度研究》，中国财政经济出版社，2004，第150页。

④ 参见张研、牛贯杰《19世纪中期中国双重统治格局的演变》，中国人民大学出版社，2002，第339~343页。

⑤ 参见张研、牛贯杰《19世纪中期中国双重统治格局的演变》，中国人民大学出版社，2002，第349页。

　　咸丰二年（1852年）八月，陆元烺奏"贼风渐近，拨兵防堵请酌留银两以济急需"，提及团练乡勇所需经费，咸丰帝准予"在藩库正项下留备银十万两，以济急需，一俟捐饷充足，即行归款"。① 而到了九月，安徽巡抚请将全省官银留募勇以为防堵之用，却遭到咸丰帝的训斥：办团募勇"添备器械，制造船只，随在皆需经费。该抚并未全盘筹及，仅以报销一语了此巨款"。岂不知近来"国用支绌"，"拨款甚艰"，"若他省皆如此渎请，将何以应之耶？即须募勇集团互相保卫，以济兵力之不足，亦宜于地方公正绅耆筹商劝谕，捐资出力，均可奏请奖励，庶不至虚糜饷需，有名无实"。② 此后，在咸丰二年十一月、三年正月与三月、七年三月、十年五月的谕旨中无不下令经费取自民间，由乡绅负责筹集。③ 乡绅筹饷权遂法定化。

　　至此，乡绅在19世纪中期协助清廷渡过难关之际已经获得了相当大的权能。上述由国家权力所让渡出来的特定的人事权、军事权和财政权，不但是生活在前两百年的清代乡绅根本不可能享有的，而且是明代中后期权力一度扩张的乡绅无法企及的。因为这些权力不同于以往的乡绅的非正式权力，它是由国家权力所明确授予，在一定范围内和一定程度上具有等同于国家权力的性质，笔者称之为"准正式权力"。这种准正式权力起码在表象上让人觉得有了"积极有为"的强烈趋向。固守道统的乡绅此时已经等到了合适的政统吗？还是时势已经不再允许道统消极地等待下去？或是政统主动让出一条道路让乡绅来发挥他们巨大的潜能？应该说这些因素对于绅权的新特征都有一定的解释力。此外，我们不妨回到"权能"一词的构词来理解这种"积极有为"的绅权，那就是，"权"是"能"的前提。正是因为有了这些准正式权力，乡绅才能在乡村的防卫和治理中发挥更大的作用，从而也表现得更为进取。政统之所以愿意放权，而道统之所以愿意担当，是因为两者的根基毕竟是同一的，两者的利益在此时也是一致的。政统越发依赖

<hr>

① 《清文宗实录》卷68。
② 《清文宗实录》卷72。
③ 参见张研、牛贯杰《19世纪中期中国双重统治格局的演变》，中国人民大学出版社，2002，第350页。

道统，道统也不负政统所望。正如陈旭麓先生所说："十九世纪中期中国的才识之士无疑更多地站在传统一边。他们以个人的选择，表现了某种历史的选择。"①

第四节　晚清绅权对国家权力的僭越

绅权的成功之处在于有效地利用了中国传统社会中的乡土文化，这些由土生土长的读书人直接号召作为乡里乡亲的农民，按血缘和地缘关系组织起来的军队（绅军）被证明是极具战斗力的。"一县之人，征伐遍于十八行省"，绅军们不仅为清政府平定叛乱立下汗马功劳，同时也达到了维护乡村社会固有秩序和传统儒家文化的目的。因而，在此时的广袤乡村中，乡绅统军遂成为绅权的一个显性特征。文化与军事的结合是中国文化传统中"耕读传家"的一种转型与扩大。对于乡绅这一行动的解释，可能更多地要与他们的卫道心理和保卫地方的责任感相联系。也就是说，危急情势之下，作为"道"和"地方"保卫者的乡绅，已不能仅仅满足于与耕读相伴，而是必须以武力来捍卫儒家传统和保卫地方。同样，绅权也不能再局限于以往那种松散和非正式的模式，它必须更加体系化和发挥主动性。事实上，军事化必然带来高度组织化和制度化，甚至具有促成某种"独立"政权形成的动因。绅权由原先的非正式权力逐渐演变为一种准正式权力，而绅军政权则依靠枪杆子和乡绅的准正式权力得以在基层社会生发。从历史的逻辑而言，这一切皆以国家权力依赖绅权为因，而以绅权侵夺国家权力为果。

一　绅权的准正式化

从上文的分析中，我们已经很清楚地看到，为了平定叛乱，中央政府或是地方政府——无论情愿还是不情愿，主动还是被动——将原先为封建国家所垄断的人事权、军事权和财政权以不同的方式赋予了各级团练组织

---

① 陈旭麓：《中国近代社会的新陈代谢》，上海人民出版社，1992，第84页。

的首领——乡绅。① 乡绅似乎从国家的正式权力系统之中分得了一杯羹，而其对于乡村社会的治理权也获得了合法性。但是，表象往往与实质存在距离。对于乡绅新近获得的这些权力，我们不禁要追问：它们是否属于正式权力系统？如果是，那么这些权力是否具有稳定性，即通过国家的正式立法加以确立和规范而得以长期存在，抑或只是一种暂时性的授权？

首先，从授权法律所属的位阶来看，19 世纪中期绅权中的扩张部分多来源于咸丰皇帝的谕令。根据清代立法原则，谕令在一定条件下可以援引为例，从而成为正式法律渊源。② 即使没有能够立即上升为例，谕令也是皇帝针对某一事或某一地而颁发的"特别法"，所谓"前主所是著为律，后主所是疏为令"③，咸丰帝的谕令起码在其执政期间对于调整某一特殊社会关系具有最高法律效力。正是在这一意义上，乡绅所获得的人事权、军事权和财政权因为得到最高权力机关的首肯而具有了正式权力的性质。但值得注意的是，享有这些权力都是有前提的——被限定在官僚的权力之下——辅助性权力，并非一种完全独立的权力。这些谕令几乎都反复强调了团练的办理途径必须是官督绅办，目的则在于助官兵攻防。正如深谙朝廷意旨的曾国藩在亲自办理团练过程中的一句名言——团练"重在团，不重在练"，即团练无非保甲的扩大而已，团练仍具有基层自卫防控的性质，并不是要取代官方的军队系统，其意在排除朝廷的担忧。而事实上，一些乡绅在办理团练的过程中也感叹绅权尚"不及官之十一"，一事一行都不能不恃之于官，唯"官假之以权，助之以力，绅士始足以行事"。④ 不可否认，历史有着多种面相，不乏一些乡绅经常可以摆脱地方

---

① 从史学角度而言，笔者强调乡绅作为团练首领的主体无疑是经验性的，大量的史料足以说明这一点。但不可否认，历史上同样也可以找到相反的资料说明一些平民也担任了团练首领。但在社会科学的实证研究中，我们所得出的结论，绝大多数都来自统计数字所表现出来的规律性。根据大数法则，本性看似最为变幻莫测的事件，单独看待时似乎是随机的和偶然的，但一旦涉及足够多的次数，就能够表现出近似于数学规律的现象，人们凭此可以作出预见。参见周安平《许霆案的民意：按照大数法则的分析》，《中外法学》2009 年第 1 期。

② 参见何勤华《清代法律渊源考》，《中国社会科学》2001 年第 2 期。

③ 《汉书·杜周传》。

④ 《龙启瑞致蒋达书》，转引自刘晓琳《太平天国革命时期的广西团练》，《大同高等专科学校学报》（综合版）1995 年第 1 期。

官的干涉而独当一面，甚至凌驾于地方官之上，但从文本角度而言，皇帝所颁发的谕令并不承认这些权力的独立性，也不可能承认其独立性。因为这是清帝国的专制主义本质所决定的，中央政府的高度统一和政权的一元化是清政府所有制度安排的出发点。

其次，绅权中的扩张部分多为一种暂时性的权力，缺乏稳定性和永久性。例如，由学额制度所获得的人事权，虽然是谕令赋予乡绅的、通过运用其财力控制入仕资格的一种权力，但如若我们稍加留意，便可发现太平天国时期地方学额扩大的名目是"奖励学额"，即实行一种鼓励性的学额政策。当时扩大的学额包括永广学额和暂广学额，所谓永广学额是永久性增加的学额，而暂广学额则是一次性增加的学额，五个暂广学额所需款项相当于一个永广学额。暂广学额无疑是临时增加的，不成定制。而永广学额的变动则非常频繁，伴随着清政府军需的增加而在一定范围内增加，同时也伴随着太平天国被镇压而被限制，而最终在同治十年（1871 年）被废止。① 军事权与财政权的授予或默许只是一种战时的权宜之计而已。因为此两者是构成政权基础的决定性因素，清政府对此有着十分清醒的认识。如咸丰年间在委任本籍官员回籍办理团练问题上，清政府是十分犹豫的，既考虑到本籍官员回乡组织团练武装的优越性，同时又担心尾大不掉，因而其政策可谓反复无常。在咸丰六年（1856 年）七月，黄先瑜等受命回安徽本籍办理团练的上谕有云："礼部候补主事黄先瑜前在本籍办理民团著有成效，著准其回籍接办，以资熟手。嗣后不得援以为例。"② 既然是强调"不得援以为例"，就是说这是一个特例。但到了咸丰十年（1860 年），当江南大营被彻底粉碎，国家无兵无饷时，心急如焚的咸丰帝却任命大批的本籍官员回乡督办团练，并且强调"勿得团而不练，有名无实"③，即要求团练加紧训练，以勇代兵，实现"高度军事化"，以承担起克敌制胜的使命，而不是以往的"团而不练"。一时间团练大兴。但时隔不久，三年后，即同治二年（1863 年），朝廷却迫不及待地召回了最

---

① 张仲礼：《中国绅士——关于其在 19 世纪中国社会中作用的研究》，李荣昌译，上海社会科学院出版社，1991，第 92~94 页。

② 《清文宗实录》卷 205。

③ 《清文宗实录》卷 322。

后一批团练大臣，而敕由现任地方官接手团练。① 团练大臣制度虽轰轰烈烈，却如同昙花一现。随之而来的是那些作为乡绅的团练大臣的法定军事权和财政权也一并被收回了，下设的各种公局或被裁撤，或改由地方官负责管理。不可否认，即使在这种情况下，基层的乡绅们仍然可以在辅助地方官办理团练事务时实际行使军事权和财政权，但此时已不再具有法定意义。

由此可见，乡绅在 19 世纪中期协助清廷镇压各地起义军的过程中确实获得了国家权力机关的正式授权。但值得注意的是，这些权力从授予的那一刻起就不是一种可以独立行使的权力，而且也不具有稳定性。因此，这些权力与其被化约为一种完全意义上的正式权力，还不如说是乡绅原有的非正式权力的一种膨胀和扩大，而清政府则基于战时之需对此予以认可，甚至主动将之暂时法定化。但绅权真的会按照朝廷的本意而只是暂时性的扩张吗？历史似乎和授权者开了一个玩笑，他们本想走进一个房间，却不料走进了另一个房间，而且很难再回头。在一个一元化的权力系统中，如果说非正式权力向正式权力的发展是一个连续体的话，那么此时的绅权则正处于两者之间的过渡阶段，它扩张的目的，同时也是它的边界，就是要进入国家权力系统，成为真正意义上的正式权力。正是在这一层面上，我们或许可以称 19 世纪的绅权为一种"准正式权力"。

二　绅权的无序与越界

乡绅与军事之间的联系从来都没有像 19 世纪后半期这样紧密过，当清政府迫于情势危急而希望地方快速军事化以辅助国家经制军之时，乡绅依靠个人感召力和财力给予了最大程度的配合，而绅权也由此带有了显著的军事化迹象。两者合作的显性结果无疑是双赢的——起义被镇压，社会秩序得以恢复；但隐性的结果则是国家权力的退守，对于乡村社会的控制越发依赖于绅权，而乡绅则开始主动要求分享甚至僭越国家权力。

绅权对国家权力的僭越首先表现在晚清"公局治乡"这一乡村控制

---

① 参见张研、牛贯杰《19 世纪中期中国双重统治格局的演变》，中国人民大学出版社，2002，第 256 页。

状态之中。"公局"一词常见于清季民初的历史文献和文学作品之中。时人曾提到广东地区"各乡都设一个公局，公举几个绅士在那里，遇到乡人有什么争执的事，都由公局的绅士议断"。① 1886 年，粤督张之洞则要求广东各县设立公局，"在县城设公局一所，市、镇、大乡设分局一所，遴选公正绅士，经理局事"。② 其时，在遂溪县知县徐赓升所拟定的治匪章程中，第一条即为"设公局以捕匪类，于通村适中之地设公局一所，即遴选其族内诚实士绅十余名为局首"。③ 1906 年的《时报》亦刊有粤督"札饬广东藩司，克日择地设一公局，名曰广东铁路公局，以便接见绅商"之时文。④ 有学者考证认为，清朝的"局"，既可指称官署的临时性或新设立的机构，如善后局、保甲局、厘金局、缉捕局之类，也可指称非官方的办事机构，如广东香山地区由乡绅自发组织的印金局和炭金局等。而所谓"公局"，从字面意思来看，即为"公同办事机构"；从实际运作来看，多数情况下都是由乡绅在基层社会所设的办事机构，通常为"团练公局"之简称。⑤ 按笔者的理解，公局即乡里团练组织的管理机构。

无论是作为一种临时机构，还是一种非官方机构，公局都自然具有一套规章制度和一批办事人员。前有大量研究证明团练的兴起为绅权扩张之表现，因而乡绅在公局和其下辖的团练组织中占据主导地位自不待言。从现有档案资料来看，团练实行的是所谓的"双领导制"，即各团领袖由两类人组成：具有科举功名的乡绅担任的监正及普通百姓充任的团首。而由于部分乡绅还在地方社会中担任其他公职，如各类公局的管理局绅，所以有些监正则由城乡各局的局绅兼任。这种设置"一方面照顾到了地方绅士的利益，另一方面也考虑到了团练自身的特点，它自身有大量的事情需要处理，单靠绅士完全应付不过来。因此，监正、团首也有一定的责任分

---

① （清）吴趼人：《二十年目睹之怪现状》（下册），人民文学出版社，1959，第 439 页。
② 苑书义等：《张之洞全集》，河北人民出版社，1998，第 2534~2535 页。
③ （清）徐赓升：《不慊斋漫存》，载沈云龙主编《中国近代史料丛编正编》（第 78 辑第 773 册），文海出版社，1966，第 224~226 页。
④ 《特设广东铁路公局札文》，《时报》1906 年 12 月 15 日。
⑤ 参见邱捷《晚清广东的"公局"——士绅控制乡村基层社会的权力机构》，《中山大学学报》2005 年第 4 期。

工。许多日常事务则由团首出面负责办理。……监正一职，责在利用其身份，与上级政府和其他团的沟通之上"。① 可见，乡绅仍然发挥着 19 世纪中期以前那种连接乡里社会和国家权力的作用。但值得注意的是，此时乡绅阶层内部已经发生分化，他们中的一部分进入公局而成为"局绅"——由官方所授予的职位——同时又兼任团练监正，其地位通常会凌驾于没有这一政治身份而同样作为监正的乡绅之上。因为前者不但具有作为官方委任状的"谕单"和作为权力象征的"局戳"，而且每月还有稳定可观的收入，这在并不富裕却有着浓厚官本位文化传统的中国乡村社会无疑具有增加权力资本的巨大作用。

除此以外，从目前可以查阅到的团练章程来看，公局下辖的团练在乡村社会已经替代了原有的乡里组织，俨然一级政权。虽各地的具体情况有所差异，但史料显示团练不同程度地拥有了军事权、财政权、社会事务管理权和司法权。以四川巴县档案为例，其中同治年间的忠里十甲的八条团规②具有一定的代表性，它简明扼要地规定了团练治理乡里社会的各项权能，让人一目了然。

　　一、团内士农工商，务须各守正业，毋得游手好闲，遇有痞匪结党成群，扰害地方及盗窃抢等事，应即时放炮鸣锣，齐集捆拿送究。倘有观望不到，查出凭团公罚。

　　一、招佃务要查明佃户来历、是否善良、有无不法等事，勿得希图重佃收租，知情容隐。倘经败露，惟招主是问。如有不遵，连招主一并禀究。

　　一、挟忿构讼，民所时有。嗣后无论户婚田土债项等事，必先凭团族理剖。有不息者任其据实控告。倘有不肖地棍、贪婪差役，互相纠串，遇事□便事不息，团约查出，指名禀究。

　　一、赌博流娼，例禁森严，往往勾引良家子弟，荡产倾家，稍有不遂，则打杀从事，伤风败俗，莫此为甚。设遇此等，互相稽查，指

① 梁勇：《清代中期的团练与乡村社会——以巴县为例》，《中国农史》2010 年第 1 期。
② 《巴县同治朝档案》卷 108，转引自梁勇《清代中期的团练与乡村社会——以巴县为例》，《中国农史》2010 年第 1 期。

禀送究。

一、有无聊之徒，藉坟滋事，或藉业主生端，每在坟前坟后搭篷踞□，奸盗邪淫，每遇此事，凭团逐搬。倘有不遵，指名禀究。

一、不法流丐，每窥探家中无人，或顺窃衣物，或习门割壁，或窃粮谷、菜蔬。遇有宴会，三五成群，估讨聚闹，遇事生非。倘仍蹈前辙，查获禀究。

一、议禁格私宰耕牛，团约原议程规，遇瘟疫死者，务要团约手扯票，方可开剥发售。如有私宰者，有人拿获，凭团指名禀究。

一、议团内柴薪竹木，偷窃甚多，难以护蓄，无耻之辈，藉捡柴为名，□□偷窃□□护凭团理剖，如若不遵，禀官究治。

不难发现，在这八条团规中，除第一条防匪御盗为团练之基本职能外，其余皆为其权能之扩大。且从第二条到第八条，涉及乡民的租佃关系、户婚田宅纠纷、赌博盗窃行为、商业买卖等，每条的结尾都有"禀究"之字样，即团练对乡民在日常生活中产生的各种纠纷以及轻微违法行为皆有受理和处置权，唯有第八条中有"禀官究治"的程序，但那也只是不遵守团内处理结果的后续。

无独有偶，安徽宿州的团练章程则以相当详细的条款来规范团练之治权。该章程共由三部分组成，即道光二十三年（1843年）的《原定条款二十一则》、《续定条款十三则》和咸丰三年（1853年）的《推广条款》。从内容来看，《原定条款二十一则》和《推广条款》主要为团练的组织方式和基本职能，包括团练的人员组成、经费筹集和防匪御盗及团勇奖惩的相关事宜；而《续定条款十三则》主要针对乡村社会秩序之维护，小自耕牛被窃、践踏禾苗、偷窃田禾，大到火灾扑救、行旅遇劫、财产纠纷，无一不由团绅练总负责裁决，严重者甚至可以"纠勇擒捕"，"送官究惩"；而团内练长若有"徇隐情事"，练总甚至可以"命官惩罚"，这似乎暗示练总甚至具有支配地方政府的权力。① 也就是说，团练不仅具有因保卫乡里而必需

---

① 参见张研、牛贯杰《19世纪中期中国双重统治格局的演变》，中国人民大学出版社，2002，第344~351页。

的军事权和财政权，而且衍生出诸如裁断家庭纠纷和缉捕盗贼等涉及民事案件和轻微刑事案件的司法权，以及乡村事务的管理权，如火灾扑救、保护农田等，全面替代了清代基层社会的保甲组织所行使的准国家权力。

从规范分析的角度而言，团练章程作为一种团体内部的自制规章，是团练组织在国家法授权或许可的范围内行使治权的文本依据，即皇帝谕旨作为办理团练的规范系统中的上位法而必然对团练章程具有拘束力。事实上，咸丰帝的历道谕旨都无不强调团练必须在地方官府控制之下承担防匪御盗之功能，并相应授予有限度的军事权和财政权，但并未授予其司法权和社会事务管理权。而后两项权力也无法推定由团练来行使，因为协助司法和乡村管理早在 15 世纪甚至更早就已被明确界定为保甲之职责。此时，团练虽然兴起，但保甲仍然存在，并在理论上仍然依附县级政权。但在宿州的团练章程中则有规定："既行团练，不必拘定团分……该地保应各按图随团办事。"① 既然"随团办事"，则意指保甲要服从于团练领导。更有甚者，广东一些地区要求保长由"各乡自行保举，无论绅庶但廉明正直素为乡中所信服者，开列名姓著明某乡某约人，送总局查访的确，再行请给谕帖"，同时规定所有甲约丁册"一道送存总局，以便检查"。② 由此可见，不但保甲依附于基层团练，而且管理团练的公局也具有决定保长人选之权，并附带性地将甲首约丁一体控制于手。因此，公局在某种意义上已经取地方政府而代之，或者说成为介于乡里组织和地方政府之间的一级政权。绅权的准正式化已经完成。史家断言："保甲旁落到地方绅士之手的趋势，成了咸丰朝以后中国农村的共同特征。"③ 换言之，乡绅已经从 19 世纪中期之前的暗地操纵保甲演变为通过公局直接控制保甲，并且通过其下辖的团练代行保甲之功能，达到了对乡村社会的全面掌控。

公局的设立是乡绅在乡村政治中由幕后走向台前的关键一步，是绅权扩张之表征。对于清廷来说，既然权力的格局已经发生了变更，回避是无

① 《原定条款二十一则》，转引自张研、牛贯杰《19 世纪中期中国双重统治格局的演变》，中国人民大学出版社，2002，第 344 页。
② 《嘉应州志》卷 15《兵防·附团练》，光绪二十四年刻本。
③ 〔美〕孔飞力：《中华帝国晚期的叛乱及其敌人——1796—1864 年的军事化与社会结构》，谢亮生等译，中国社会科学出版社，1990，第 219 页。

法解决问题的，那么唯一的选择只能是承认其存在，并运用权力制衡原理来约束绅权。这对于深谙"集权于上，分权于下"——封建官僚统治之道的晚清统执政者而言似乎也并不是一个难题。依笔者所见，咸丰帝在其上谕中特意为此作出了安排："嗣后各省团练官绅，务各凛遵叠降谕旨，于一切劝捐练勇事宜，均会同地方官和衷筹办。倘该地方州县各存意见，致相掣肘，著该督抚严行奏参。若该官绅等借团练为名，营私扰累，并著随时稽查，一并参办。"① 由此，一方面，乡绅在一切与团练相关的事务上取得了与州县官的同等权力；另一方面，乡绅与州县官之间也构成了相互监督和相互制约的关系，共同向地方最高行政长官——督抚负责。但是，咸丰帝也许没有想到，制度的实际运作往往与设计的初衷相去甚远。州县官能在多大程度上制约乡绅是值得怀疑的。与州县官高高居于庙堂之上相比，乡绅身处乡村社会内部，故而在对乡村社会的实际控制中占尽天时、地利、人和，也自然有机会和能力将其从国家权力系统中分得的法定权力扩大到覆盖基层社会的一切事务。而事实上，战时的地方事务又有什么不能与团练挂上钩呢？皇帝的上谕毕竟只是一个粗线条和原则性的规定，由乡绅所控制的公局完全可以在执行过程中将之具体化，从中攫取更大、更多的权能，从而取代官府职能，即"公局代官"。如果说公局治乡是乡绅权力一种向下延伸的话，那么，公局代官则是乡绅权力的一种向上侵夺。按照权力的位阶划分，这种侵夺或许可以称为"僭越"。

在为数不多的晚清公局专题研究中，邱捷先生对目前唯一可见的广东公局原始档案——番禺县沙湾《辛亥壬子年经理乡族文件草部》所收录的52份文件进行了梳理，发现公局的日常职务涉及面极为广泛，包括"禁铁匠造剑仔、禁赌博、禁止藉查烟抢劫、通知领取烟牌、禁米店抬价、解劫匪、组织蚕业公司、暂停收谷、增加练勇自保、试演土炮、请委任团练团长、请领团防枪械等"。② 这些权力在类型上绝大部分应属于当地政府的行政权，但在广东地区则已由公局代行。而其中最为引人注目的是仁让公局，甚至拥有一支装备相当不错的武装力量。而这些硬件的具备

① 《清文宗实录》卷150。
② 邱捷：《晚清广东的"公局"——士绅控制乡村基层社会的权力机构》，《中山大学学报》2005年第4期。

也就意味着公局"有权处理本乡的公共事务，具有稽查权、缉捕权，还可以通过订立乡规或'奉谕告示'等形式有一定立法权，其主要权责在维护治安方面"。① 而正如上文所述，即便是围绕维护治安，公局也可以衍生出多种凌驾于当地官府之上的权能。

例如，公局虽因治安管理的需要而具有稽查和缉捕犯罪嫌疑人的权力，但按照大清律法，并无刑事案件的审判权和执行权。但在实践中，公局不仅将稽查、缉捕、审判和执行一揽子包办，甚至出入律法，行使着极大的自由裁量权。对此，作为其上级机关的督抚往往持支持的态度。1906年，时任两广总督的岑春煊就明确表示，"攻匪保良，系局绅专责。且又耳目切近，平空拿送事所必无。此等匪徒诡计多端，既无飘布可据，到案狡展又属惯技，若有局绅具结而仍不办，是永无惩办之日"，故而要求"以后各局拿获会匪，或据局、族绅眷捆送，无论有无起获飘布，务须悉心研讯，核其情罪之轻重，照章分别禀办。倘畏罪狡赖，始终坚不认供，亦即取具局绅'如诬反坐'甘结，即行禀请惩办"。② 由此可见，地方最高行政长官总督已经给予局绅极大的信任，不惜放弃中国古代证据规则所一贯奉行的口供主义，即使疑犯拒不认供，只要局绅认定其罪行，也可照样予以法办。

值得注意的是，在这一情势下，权力的扩张性显露无遗，局绅对于刑事案件的处理权不会止步于指认犯罪，而是走得更远。对于发生在基层社会的案件，局绅绕过了清代地方审级制度的相关规定，不仅不将案件移送州县官府而直接对犯罪人进行判决，而且其判决与其说是依据国家制定法，还不如说是源自作为判决者的局绅个人对天理、国法和人情的理解。其时广东顺德县陈村拿获拐妇一名，按《大清律例》拐卖人口是死罪，但"公局绅董以此妇行拐未成，免其死罪，决押令游刑示儆"。③ 又例，佛山近郊石湾乡"族人有嗜赌受母责反殴其母者"，按《大清律例》此举是"十恶"之中的"不孝"，应处以凌迟刑，但局绅

① 邱捷：《晚清广东的"公局"——士绅控制乡村基层社会的权力机构》，《中山大学学报》2005年第4期。
② 《通饬严办会匪（广东）》，《申报》1906年2月18日。
③ 《拐妇乔装》，《申报》1894年5月17日。

吴景星认为这会累及家族，"遂白其母，命子弟缚沉诸江"，而其族人也认为吴景星"处事明决，不避嫌怨"。① 可见，当时的社会评价对于这一做法是褒奖的，由此也再一次印证了中国古代基层司法曲法原情的特征。

公局处理案件的过程是一个消解国家法的过程。据《香山旬报》报道：宣统二年九月，谷都下涌村，方、陈两姓素有仇嫌，方族有人开枪自毙，但死者房亲谓其为邻居陈某开枪所杀，百十多人涌来，坚称"不控不休"，"后由谷都总局饬丁弹压，并晓以事无凭证，不得任意诬人。方某等始废然而返"。同月，下恭都耙齿村黄亚林开枪打伤山场村人郭启，黄亚林以为郭启已死，将其拖至海边准备抛尸，幸而有船只经过，郭启才免于一死。次日山场公局为郭启验伤，"验得郭启头面胸腹均被铁砂所伤，最重者有一枪码从肋旁穿过"，拘传黄亚林，"断令给回医药费银五十元，保其五日之内，限外生死不问，随具立甘结了事"。② 由上述两案例可见，遇到致伤甚至致死的刑事案件，公局除负有验伤之责外，还可以直接调处具结，并不向州县报案。本来这样涉及人命的重案，在清代即使督抚亦无权裁断，局绅自然无权处理。更何况按照《大清律例》，像郭启这样的严重伤势，也应该按照"以刃及汤火伤人者"保辜 30 天，但山场局绅只让黄亚林保辜 5 天，显然有偏袒之嫌。进而言之，这些案件由当时公开发行的报纸予以报道，说明公局对自身的这些权力并不避讳。同时，对于这种公局替代当地官府甚至越级执行公务的行为，《香山旬报》并未就官方的态度予以报道，似乎官方对此并不加以干预和反对。由于史料的限制，我们只能猜测这背后也许是一种无奈的退让，或是有意放权，抑或是兼而有之。

但历史毕竟有着多种面相，地方政府对于公局的僭越并非完全没有异议，而这往往取决于州县官的个人性格。笔者近日得见一史料，是一名叫方江的安徽桐城乡绅亲历咸丰三年（1853 年）该县政局变化的记录——

----

① 《续修南海县志》，转引自邱捷《晚清广东的"公局"——士绅控制乡村基层社会的权力机构》，《中山大学学报》（社会科学版）2005 年第 4 期。

② 《借命嫁祸》、《险被轰毙》，《香山旬报》第 77 期，转引自邱捷《清末香山的乡约、公局——以〈香山旬报〉的资料为中心》，《中山大学学报》（社会科学版）2010 年第 3 期。

《家园记》。其中记述：太平军攻破武汉，溃兵大至，桐人凶惧，始译募勇铸兵器。众绅士于县学泮宫起"平安局"。署知县宋恪符虽为进士，但年少性懦，其在任之时，"平安局"四局总各绅"出入衙门如至私室"。后安徽布政使李某札命州判刘兆彭署理桐城知县。刘署令为政，则签于阁门外曰："一切绅士、青衣小帽毋许擅入。"因此不受局绅欢迎。局绅揽讼，讼必勒罚，与官争利，判决一如在官。民震局威，以为有权，故讼者不至官而至局。刘署令夜巡，门勇有不在者，刘要杖队长，队长不受，说："我不吃官食，绅管我，官不得管我。"刘兆彭无言以对。因谋募勇树党，企图使己势与局相等，所募皆东乡悍族。编队仅十日，巡抚李嘉端檄至。勇应募已在旅店待了一个月，刘兆彭欲不给勇值而遣散之，勇急，鼓噪，"将捉官而裂其裤"，刘兆彭在县尉的保护下脱走，县尉自己则因年老动作慢，被饱打一顿，逼着给了每勇两天的勇费，又怕宫署令到后不见一勇，有碍报销，只得求局绅为之作证美言。[1] 不言而喻，在这一场县政与局政的权力博弈中，最终的获胜者是局绅。按照时人朱孙诒的说法，那就是，公局在当时的重要意义真可谓"不惟乡间仰其鼻息以图保身家，即地方官亦听其指挥以苟全性命"。桐城的这一历史片段，因其为私人见闻所记，故具有相当的真实性，而且这种状况在当时也不应该是绝无仅有。历史上更为极端的例子——经常为史家所援引以证明局政凌驾县政之上——有皖北苗家寨练总、乡绅苗沛霖。此人在助官剿杀捻军的过程中设立公局，拥众数十万，拒不奉调，把持官府，"依靠苗练控制蒙城，自然同蒙城知县的行政权发生抵触。知县俞澍、练总李南华等开始酌议如何抗拒苗沛霖。但结果，他们还是无力阻止苗沛霖对蒙城实行军事统治。咸丰九年（1859 年）五月，苗沛霖配合提督傅振邦进攻捻圩获胜，因功由知府晋升道员，因而控制蒙城的力量进一步增强。九月，知县俞澍心力交瘁，病殁"。[2]

在绅权不断膨胀的晚清社会，官与绅最终在乡村甚至县域的控制上由合作走向了抵牾。时任湖广总督瑞征对这一过程的概括颇有意味："湘省

① 参见方江《家园记》，《安徽史学》1986 年第 1~6 期。
② 〔日〕并木赖寿：《苗沛霖团练事件》，姚传德、池子华译，《安徽师范大学学报》1994 年第 2 期。

自咸同军兴以来，地方官筹办各事，借绅以为辅助。始则官与绅固能和衷共济，继则官于绅遂多遇事优容，驯致积习成弊。绅亦忘其分际，动辄挟持。"① 在他看来，绅权的扩张是官权的退让所致，其言下之意似乎是官权不退让，绅权则无以扩张。但我们进一步的追问是：官权何以退让？若重新审视本小节开篇的那道咸丰帝授予官绅同等权力的谕旨，也许我们可以有所释然。从规范分析角度而言，皇权在国家危亡之际始赋予乡绅以某种准正式权力，但并没有明确划定官与绅各自的权力界限，而只是强调合作。这势必为日后绅权"忘其分际，动辄挟持"埋下伏笔。从制度运作角度而言，乡绅之所以"忘其分际"，即忘记其传统的政治在野身份，则是由晚清的社会形势所决定的。执政者除了一道谕旨已经不能为乡村提供任何保护，作为"一乡之望"的乡绅不得不全面承担起乡村社会治理的所有大小事务——包括那些在传统上不属于他们的国家职能——以防止社会失控，因为生于斯而长于斯的乡民对他们的价值远甚于那些任期制下的官员。因此，官退绅进的根本原因在于晚清国家政权的衰弱。内忧外患之下，疲于应付的清政府已无余力来精心调整皇权、官权与绅权的关系。这才有了我们后人所见的晚清乱象之中的绅权对国家权力的无序侵夺。

---

① 《署湖广总督瑞澂奏特参籍绅挟私酿乱请分别惩儆折》，《湖南历史资料》1958 年第 3 期，转引自杨国安《明清两湖地区基层组织与乡村社会研究》，武汉大学出版社，2004，第 314 页。

第四章　绅权为国家权力所湮没

　　绅权与国家权力在清末民初的博弈是在一种全新的政治环境中展开的，这就是世界现代化进程中的中国现代化。新的国际和国内因素的加入，使我们无法再以传统的眼光看待乡村社会的治乱循环。在这一历史时期，以救亡图强为主题，同时掺杂着民族国家、民主与自治等西方话语的政治现代化开始主导中国乡村社会的权力分配。由国家主体自上而下启动现代化必然产生的国家政权建设，以及作为政治现代化自下而上合法性基础的乡村自治，在当时中国特殊的历史语境下同时被国内政界所强调，并为此不断探索两者的整合途径。这意味着西方世界历经几个世纪先后完成的事业在中国则是要毕其功于一役。国家政权建设必然要求国家权力下沉到乡村社会以获得各种资源，而乡村自治的地方性则天然地抵御着国家权力的深入。在这种对抗中，绅权治理无论是发挥传统上的调和功能，抑或加入一方以完成其中的一项事业，都将有助于问题的解决，并再次彰显其存在价值。但历史并不等同于逻辑。事实上，20世纪前期的任何一个执政者都没有圆满地完成两项事业中的任何一个，而绅权也最终为国家权力所湮没。在这一历史进程中，现代化对于中国乡村政治意味着乡村权力系统打破了此前两千年的封闭和相对静止的状态，走进了一种开放、动态并且越来越复杂的建构过程。

第一节　清末民初中国现代化的历史背景

　　在20世纪之前的两千多年历史发展中，中国人一直具有"天下中国"的情结和意识。利玛窦曾以揶揄的口吻指出："中国人认为所有各国中只有中国值得称羡。就国家的伟大、政治制度和学术的名气而论，他们不仅把别的民族都看成野蛮人，而且看成是没有理性的动物。……这种无知使他们愈骄傲，一旦真相大白，他们就愈自卑。"① 因此，当经历了多次战败而步入现代化时，中国所处的境地是较为尴尬的。如同一个足不出户且自以为是的人，被迫打开大门，进入一个迥然不同的世界，却发现自己与这个世界格格不入而又不得不极力融入其中，因为退回去已经不再可能。

一 清末民初中国后发外生型现代化

以一种宏大的视野纵观人类发展史，比较现代化学者 C. E. 布莱克指出，现代化是人类历经亿万年生命进化而产生、由原始社会进入文明社会之后的第三次革命性转变。② 而专门以中国的现代化为研究对象的罗兹曼等学者同样认为："现代化是人类历史上最剧烈、最深远并且显然是无可避免的一场社会变革。是福是祸暂且不论，这些变革终究会波及与业已拥有现代化各种模式的国家有所接触的一切民族。"③ 毋庸置疑，自 19 世纪下半叶开始，伴随着战争而导致的国际交往，中国就处于这一被波及的范围。中国是现代化的后来者。

在现代化理论研究中，"后来者"（latecomers）和"内源发展者"（indigenous developers）是一对概念，用于描述不同国家在现代化总进程中所处时空方位的不同。根据概念的提出者 M. 列维的界定，所谓的"内源发展者"在世界范围内很有限，仅仅指向英、美、法三个国家，其现代化的历程大体是一种逐渐积累的过程，即现代化主要是在自己内部基础上演化而来。而其他社会都可被视为"后来者"，其共同特征是，当内源发展者已经达到相当高的发展程度的时候，他们才开始进入这个发展过程。④ 可见，列维"后来者"的概念主要来自现代化启动时间上的区分，即相对

① 〔意〕利玛窦、金尼阁：《利玛窦中国札记》，何高济等译，中华书局，1983，第 13 页。
② 参见〔美〕C.E. 布莱克《现代化的动力》，段小光译，四川人民出版社，1988，第 3～7 页。
③ 〔美〕吉尔伯特·罗兹曼等：《中国的现代化》，国家社会科学基金"比较现代化"课题组译，江苏人民出版社，1998，第 5 页。
④ 参见孙立平《传统与变迁：国外现代化与中国现代化问题研究》，黑龙江人民出版社，1992，第 82 页。

于"早发"型现代化的"后发"型现代化。在此基础上，国内学者孙立平先生进一步按照现代化启动的时间和模式的双变量作出了更细致的划分：早发内生型现代化和后发外生型现代化。"后发外生型现代化"概念相比于"后来者"，强调了现代化的最初诱因主要源自外部世界的生存挑战和现代化的示范效应。[①] 而从汤因比的"挑战－反应"理论来看，"后发外生型"的中国现代化的开端就是一种对外部刺激的反应。但值得注意的是，同样的外部刺激对于有着不同历史和传统的国家而言，其应对往往是不同的。现代化并非一个简单的认同欧美国家的过程，其间必然蕴含着后发国家在各自的历史文化视野中对现代化的不同价值取向和模式选择。存在于一国历史文化之中的内部要素往往和外部刺激叠加在一起共同制约现代化的启动、发展和走向。

中国政府全方位启动现代化的一个明显标志是 20 世纪初的清末新政，自此直至 1949 年中华人民共和国成立的整个 20 世纪前期，中国处于现代化发展的早期。外部世界的挑战已经出现，社会内部的现代化因子和集团也在凝聚。[②] 但如前所述，由于这种现代性并非由本国传统自发产生，因而必然会在传统的知识范围内遇到最初的对抗。此时，国家内部是否能够进行有效的政治整合和社会整合以形成新的以现代化为导向的政治共同体，不仅决定了现代化事业在本国的命运，而且也会牵涉领导现代化的国家政权本身的命运。而达至这一目标的关键则在于具有立志推进现代化的领袖掌握全国政权，实现从传统领袖到现代领袖的权力转移，进而建立一个具有现代取向的、高效有力的中央政府，这是现代化早期的普遍法则。[③]

二　清末民初政权集中与分散的双向要求

按照逻辑的推导，中国以往的政治遗产——一整套科层化的官僚制度和中央集权体系——是现成的、可以用来推动现代化的有利条件，尤其是对于一个人口众多、幅员辽阔的后发外生型现代化国家而言，这种政治遗

---

① 参见孙立平《后发外生型现代化模式剖析》，《中国社会科学》1991 年第 2 期。
② 参见许纪霖、陈凯达《中国现代化史（第一卷）》(1800—1949)，学林出版社，2006，第 5 页。
③ 参见孙立平《后发外生型现代化模式剖析》，《中国社会科学》1991 年第 2 期。

产是更为难得的。正如罗兹曼所指出的，一个国家要想成功地启动现代化必须在政治上具备四个一般前提条件，包括：（1）一个国家的行政管理实行高度的中央集权，有助于力量的协调和资源的征用，以支持现代化进程；（2）高度分权化和专门化的制度的发展，为政治作用的稳步发挥做好准备，这是现代化发展的典型过程；（3）行政体制中的中央、行省和地方三级的结合能为有效的政治管理作出重要贡献；（4）具备一批干练而谙熟规章制度的行政官员，对于扩大现代化所必需的政治手段具有决定意义。[1] 而如果我们忽视事物内部潜在的因素，仅从制度表面上看，一直奉行"集权于上、分权于下"政治统治原则，并有着极为细致的"综合名实之术"的清帝国大体符合了以上四个要件。既然"在官僚政体中，权力业已集中，首要的问题是如何改造传统的官僚制度，让它去贯彻现代化改革"[2]，那么，执政者需要做的就是，对旧的官僚制度实行功能的转换，建立某种现代化的取向，便能顺势进入现代化的进程。但事实上，中国的官僚机构的上层却迟迟不愿或者不能走出任何对推进现代化有决定性意义的实际一步。这种历史与逻辑相悖现实的背后有着极为深刻的原因，而最根本的因素仍在于权力本身，即到底通过何种方式来实现权力的集中与分散，以有效地推动国家的现代化。

就中央集权而言，并不是所有的中央集权都以积极行动为取向，即通过中央政府调度或集中整个社会的资源以实施某些促进社会发展和进步的政策。清帝国实行中央集权，在促进经济和社会公共事业上是缺少进取心的，其最大目的就在于维护其满洲贵族统治的安全和存续。故而 20 世纪之前清帝国的中央集权是一种贯彻了道家"无为而治"思想的消极的集权，而这在与世隔绝的农业社会中无疑也是较为适宜的。但不可否认的是，"在政治上，基于对清王朝安全的过度关心而精心设计的控制机制，滋生出愤世嫉俗和消极悲观的情绪，并导致行政管理的衰退"。[3] 事实上，

---

① 〔美〕吉尔伯特·罗兹曼等：《中国的现代化》，国家社会科学基金"比较现代化"课题组译，江苏人民出版社，1998，第 75 页。

② 〔美〕塞缪尔·P. 亨廷顿：《变化社会中的政治秩序》，王冠华、刘为等译，上海人民出版社，2008，第 129 页。

③ 〔美〕吉尔伯特·罗兹曼等：《中国的现代化》，国家社会科学基金"比较现代化"课题组译，江苏人民出版社，1998，第 598 页。

在 20 世纪之前，这种状态对于社会控制似乎也不存在什么危机，因为基层社会中绅权治理的存在消除了中央政府的后顾之忧。绅权治理成就了传统社会中的基层自治，即使这与专制政权本身在表面上似不相容。然而历史的巧合在于，自治的乡村社会成为帝国中央集权统治体制中最为薄弱的一环，但恰是这一最薄弱的环节赋予这一体制经久不衰的生命力。易言之，在当时的社会条件下，在中国偌大的国土上建立的中央集权政权作用范围必然是有限的，政权的触角并不能延伸到所有的角落，即存在"渗透危机"。但正是这种情况造成了乡村自治的传统，同时也使乡绅在社会控制和乡村公共事务上起着重要的作用。由此形成的一种似乎自相矛盾的现象是，这种渗透力极为有限的政权是深深根植于社会的基层之中的。① 因此，我们一方面"看到一种酷似现代官僚格局的行政体制一直在逐渐向前演变，有时简直就可以称得上是所有官僚制度的原型"②，但另一方面也不得不承认"这并不意味着中国在从构成乡村社会的农民和手工业者那里为中央政府筹集财源，或者在为其军队征集兵源或是向人民传播新的态度和价值等等方面，就比前现代或是早期现代化的日本、俄国做得更出色"。③

学者也曾有过假设，认为从 18 世纪到 19 世纪上半叶的 150 年间，清王朝处于最鼎盛的时期，这本是中国现代化启动的最好时机，但由于外部挑战强度有限以及中国文化中心主义所造成的反应麻木、迟钝和固执，错过了这一不可复得的历史机遇。④ 当 19 世纪下半叶及 20 世纪初，现代化真正启动之时，清政府江河日下，已经处于政治衰败中，虽竭尽全力，却无法扮演好一个现代化领导者的角色。正如费正清所言："（当现代化需要）强有力领导的时候，领导的机体却拿出去修理去了，要变换模型。"

---

① 参见孙立平《传统与变迁：国外现代化与中国现代化问题研究》，黑龙江人民出版社，1992，第 129 页。
② 〔美〕吉尔伯特·罗兹曼等：《中国的现代化》，国家社会科学基金"比较现代化"课题组译，江苏人民出版社，1998，第 75 页。
③ 〔美〕吉尔伯特·罗兹曼等：《中国的现代化》，国家社会科学基金"比较现代化"课题组译，江苏人民出版社，1998，第 76 页。
④ 参见孙立平《中国近代史上现代化努力及其失败原因的动态分析》，《学习与探索》1991 年第 3 期。

因而，以清末新政为开端的政治现代化虽开启了，却并不成功。变革逐渐由保守主义走向了激进主义，辛亥革命爆发。但正如罗荣渠先生所指出的，辛亥革命之所以爆发并不是因为革命党人的强大，而是清政府的彻底腐败；革命党人的错误并不在于"搞掉"了清政府，而在于他们对内外敌人的强大估计不足。① 其后，伴随着传统的中华帝国的解体，接踵而来的问题越发复杂。中国的辛亥革命不同于日本的明治维新，后者开创了一个以天皇为核心的中央集权新局面，前者虽推翻帝制并确立了资产阶级共和制，结果却是中央权威失落、地方分裂割据，社会秩序发生了前所未有的混乱。因此，对于其后的民国政府而言，现代化的最迫切问题就是国家整合建构问题，在当前政治学中，学者们更多将之视为"国家政权建设"（state-building）问题。所谓"国家政权建设"，原是对欧洲早期近代化现象的一种描述，其含义是一个国家在由传统社会向现代民族国家转变过程中的国家建制活动，目标就是建立一个对社会与全体民众进行有效动员与监控的政府或政权体系。对于基层社会而言，国家政权建设具体表现为政权的官僚化与合理化（bureaucratization and rationalization），为军事和民政而扩大财源，乡村社会则为反抗政权侵入和财政榨取而不断斗争，国家为巩固其权力与新的"精英"结为联盟。② "国家政权建设"的概念由西方学界传入中国，并被广泛地运用于解释中国问题，原因即在于研究者们发现了西欧16世纪的这一国家建制过程与20世纪初中国的经历有着极大的相似性。尽管其背后有着不同的社会背景和迥异的历史结论，但这一理论范式的国家视角，无疑有助于我们自上而下地透视中国近代乡村的权力体系和权力博弈，因而起码具有了方法论的意义。

但值得注意的是，仅从国家视角，我们并不能全面把握中国乡村社会在近代的全景。伴随着传统在近代的断裂，乡村已经成为各种问题的汇集地和各种主义的试验场，而无论是持何种政治立场，无论是真心还是假意，所有关注乡村社会的知识分子和政治党派几乎都不会逆乡村自治之历

---

① 罗荣渠：《现代化新论续篇：东亚与中国的现代化进程》，北京大学出版社，1997，第116页。
② 参见〔美〕杜赞奇《文化、权力与国家——1900—1942年的华北农村》，王福明译，江苏人民出版社，2010，前言部分第2页。

史潮流。因为自 19 世纪中期西方宪政思潮和制度传入中国，乡村自治就一直被视为民主彰显之表征，是兴民权、开民智，消除国家与民众之隔阂，以及中国走向强大、屹立于世界民族之林的根本出路。恰如金耀基所言，后发型现代化中国"一直面临两大政治任务的挑战：一是'国家建构'，一是'民主建构'"。① 后者的意义就在于，只要民众的意识开始觉醒，执政者在型构现代民族国家的过程中就将无可避免地会遭遇到政权合法性的质疑，即要求国家完成一种自下而上的"主权在民"式的合法性证成。而这一证明必然落脚于基层民主。基层民主则要求实现基层社会的自我管理，就本书的关注点而言，即包括在清季民国时期地方自治体系中的乡村自治问题。

"欧洲国家积市而成，中国国家积乡而成"②，欧洲的民主与自治发端于国家的基本单元——城市，而中国的民主与自治也自然以乡村为建设的基点。在时人对中国的政治期待中，乡村自治被视为民主国家之社会基础。应当说这一时期的乡村自治有其特定的内涵，它是指由国家推行的、以行政村（南京国民政府曾称村为乡）为基本区域的地方自治。③ 进而言之，乡村自治是地方自治的基础，与地方自治有着不可分割的联系。但这两种自治属于不同的层面，地方自治在中国的语境中，指向一种放权，即代表国家权力的中央下放权力给地方，由其自行处理本地事务而产生自治；乡村自治则是由国家权力确认一个存续近 5 个世纪的历史传统，将其由一种非正式制度转变为一种正式制度。前者为国家权力内部的分权，后者是国家权力与社会权力的划分。清季民国时期的乡村自治也正是在国家与社会分权的框架中运行的，它力图通过乡村社会的自我约束和自我管理，而不是纳入国家机器的官僚统治体系，来构建一种不同于集权专制主义下的新型的公民个体与政治国家的关系。换言之，乡村自治的目的就在于防止和对抗强大的国家权力对乡村社会自由空间的干预和挤压，以使两者之间形成一种相互分离和制衡的张力。而只有这种张力，才使民主国家得以生发。因为如果人民从属于中央权力，让他们定期选择这一权力的代

① 金耀基：《中国社会与文化》，牛津大学出版社，1992，第 112 页。
② 梁启超：《饮冰室合集·专集之八十六》，中华书局，1989，第 52 页。
③ 李德芳：《民国乡村自治问题研究》，人民出版社，2001，第 4 页。

表就是徒劳无益的。并且，在人们已完全放弃了自治的习惯以后，他们将无法对那些将要统治他们的人做出适当的选择，并且谁也不会相信，遭受屈辱的人民通过投票能够产生一个自由的、明智的和奋发的政府。① 从 19 世纪末开始，西方的自治形态已经成为国人的追求，虽对其内涵的理解各有千秋，但对自治这一救国之道无疑已达成共识②，原因就在于人们相信自治会催生一个新型的、强有力的政府，它的使命就是要带领中国人渡过亡国灭种的危机，走向国富民强。换言之，在清季民国的权力场域中，权力分散的目的最终还是落在了权力的聚合之上，分权是为了更好地集权。而这与西方文化中的自治完全是南辕北辙。

在 20 世纪的上半叶，西方世界早已历经近代的绝对专制国家而完成了民族国家的建构任务，民主自治的理念与制度大行其道。在西方的话语体系下，后发外生型现代化的中国没有别的选择，效仿西方推行自治是大势所趋。与此同时，成为一个独立的民族主权国家以化解日益严重的内忧外患，对于当时的中国政府而言更是迫在眉睫，为此必须进行的国家政权建设自然刻不容缓。在双重压力之下，执政者急于拿出一个"一揽子解决方案"而不得不在权力的聚与散之间徘徊，难以取舍，也难以调和。"聚"指向集权化，即通过国家权力的扩张——达至绝对主义国家，并经过这一过渡——来完成由传统国家向民族国家的转变③，其中包括：从封建官僚制度转变为合理的科层官僚制，从有限的财政计划和税收权转向庞大的财政计划和增税权，从亲兵和雇佣兵制转变为现代常备军制，等等。所有的转变都被纳入国家政权建设的范围之内。"散"则强调分权，即分割和限制国家权力，通过地方自治和社会自治来达至政治民主化。从西方经验来看，现代民族国家的建成经历了一个近代专制国家形式向民主国家形式的转化，权力也顺理成章地由聚到散。但中国则受制于"迟发展效应"，必须在一个极其短暂的时间和极为动荡的环

① 参见〔法〕托克维尔《论美国的民主》（上卷），董果良译，商务印书馆，1987，第 241 页。
② 参见汪太贤《从治民到民治——清末地方自治思潮的萌生与变迁》，法律出版社，2009，第 156~168 页。
③ 参见〔英〕安东尼·吉登斯《民族-国家与暴力》，胡宗泽等译，生活·读书·新知三联书店，1998，第 4~6 页。

境下，达到西方在现代化进程中花费两三百年才达到的状态。这无疑是一个难题。常识告诉我们，有时我们反抗规律，走了一大圈，但最终不得不从头再来。

第二节　现代化背景下国家权力对乡村社会的控制

由于现代化的启动来自外部世界殖民化的压力，摆脱这一命运遂成为中华民族的第一要务，民族救亡亦成为 20 世纪前期中国现代化的第一目标。为此，清季以来中国政治的最大使命就是要尽快建成一个统一而强大的民族国家。而要完成这一使命，就必须改变 19 世纪中期以来因平叛战乱而导致的国家权力的分散状态，加强中央集权，以便使国家成为一个"最突出的权力集装器"。由于"权力集装器首先是通过集中配置性资源和权威性资源而生产出权力"[1]，所以国家要变得强大而有所作为，就必须有能力深入社会，全面控制两大资源——"配置性资源"和"权威性资源"。所谓的"配置性资源指对物质工具的支配，这包括物质产品以及在其生产过程中可予以利用的自然力；而权威性资源则指人类自身活动中行使支配的手段"。[2] 据此，国家权力内部必须重新整合，建立起一套自上而下的官僚系统，渗透到广袤的乡村社会之中，以汲取"配置性资源"和"权威性资源"，即我们通常所理解的税收征集和行政监控。

一　国家权力对乡村社会的渗透

在创造出"权威性资源"的各种要素中，"监控"是一种基础性的要素，包括社会活动信息的收集和对个人活动的直接督管。[3] 这两种意义上的监控的发展，对各种类型的非现代国家的诞生和持续存在都至关重要。可是，"政府"权力监控的集中化过程，很大程度上仍只是一种现代国家

① 〔英〕安东尼·吉登斯：《民族-国家与暴力》，胡宗泽等译，生活·读书·新知三联书店，1998，第7~8页。
② 〔英〕安东尼·吉登斯：《民族-国家与暴力》，胡宗泽等译，生活·读书·新知三联书店，1998，第14页。
③ 参见〔英〕安东尼·吉登斯《民族-国家与暴力》，胡宗泽等译，生活·读书·新知三联书店，1998，第14~16页。

现象。监控能力的发展是现代国家所创建的行政力量的基础。① 在这一层面上，我们可以将现代国家的监控称为"行政监控"，而衡量现代国家建构的一个重要标准应是行政监控的无所不在，即通过层级化的行政控制网络的建立，国家权力得以完成向基层社会的扩张和渗透，以达到对社会秩序的控制。这一努力始于清末新政，而展开于民国时期。

清末新政所引发的行政变革的目的是试图将代表国家权力的行政机构植入乡村社会，在官僚机构和村民之间建立直接的联系。"就当时的政治情况而言，主要有两条道路可以选择：一是通过扩大官僚政治体系，增强地方政府的组织和权力，强化国家对社会的驾驭；一是开放部分地方政权，吸收各种新兴政治力量参与社会管理，实现社会政治的重组与整合。对清朝封建统治阶级而言，前者固然为上策，但已经没有足够的力量去实现；选择后者，虽然并不情愿，但又有不得不为之势。"② 因此，"地方自治"遂成为清末统治者强化乡村社会行政监控的手段。1908 年，宪政编查馆拟订了九年预备立宪计划，以明确逐步推进地方自治工作的意旨。是年的清廷上谕声明："地方自治为立宪之根本，城镇乡为自治之初基，诚非首先开办不可。"③ 故而随即颁布了《城镇乡地方自治章程》，其中一方面要求"按照此次所定章程，将城镇乡自治各事宜，迅即筹办，实力奉行，不准稍有延误"④，显示了急切推进地方自治的态度，但另一方面则规定了严格的行政监督体系：城镇乡自治职各以该管地方官监督之。该管地方官应令其报告办事成绩，征其预算决算表册，随时亲往检查，并有申请督抚解散城镇乡议事会、城镇董事会及撤销自治职员之权，等等。⑤ 可见，清廷并非要推行西方意义上的地方自治，甚至也不是时人所理解的以地方之人办地方之事和地方之人谋地方之公益，它只不过是官僚体制之下

① 参见〔英〕安东尼·吉登斯《民族-国家与暴力》，胡宗泽等译，生活·读书·新知三联书店，1998，第 50~63 页。
② 虞和平：《中国现代化历程：前提与准备》（第一卷），江苏人民出版社，2001，第 724 页。
③ 故宫博物院明清档案部编《清末筹备立宪档案史料》（下册），中华书局，1979，第 750 页。
④ 谢振民：《中华民国立法史》（下册），中国政法大学出版社，2000，第 659 页。
⑤ 参见故宫博物院明清档案部编《清末筹备立宪档案史料》（下册），中华书局，1979，第 725~740 页。

的行政工具。

袁世凯上台后，干脆废除了省、县二级地方自治，规定区为政府最低一级行政单位，区下为"村"，名义上仍为自治性质，即村自治。其后，阎锡山的"山西村治"搞得风生水起，并成为南京国民政府推行乡村自治的样板。民初与清末的历史继承性可见一斑，不可否认"清朝皇帝颁布的城乡自治法令尽管没有得到真正执行，但作为一种具有强制力的制度性的规范观念却已在影响甚至制约着人们后来的选择"。①

南京国民政府的乡制变动也始终统摄于地方自治的旗号之下，而且无法抛弃这一话语。因为作为三民主义的坚定信徒，蒋介石是无论如何也要推行孙中山极为看重的地方自治的。何况面对业已成为浪潮的乡村自治，南京国民政府也别无选择，与其被这一浪潮所淹没，不如将之法律化而纳入控制范围。"为了实现这种控制，民国时期的历届政府通过强化地方行政机构和在地方社会建立监控体系，恢复其在农民共同体中的权威。"②《县组织法》就是在这一构想下出台的。就该法对乡村政制的规定来看，基本效仿山西村制。后者旨在建立一套有效率的基层行政组织，正如阎锡山本人在向国民党中央政治会议提议推行山西做法时所特别指出的，山西"全省村间邻长共计501359人，以编村为施政单位"，若在全国推行，"计可得二千万无给而负责任之人"。③ 其官僚统治之旨趣十分明显。事实上，《县组织法》中对区、乡（镇）、间、邻的划分也体现了行政编组的要求，重点在于对人、户的管理，而并非以历史上已经形成的自然村落和经济组合为基础。《县组织法》对县下各级组织的划分是："凡县内百户以上之村庄地方为乡，其不满百户者得联合各村庄编为一乡，百户以上之街市地方为镇，其不满百户者编入乡"，"每区以十乡镇至五十乡镇组成之"，"乡镇居民以二十五户为间，五户为邻"。④ 可以看出，县下各级均以"户"为单位划分。而传统上，"户"为行政术语，"为政府征收赋税，

① 于建嵘：《岳村政治——转型期中国乡村政治结构的变迁》，商务印书馆，2001，第135页。
② 〔美〕张信：《二十世纪初期中国社会之演变》，岳谦厚、张玮译，中华书局，2004，第192页。
③ 《阎锡山请行村制》，《申报》1928年7月26日。
④ 徐秀丽：《中国近代乡村自治法规选编》，中华书局，2004，第90~91页。

召集徭役或兵役的单位"。① 同时,"户"也是为维持治安而编组的保甲组织的基本单位。"因此,这种以'户'为单位划分、编组的地方组织是为了严密行政管理即强化官治之目的而设,如同阎锡山所说,就是把人们依照一个办法编制起来。"②

南京国民政府地方自治的出发点完全是实用主义的,即阎锡山所谓的"用民政治"。对此,其理论创始者从古今中外之比较角度进行过十分精辟的解说。阎锡山认为,中国传统的政治是一种"安民政治","止求安民,不求用民,其善者以无事不扰为主,其不善者,则与民为敌,愚之柔之"③,而新时代则要采用"用民政治",其要旨在于构建严密的行政网,达到无所不在的行政监控。"用民政治之构造,鄙人亦有一语足以概括之,则行政网是已。大凡世界各国,其行政网愈密者,其政治愈良好愈进步。中国汉初,其政令极单简,故史有漏网吞舟之喻。此为中国行政网最疏之证。至今日欧美各国,其网之密,可以不漏一个人之财产事业与身分,此其极则矣。……反观我国,不漏一人与不漏一家,暂时尚说不到。就现在观之,不过仅能在表面上,不漏一县而已。至于能否在精神上不漏一县,尚不敢说。……故欲期政治得良好之结果,须先从做极密之行政网起。鄙人现在孜孜于编村制,意欲由行政网不漏一村入手,一村不能漏,然后再做到不漏一家,由一家而一人。网能密到此处,方有政治可言。"④

毋庸置疑,民国20年代至30年代初的乡村自治就是要织一张细密的网,将一村、一家、一人都固定在这张网上,以便控制。其基本精神与自治是背道而驰的,倒是与历史上的保甲有着异曲同工之处。参与制定和负责贯彻《县组织法》的内政部也不得不承认:"是以今日之村里制,即无异改进之保甲。"如果说这种保甲是"改进"的,是冠以自治之名的保甲,那么后来的历史则说明民国政府的政治真的走了回头路。即使是所谓的"融保甲于自治",也不能改变其本质上的集权化倾向。

---

① 杜正胜:《吾土与吾民》,台北联经出版事业公司,1982,第17页。
② 周联合:《自治与官治——南京国民政府的县自治法研究》,广东人民出版社,2006,第117页。
③ 山西政书编辑处:《山西现行政治纲要》,大国民印刷局,1921,第15页。
④ 山西政书编辑处:《山西现行政治纲要》,大国民印刷局,1921,第8~9页。

　　民国三四十年代以后的保甲复归，从表面上看是民国政府基于"剿共"失败的反思，即"专恃军事，忽视民力，以致民众不能强调其自己力量"①，故而应该"厉行保甲以严密民众组织，充实自卫力量"。② 迅即，"剿共区"鄂豫皖省限期推行保甲制。这一做法具有很强的示范效应，"其他各省，亦以环境需要，相率仿行"。③ 1934 年 12 月，行政部令在全国范围全面推行保甲制。民国保甲相比较于清代保甲而言，制度设计的基本原理是相同的，即通过"甲"的编制，使分散的乡村人户整合为"一体"的社会性单位，以便使各级行政组织拥有确切的权力作用的对象。④ "查保甲之制，系以十户为甲，十甲为保（城区二十五甲为保）为原则，保以上为乡镇，一乡镇内非联数保无非增厚其自卫力量，非联数保无从推举乡长镇长。"⑤ 但值得注意的是，与清代国家权力无法通过保甲直接延伸到县以下的状况不同⑥，南京国民政府时期的保甲是完全纳入国家行政权力系统之中的，县政府—区公所—乡（镇）公所—保—甲—户的权力机制是"一竿子到底"的。其中最突出的体现为保甲人员的任免权归属于县政府，"至甲之一级，设甲长一人，由县政府遴派"。⑦ 或者是甲长由甲内各户户主公推，保长由保内各甲长公推，但县长认为保长不能胜任，可以重新改推；区长认为保长不能胜任，可以呈请县长另行改推。⑧ 由此可见，通过恢复保甲制，国民政府为使国家权力下沉到乡村社会已经做了最大努力。

---

① 闻钧天：《中国保甲制度》，商务印书馆，1933，第 525 页。
② 黄强：《中国保甲实验新编》，正中书局，1935，第 160 页。
③ 方扬：《地方自治新论》，教育图书出版社，1947，第 158 页。
④ 参见王先明《辛亥革命后中国乡村控制体制的演变——民国初期的乡制演变与保甲制的复活》，《社会科学研究》2003 年第 6 期。
⑤ 陈果夫：《江苏省政述要·民政编弁》，载沈云龙《近代中国史料丛刊续辑》，文海出版社，1966，第 24 页。
⑥ 清代保甲由乡绅阶层所操控而不假手于国家权力，所以在乡村社会存在一个相对独立的非正式权力系统，国家权力必须通过乡绅间接地延伸到乡村社会。参见徐祖澜《绅权治理与国家权力——以明清时期中国乡村社会为背景》，《法学家》2010 年第 6 期。
⑦ 《广西省施政纪录》，转引自王先明《辛亥革命后中国乡村控制体制的演变——民国初期的乡制演变与保甲制的复活》，《社会科学研究》2003 年第 6 期。
⑧ 参见魏光奇《官治与自治——20 世纪上半期的中国县制》，商务印书馆，2004，第202 页。

除行政监控之外，税收征集同样也反映了国家权力对乡村渗透的意图。在中国的前现代化时期，一国财政取之于民而用之于君，君主从低税率中寻求道德信誉，税收制度自然以"量入为出"为依归。进入现代化进程之后，废君主以行议会，政治上强调以民意为主导，一国之财用也有了取之于民而复用之于民之意，税收制度遂有"量出为入"之势。伴随着国家政权建设的展开，基层政权机关、武装力量以及新式学校不断增加，而政府经费和各项公共事业经费的筹集成为国家实现其意志与目标的根本动力。在中国的经济基础仍然是农业的情况下，以上所有的经费主要是由乡村社会来承担。从清末开始，乡村社会经历了由非政治性聚落到征收赋税的实体，而后发展成为明确的统治区域，最后成为一个具有很大权力的合作实体的过程。在某种意义上，县以下的行政区划设立的目的就在于使之成为一个稳定的税源。

就制度文本演变的轨迹而言，清末民初，国家财政开始实现了中央与省之间的收支划分，但没有形成独立的县级财政，在此期间，各地在国家财政之外却自发形成了主要服务于地方建设的县自治财政。国民政府实行"新县制"以后，独立的县级地方财政方开始形成。但是，乡镇自治财政始终没有建立。[①] 从制度实施角度而言，包括县财政在内的基层财政中存在的诸多问题是国家政权建设的基本障碍，国家权力的下沉最终导致了乡村社会的最后崩溃和革命的爆发。

整个 20 世纪前期，国家财政税收体制虽不断变化，但都是一些细枝末节的修补，难以谈得上是彻底的改革。因为彻底的财政税收改革必须建立在土地制度的变革基础上，改变小农经济"内卷化"的状态，"一个停滞的农业经济，结合规模有限的国家财政机器，不允许土地税收大规模地增长。这点有助于我们理解近代中国国家财政的薄弱"。[②] 在这种薄弱的财政之下，有三种汲取地方资源的简易措施。

其一，将传统社会按民间惯例征集所形成的"公产"、"庙产"等转为政府经费或是乡村自治经费。这往往引起家族势力的干预和宗教信仰冲

---

① 参见魏光奇《官治与自治——20 世纪上半期的中国县制》，商务印书馆，2004，第 260～302 页。

② 〔美〕黄宗智：《华北的小农经济与社会变迁》，中华书局，2000，第 310 页。

突。但无论结果好坏，冲突基本上可以解决，因为人们渐渐看到了治安、兴学以及其他自治公共事业的好处。如建立新学同样可以为乡绅及其宗族子弟提供上升的渠道，所以，反对声也就平息下去了。①

其二，沿用旧的税收机构——吏役（书手）或包税商——来收缴旧的田赋正税和附加税。此种征收即杜赞奇所指称的"营利型经纪"②或李怀印所指称的"包收"③。1928 年，国民政府统一北方，标志着国家清理财政进入一个新的阶段，田赋征收拟由县—区—乡（镇）层层执行。1931~1936 年，不少县份取消了书手一职，但很多书手仍然改头换面地隐伏下来，如在河北一些地方，里书改称"征收员"或"总房"，直至 20 世纪 40 年代仍然如此。而有些地方的县政府则企图将书手纳入官僚体系，如静海县署财政科曾附设粮租征收处，设主任，为领薪职员。但由于交割田地、发放田赋催单及收据仍由里书照旧办理，其实质并未改变，征收处主任只是将书手"收归己用"，他们仍靠收取交割费和田赋浮收而谋生求利。④况且，"旧的税项在二十世纪毕竟增加不多，而又是按照既定的惯例和准则向拥有土地的农户征收的。这些税较易征收，似乎并不需要凭借新添的强制力量来收取"。⑤因此，旧的"营利型经纪"仍然存在，并发挥作用。同样，商税征收中的包税商在 20 世纪 40 年代以前也一直存在，而事实上，县政府更欣赏这种旧的税收体制，因为它在向小商小贩征税方面比官僚税收体系更有效。而且，不论改官办有什么好处，取消包税制会影响到县衙官员们的非法收入。

其三，最为便捷和常用的手段是摊派，或称为摊款。摊派最初是清廷为解决地方自治的经费不足问题而临时实行的，至民国时期这一税收政策被固定下来，成为县财政收入的主要组成部分。摊派的方法从根本上不同

---

① 参见〔美〕李怀印《华北村治——晚清和民国时期的国家与乡村》，岁有声、王士皓译，中华书局，2008，第 214~229 页。

② 参见〔美〕杜赞奇《文化、权力与国家——1900—1942 年的华北农村》，王福明译，江苏人民出版社，2010，第 25 页。

③ 参见〔美〕李怀印《华北村治——晚清和民国时期的国家与乡村》，岁有生、王士皓译，中华书局，2008，第 54 页。

④ 参见〔美〕杜赞奇《文化、权力与国家——1900—1942 年的华北农村》，王福明译，江苏人民出版社，2010，第 193~194 页。

⑤ 〔美〕黄宗智：《华北的小农经济与社会变迁》，中华书局，2000，第 296~297 页。

于田赋和其他捐税，后者是按照个人的人身或财产来征收，而前者以村庄为单位分摊，至于村庄如何来制定原则或办法筹集摊派，国家政权机关是不关心的。① 从国家角度而言，摊派的便捷之处不仅在于国家不需要考虑村庄的土地实际占有量和地权的转移，而且可以随时进行。从农民角度而言，这些摊派是相当苛刻的，因为这是在农村普遍半无产化过程中的强征，很多自耕农已经面临严重的经济压力；此外，摊派也违反了农村长期以来的习惯。从历史的眼光来看，无地的贫民必须交税，即使是少量的，也已经违背了传统：自清代实行摊丁入亩以后，唯有土地所有者才缴纳田赋及其附加税，无地农民一向基本上无须交税。这一传统已经沿袭了两百多年。而地方政权在作出摊派决定时，并没有规定税款由何种村民来负担，所以，有的村沿袭了习惯，而有的村会按户征收，而无论怎样分配，都加剧了有地者和无地者利益的对立，从而导致了村庄内部的分裂。

从三种税收方式与乡村社会的相互影响来看，第一种虽一开始受到反对，但最终被村庄接受，第二种则因延续传统而被村民所认同。此两种税收方式的共同点在于都没有改变村庄固有的权力结构，即仍然是按照国家—乡绅—村庄三角关系来运作。唯独第三种打破了这种三角关系，"国家政权在无中间环节的情况下与有正式组织的村庄直接打交道。这样，村庄很难从旧有的那种抵抗营利型经纪掠夺的文化网络中获得力量"。② 并且，由于地方政府现代化事业的开展，其财政支出越来越大，摊派在整个税收中所占的比重也越来越高，对乡村社会的影响也越来越大。由此，一种不同于传统的新的乡村权力结构也就浮出水面。

从村庄角度而言，摊派使旧有的保护型经纪解体。在旧有的保护型经纪中，乡绅凭借其非正式权力来过滤上级行政机关的税收命令，他们可以通过谈判和变通方式来防止国家对乡村社会的过度剥夺。作为税务人员的保长是受到乡绅操控的。但是，摊派却成功绕过了这一保护机制。究其原因在于摊派的主要征收人员——区长和村长（30 年代以后为乡长）——其

---

① 参见〔美〕杜赞奇《文化、权力与国家——1900—1942 年的华北农村》，王福明译，江苏人民出版社，2010，第 160~163 页。

② 〔美〕杜赞奇：《文化、权力与国家——1900—1942 年的华北农村》，王福明译，江苏人民出版社，2010，第 44 页。

充任者多为传统社会中的乡绅阶层及其后代。与传统社会的乡绅不同的是，区长和村长或乡长已经进入官僚体制之中，其权力的来源是国家，而不是乡村。对于国家公务人员而言，即使其内心仍怀有某种对乡村的道德责任，但这往往不敌那些关系到其个人生存和前途的职业责任。在理论上，20世纪前期中国现代化的目的就在于打破以往的"国家经纪"，使国家权力可以直接下沉到基层，一来实现更有力的社会控制，二来实现更充沛的资源汲取，基层的官僚化是必要和可行的。但在现实中，区长、村长或乡长等行政职位的设置并不意味着国家权力已经顺利地下沉到基层和全面官僚化。在国家权力下沉的过程之中，按照杜赞奇的说法，国家政权已经"内卷化"，即一方面，国家对乡村社会的榨取不断增强，但另一方面政府对非正式机构的依赖性也越强，而控制却不断减弱。这在财政方面体现得最为明显，即国家财政每增加一分，都伴随着非正式机构收入的增加，即内卷化的国家政权没有能力建立有效的官僚机构，从而取缔非正式机构的贪污中饱——后者是国家政权对乡村社会加强榨取的必然结果。①

　　无论是为了民族国家的建立而集中权力以加强乡村控制，还是出于政府利益集团的私利而加强对乡村社会资源的汲取，国家权力在清季民国时期对乡村社会的渗透都是史无前例的，并且取得了一定的成效。值得注意的是，这一改变传统的做法之所以可以在固守传统的乡村社会得以实行，是因为它并不是赤裸裸的，它取法传统且贴近时代潮流，由此获得了合法性。进而言之，国家权力向乡村社会渗透的路径就是利用了宪政名义之下的乡村自治。

二　乡村自治的工具化

　　关于中国历史上的乡村自治，在对其进行一些深度探讨之前，也许我们首先应当说明自己是在哪一种意义上使用这一名词。其一是社会学上的"乡村自治"。它源于乡村这样一种自发形成的，以地形、历史、人文以及自然形成的经济圈为基础的共同体，由于"天高皇帝远"而与最高权

---

① 参见〔美〕杜赞奇《文化、权力与国家——1900—1942年的华北农村》，王福明译，江苏人民出版社，2010，第53~56页。

力机关之间隔着数个层级，同时"皇权不下县"的统治方式使之具有了自足与自主的机制与传统；它在具体的历史时空中对应着明清时期的乡村。其二是政治学和法学意义上的乡村自治。它源于乡村作为国家权力机关实施统治的基层单位，按照宪法和法律所规定的权限，成立自治组织并自主管理本地区公共事务；它在具体的历史时空中对应着清季民国时期的乡村。在后一种意义上，乡村自治对形式的注重胜于实质。换言之，明清时期的乡村自治是一种实质上的自治：虽然没有国家法的规定，但可以按照自生自发秩序而井然运行；清季民国时期的乡村自治更多地体现为形式上的自治：在发生学上，它由国家主动建构。同时，国家法对自治体的固有事务和委任事务作出了区分与设定，但这并不意味着自治立法就可以很好地落到实处。

从实然角度而言，20世纪前期的中国乡村自治是浮于表面而流于形式的。究其原因，缘于自治在当时的国家政治中仅仅具有一种工具价值。乡村自治推行的过程就是一个不断彰显其工具理性的过程。这就是20世纪前期乡村自治在中国这一特殊历史背景下的历史的真实。

无论是清政府还是民国政府，采纳乡村自治的目的都可归结为两点：一是在于将县政府从五花八门的公共事务中解放出来以集中精力于理财和社会控制两大职能；二是限制包括乡绅在内的地方精英的活动和阻止其干预政府的运作。在清末"新政"以及后来立宪政治的其他举措中，"自治"始终是政府为强化国家权力所做的各项努力中的核心部分。①

作为清末"新政"之一的乡村自治，其思想源头可追溯到冯桂芬的乡治理论。在清末的地方自治思潮中，冯氏较早提出了国家与乡村社会的"分治"思想，并在这一思想的基础之上创设了"乡董自治制"。由于历史的局限，"乡董自治制"的设计非常保守，仅是传统国家中乡绅的社会功能的制度化，远非"民治"意义上的自治。单从乡董和乡公会的有限权力来看，它们似乎多半只是一个地方事务的协调和仲裁机构，而不是独立的自治机构。② 由此，冯氏的乡治论满足了清政府的心意而被采纳的关

---

① 参见〔美〕张信《二十世纪初期中国社会之演变》，中华书局，2004，第237页。
② 参见冯桂芬《校邠庐抗议·复乡职议》；另参见汪太贤《从治民到民治——清末地方自治思潮的萌生与变迁》，法律出版社，2009，第72页。

键在于，通过划定地方绅董的权力或活动范围必将更有利于县政府在无干扰的情况下运作。光绪三十四年（1908年）的《城镇乡地方自治章程》使这一目的法制化。该章程的第一条即开宗明义地指出："地方自治以专办地方公益事宜，辅佐官治为主。按照定章，由地方公选合格绅民，受地方官监督办理。"其后，关于乡村自治的主要职责采用了列举的方式，包括地方学务、卫生、道路工程、农工商务、善举、公共事业、筹集上述款项和地方乡绅办理地方习俗，共八项。但紧接着则采用排除法，规定："前条第一至第六款所列事项，有专属于国家行政者，不在自治范围之内。"① 可见，清末乡村自治的目的是服务于"官治"的，"清代发起人所理解的'自治'这一名词，既不是指代议制政府，也不是指地方自治。……它在官治的范围之内存在，只是去完成官治不能完成的任务。朝廷的意图自然是要明确正规的官僚界和地方利益集团之间的力量对比，即让前者控制一切实质性的职能，而只把余下的公务留给后者。为了开动地方自治的机器，官员们要'选择正绅'（一个由来已久的措词）去贯彻北京下达的一套详细的章程"。② 包括乡村自治在内的地方自治只是清政府为挽救厄运而进行的一场自救"运动"，它在根本上背离了自治的基本精神而沦为官治之下的行政工具。

南京国民政府建立后，所谓"革命尚未成功，同志仍须努力"，国民党人肩负起实现其精神领袖孙中山先生民主中国理想的使命。这一理想明确地体现于《国民政府建国大纲》（以下简称《建国大纲》），即建国必须遵循自下而上，由县到省，再到中央的顺序，所谓"地方自治者，国之础石也。础不坚，则国不固"。③ 这种自下而上的政治模式一方面继承了晚清改良主义者的衣钵，即地方自治是一个强盛和统一国家的当然基础，另一方面则来源于孙中山对同时代的欧美国家的民主政治的研究，即通过代议制将基层社会与中央政府结合起来。孙中山认为，地方自治不仅不会导致权力的分散，反而有助于加强全国政治的一体化。为保证这种一

---

① 参见徐秀丽《中国近代乡村自治法规选编》，中华书局，2004，第3~4页。
② 〔美〕孔飞力：《中华帝国晚期的叛乱及其敌人——1796—1864年的军事化与社会结构》，谢亮生等译，中国社会科学出版社，1990，第222页。
③ 《孙中山全集》（第3卷），中华书局，1984，第345页。

体化，自治必须分阶段来进行。在训政时期，自治首先要在国民党的领导之下加以组织，其次要发挥地方上的"有识之士"训练和引导民众行使权利的作用；当宪政时期到来，这个领导权就移交给人民。① 孙中山的政治设计反映了一个革命者的浪漫主义情怀，而南京国民政府在建立之初也是真心实意地按照《建国大纲》的设计来实施这一自治规划的，因为新的执政者们都相信，实行自治将会使这一新政得到民众的支持。

但是，后来的现实却迫使执政者们偏离了《建国大纲》的方向，因为"实施这样一个地方民主化计划的环境，有可能导致要求更大的控制，而不是要求更大的自治。为内战的频仍和外国的侵略以及世界经济大萧条的社会影响所困扰，政府视国内治安为当时大家最关心的事。结果是加强了国民党的内部，与民众参政相比，更注重官府和军队的分子的力量"。② 在这一环境之下，乡村自治发起的目的也就成了帮助地方政府更好地完成1930年《乡镇自治实施法》中所交办的一系列事项，包括人口调查、土地调查、地方公益、文化教育、保卫、国民体育、卫生疗养、水利、森林培植和保护、农工商改良及保护、粮食储备及调节、垦牧渔猎、合作社组织、风俗改良、养老救济、公营业、自治公约拟定、财政事项等，最后的兜底条款是"其他依法赋与该乡镇应办事项"。③ 比较清末《城镇乡地方自治章程》，不难发现，南京国民政府对于自治事项的规定不但较之前更为详尽，而且不再有强调所谓的"专属于国家行政者，不在自治范围之内"的话语。这表面上似乎表明国家希望乡村自治组织承担起更多的社会责任，从而赋予后者更多的权力。但笔者认为，其背后的真正原因是，此时的乡村自治组织在执政者的政治设计中已经被纳入国家官僚体系，因而无须再严格区分自治与官治的界限。

孔飞力曾指出，一旦先前的地方控制体系为现代变革所废弃，那么，民国政府唯一的选择——除面对清王朝时期在小农社会中所发生的同类问

---

① 参见〔美〕张信《二十世纪初期中国社会之演变》，岳谦厚、张玮译，中华书局，2004，第 197 页。
② 费正清、费维恺：《剑桥中华民国史（1912—1949）》（下），中国社会科学出版社，1998，第 394 页。
③ 参见徐秀丽《中国近代乡村自治法规选编》，中华书局，2004，第 153～154 页。

题外——就是要么政府使基层社会官僚化，要么用一种新的方法将乡绅纳入其政治体系。[1] 但是，作为新的统治者，国民党政府与清政府的统治方式毕竟不同，如果说后者是一种传统形态，那么前者的统治"不能说是由于传统形态的发展，毋宁说是未被根本否定的传统形态，与模仿资本主义各国在转型过程中出现的新官僚政治形态的混合"。[2] 换言之，继承了传统政治文化并力图跟进世界潮流的国民党政府最初的如意算盘是鱼与熊掌兼得，即一方面按照现代官僚制的要求就地取材地改造地方乡绅，并使其全面负责乡村自治；另一方面是将乡村自治实实在在地变为官僚统治在基层的延续。由此可见，无论是力求划清官僚统治与乡村自治的界限，还是企望融官僚统治与乡村自治于一体，乡村自治在国家权力那里始终是工具，而不是目的。而对于这关键一点，作为乡村自治的具体执行人——乡绅，他们明显在一开始就会错了意。

第三节　清末民初绅权与国家权力的疏离

毋庸置疑，20 世纪最初在乡绅们的眼里是充满希望的。自明末以来几经沉浮而积淀，适逢清廷镇压太平天国运动而力拔头筹，呕呕于乡村公共事业而崭露头角，乡绅在近代中国的政治结构中已经成为一支不容忽视的力量。新世纪的乡村自治对于他们而言更是一个千载难逢的机会，因为这意味着他们实际上已经具有合法性的显赫地位即将获得合法律性。于是，乡绅们开始满怀信心地筹办乡村自治，并由此扩张绅权。而这种扩张最终造成了绅权与国家权力的疏离。

一　绅权的异化

伴随着清末民初地方自治的开展，乡绅已经从幕后跳到了前台，绅权

---

[1] Kuhn, Philip, A., "Local Self Government Under the Republic: Problems of Control, Autonomy, and Mobilization", in Frederic Wakeman Jr. and Carolyn Grant, eds., *Conflict and Control in Late Imperial China*, Berkeley: University of California Press, 1975, pp. 257-298.

[2] 王亚南：《中国官僚政治研究》，中国社会科学出版社，1981，第 147 页。

也从非正式权力演变为正式权力，而乡村的保护型经纪却逐渐消失，营利型经纪甚至是掠夺型经纪占据了主导地位。这些变化构成了中国近代乡村社会衰落和国家政权建设失败的重要原因。从本书的关注点而言，我们需要厘清：在早期现代化的大背景下，这一政治变动如何发生；乡绅如何从充满道德责任感的"一乡之望"转变为一个"私利化"的阶层；是什么导致了绅权治理的异化；以及，反过来，所有的这一切对于乡绅、国家和乡村社会又意味着什么。

　　根据清光绪三十四年十二月二十七日（1908 年 1 月 18 日）公布的《城镇乡地方自治章程》规定，各城镇设议事会及董事会，乡设议事会和乡董；人口过少的乡，不设议事会，以乡选民会代之。议事会议员由城镇乡选民互选产生，凡具本国国籍，年满二十五岁，在该城镇乡连续居住三年以上，并年纳正税或地方公益捐二元以上的男子，具有选举权和被选举权。同时公布的《城镇乡地方自治选举章程》中，细化了选举人的选举权，即按照纳税额的多寡和参照年龄将选举人分为甲、乙两级，两级选举人分别各选举议员半数，若议员全数不能平分者，先按两级各分半数，其余单数由甲级选举人选举之。此外，董事会设总董一人，董事一至三人，由议事会从本城镇选民中选举，呈请地方长官核准任用。乡设乡董一名，亦可设乡佐一名协助乡董，均由议事会从本乡选民中选举，并呈请地方长官核准任用。[①] 不可否认，清末乡镇选举中具有了民主的因素，但这种民主远未达到以社区民主自治替代传统绅权自治的程度，"其乡镇自治职员的选任标准却仍承接前代，重财产、德行、声誉与地位"。[②] 而从实际当选者的比例来看，"在自治会会员之中，相当数量的人是有低级功名的绅士。大部分被选为自治会会长和镇乡董事的人是绅士。的确，清末的地方自治实际是绅士之治"。[③] 对此现象，学者张鸣一针见血地指出："其实，在那个时代，就是没有这样的选举设计，依乡民习惯于服从精英们的文化威权，乐于通过精英来表达自己意愿的传统，以及多数人怯于出头露面心理，乡镇自治机构依然会被精英（主要是乡绅）把持着，也只能由他们

① 参见徐秀丽《中国近代乡村自治法规选编》，中华书局，2004，第 3~28 页。
② 赵秀玲：《中国乡里制度》，社会科学文献出版社，1998，第 95 页。
③ 费正清、刘广京：《剑桥中国晚清史》（下卷），中国社会科学出版社，1985，第 462 页。

来把持。"① 乡绅的非正式权力第一次公开化和正式化了，并且是由国家的立法加以保护。

按照逻辑的推导，绅权是通往民权自治的一条道路。"从世界范围来看，地方自治在起步时都是绅权自治，是绅权向皇权争取政治权力；随着民主进程的深入，费孝通所说的'民权'开始要求和绅权平起平坐，才会出现广义的民权自治，即当代意义上的地方自治。"② 对于民权与绅权之间的内在联系，19世纪末20世纪初的中国知识界也基本达成了"民权即绅权"的共识，清末维新人士将绅权的振兴看作社会改革和政治现代化的关键，并且极为审慎和圆满地为绅权的提倡找到了既符合中国文化传统又迎合世界潮流的客观依据。③ 所谓"欲兴民权，宜先兴绅权"④，其言下之意则是民权是绅权的理论前提，绅权在经过了伸张以后必然会向民权转化。但是，理论家们虽可以预言历史，却无法决定历史，中国的绅权治理并没有在由绅权向民权转化的道路上走下去。现实背离理论的背后有着深刻的历史原因。

一方面，从客观环境而言，辛亥革命后的政治衰败阻断了中国的民主发展是一个不可忽视的因素。造成政治衰败的原因在当时的国民党人和大多数的知识分子看来则是在中国人民具备民主的责任感之前，中国就试图建立起民主政府。民主在中国的试验被普遍认为削弱了国家，并恶化了不安定的状况。对民主的幻灭感导致了知识界对专制的鼓吹，他们认为，要想在中国建立民主国家，就得使中国成为这样一个民族：在政治上团结一致，在感情上依靠公民对国家的忠诚而结为一体。为此中国需要的是一种有效的政府体制，哪怕这种政府是个专制政府。⑤ 而事实上，国民党也正

① 张鸣：《乡村社会权力与文化结构的变迁：1903—1953》，陕西人民出版社，2008，第41页。
② 沈延生、张守礼：《自治抑或行政：中国乡治的回顾与展望》，载徐勇主编《中国农村研究》（2002年卷），中国社会科学出版社，2003，第15页。
③ 参见王先明《近代绅士：一个封建阶层的历史命运》，天津人民出版社，1997，第286~295页。
④ 梁启超：《论湖南应办之事》，载李华兴、吴嘉勋《梁启超选集》，上海人民出版社，1984，第75页。
⑤ 参见易劳逸《1927—1937年国民党统治下的中国：流产的革命》，陈谦平、陈红民等译，中国青年出版社，1992，第178~199页。

是借鉴俄国布尔什维克的革命经验建立起全能主义政治。一切有碍于这种全能主义政治的事物都是南京政府打击的对象。

另一方面，乡村自治的筹办者——乡绅在主观意识上变得明哲保身，甚至是私利化，同样构成了绅权无法向民权转变的重要原因。由于晚近中国在匆匆忙忙地开始资产阶级改良和革命之前，并没有经历一个充分的思想启蒙运动，整个社会的意识形态在动荡的时局之下变得混乱不堪，虽然破掉了传统，却没有立起一个新的指向。具体到乡村社会，原先奉行道统哲学的乡绅在新的时代背景下同样没有经过思想的改造和转变，因而他们虽肩负着重大的使命，经手于现代意义上的乡村自治这样一个全新的事业，但其自身并不能认识到自治对于国家和民众的真正价值。按照19世纪中叶平定叛乱时的惯性，乡绅们更多的是将自治作为扩大绅权以全面控制基层社会的工具，而不是所谓的"以绅权孕育民权"。[1] 值得注意的是，同样是绅权的扩张，20世纪的状况更为严重。科举制的废除已经使乡绅丧失了对国家的依附性，以科举功名为载体的儒家道德也同样遭到了抛弃，在社会日益多元化的情况下，失去了制度控制和道德约束的乡绅对国家和乡里到底还存有多少责任感，就不得不令人感到怀疑。处于官治以外的自治，是否可以发挥辅助官治的作用，抑或是护卫乡里而对抗官治？从自身（个体或群体）的利益出发，乡绅在其中有着极大的运作空间。

因此，在整个20世纪前期，绅权治理始终无法转化为一种民主政治，反而逐渐异化为一种制度化的"绅权统治格局"。所谓统治，即治理"自主性"的凸显和极端强调，具有摆脱国家控制和社会监督的"独立"倾向。"绅权统治格局"与明清时期甚至19世纪中叶已经发生变化的绅权治理——"官绅共治格局"[2] 相比较，最根本的不同在于，后者是国家和乡村社会之间的缓冲带和平衡两者利益的调节器，而前者虽

---

[1] 《孙诒让遗文辑存》，转引自王先明《近代绅士：一个封建阶层的历史命运》，天津人民出版社，1997，第314页。

[2] 沈延生认为，传统乡土社会与其说是"乡绅统治格局"，不如说是"官绅共治格局"，笔者表示赞同，并予以借用。但沈延生并未就这两个概念作出比较。参见沈延生、张守礼《自治抑或行政：中国乡治的回顾与展望》，载徐勇主编《中国农村研究》（2002年卷），中国社会科学出版社，2003。

然同样位于国家和乡村社会之间，但变成了一个独立的和私利化的隔离带。这一隔离带的存在不仅不能整合国家和乡村社会，反而起着离间的作用。对于国家权力而言，绅权治理以制度化的乡村自治的面目出现，它似乎毋庸置疑地代表了乡民，因而以保护乡民利益为名，有选择性地贯彻国家意图甚至对抗国家权力就具有了正当性。对于乡民而言，绅权治理所获得的自治名分其实与官治并无实质性的区别，甚至是等同的，乡民最切身的体会莫过于原先交给国家的赋税现在交给了自治组织。这也就意味着乡绅由代表地方的"民望"变成了官方授权的"代理人"，其权威的获得不再需要社会的授予，在需要时可以利用国家授权来自证其权威。更何况，在政治上谁统治谁，根据的是权力（更多地包含了暴力），而不是权威（更多地包含了认同）。当绅权治理演变为一种统治格局时，自然首先引起了同样作为统治集团的国家的警惕和不满，因为这意味着后者的权力将被分割。

二　国家权力对绅权的打压

历史的发展往往与逻辑相悖。在明清传统国家背景下，乡绅的权力基础并不在于国家，但绅权可以作为国家权力的延伸而得到后者的默认，甚至在危难之际成为后者的依赖。而近代国家主义导向的体制化的乡村自治几乎彻底改变了乡村社会公共权力结构，它使得乡绅权威的授权来源发生了转移，"权威授权逐渐地改由官府，从而无需再经如前所述的过程——传统中这种身份必须经过与辖区公共利益的共享、保护和互相信赖而获得。虽然在事实上这代表了官府对已有影响力的地方权威实施合法化确认，但对他们的'承认'由单方面的地方体改为与上级官僚机构共同承担，使得地方权威的中介角色——传达、保护共同体利益行动随之弱化；原本由他们组成的对外'防线'更不必要了——进入了国家体制，他们找到了更强大的靠山：'上级'"。① 但正是这一"上级"——国家权力，因为作为其"下级"的乡绅无法领会其政治意图而决定将之彻底消灭。这就是我们在清季民国的国家政权建设视野下所看到的国家权力打压绅权

---

① 张静：《基层政权——乡村制度诸问题》，浙江人民出版社，2000，第31页。

的一幅历史画面。

国家权力之所以不再满意此时的绅权，首先在于以乡村自治为表征的绅权治理与国家政权建设的目标是严重对立的，国家权力因无法协调两者之间的关系而选择先解燃眉之急，即国家政权建设的任务压倒了乡村自治，因为它与民族存亡直接相关而更显迫切。在此，我们引入了"国家政权建设"这一概念，以表示中国在 20 世纪前期的民族国家构建的努力，这在过程上与西欧 16～18 世纪民族国家形成的历史极为相似。后者即 state-building/state-making，中文翻译为"国家政权建设"。

"国家政权建设"是一个舶来词。其最初的运用者 Charles Tilly 用以概括 16～18 世纪西欧民族国家形成的历史现象，人们从这一现象中看到的是"分散的、多中心的、割据性的权威体系逐渐转变为一个（以现代国家组织）为中心的权威结构"。① 在空间上，这是一个国家权力深入乡村社会并不断加强控制的过程。或许是历史的偶然，这似曾相识的一幕在 20 世纪前期的中国再次上演。始于清末新政的中国近代史，从国家与社会二元化角度而言，也同样是一部国家权力扩张和地方社会结构解体的历史。因而，习惯于对他者与自身进行比较分析的西方汉学研究者便赋予这一理论以工具价值，用以解释中国社会在近代的历史变迁。尽管学者们的研究各有侧重，但他们的结论有一个共同点，即发现了以乡绅为中心的地方社会结构解体的事实，而且他们都不同程度地指出，国家政权建设的权力集中化过程是"解体"的重要缘由。也就是说，在前人的研究中，国家政权建设已然是一个默认的理论背景和分析前提，但对于什么是国家政权建设的"规范内涵"并没有予以界定，而这无疑会使我们运用这一理论所得出的结论缺乏说服力。而张静先生正是基于这一担忧，从西方近代民族国家产生的历史中极力挖掘出"国家政权建设"的原初含义。他认为，国家政权建设在表面上看似围绕权力的流动问题，但其更为实质的内容是权力性质的变化，即"国家"本身的性质变化——成为公共机构，角色、关系和原则转变，以及建立一系列相应制度巩固这种变化。后者才是"国家政权建设"成功集中权力的基本原因。而学界往往只看到了权

---

① 张静：《现代公共规则与乡村社会》，上海书店出版社，2006，第 45 页。

力结构的"集中化"过程，却没有意识到这是一个结果性的特征，而不是原因性的特征。① 因而，在知其然而不知其所以然的情况下，"国家政权建设"理论范式的运用，必然遮蔽这一理论的丰富内涵。

这一提醒无疑是有必要的。研究者在运用"国家政权建设"理论阐释近代中国的乡村社会与国家权力的关系之时，必须意识到这一理论的实体是在西方历史经验中形成的。而这也就意味着，用这一并非来自本土经验的理论对照中国历史，自然会有不契合之处。从理论实体而言，首先，"国家政权建设"在近代西欧的发生和展开有着特有的历史条件，包括政治、经济和文化等多种因素，而这些因素是缺一不可的；其次，"国家政权建设"有着特定的内涵，即西欧的君主们通过集中权力打破地方上分散的权威结构，而与普通人民建立直接的权利义务关系，由此完成从传统意义上的君主-各级封建领主-臣民的松散控制关系到现代意义上的国家-公民新型关系的成功转型。显而易见的是，在中国20世纪前期的历史资料中，我们难以找到与之完全相同的历史条件和相应的内涵。

但我们是否因此就要否认"国家政权建设"作为一种解释模式所可能具有的意义呢？笔者认为，"国家政权建设"概念虽然产生于西方的社会经验和知识传统，但具有超地域和跨文化的普遍意义与价值。换言之，我们需要将作为事实概念的"国家政权建设"与作为价值概念的"国家政权建设"区分开来。这样，作为一个价值概念，"国家政权建设"就可以用来审视和批判中国政府自清末新政开始到国民党结束大陆统治的近50年时间里所进行的集权化和统一建制的努力，即对于中国现代国家建构中的国家权力扩张这一现象，"国家政权建设"的分析范式是有效的。正如邓正来先生在评判中国市民社会研究时所指出的，市民社会理论作为一种社会实体在中国是否可以加以建构，与作为一种解释模式所反映出来的"传统-现代"思维架构及其理论预设并非同一问题。② 同样，"国家

---

① 参见张静《国家政权建设与乡村自治单位——问题与回顾》，《开放时代》2001年第9期。

② 参见邓正来《国家与社会：回顾中国市民社会研究》，载张静主编《国家与社会》，浙江人民出版社，1998，第263~302页。

政权建设"作为一个理论实体与作为一个分析范式，也并非同一问题，将两者混同只会限制我们的比较视野和可能取得的分析结论。而值得注意的是，我们要将这一分析范式成功地运用到中国具体的历史语境，"除了'硬核'不变之外，必须对范式中的若干理论'保护带'重新调整，以能够适应中国特殊语境下的反常现象。……一个分析范式最终是否为人们所普遍接受，就看其能够提供多少有效的范例，解释多少反常现象"。① 某一理论的范例类型越多，其范式也就越具有解释力和生命力。由此，我们引入"国家政权建设"的前提假设就是，这一理论范式不仅具有西方的范例，也同样具有中国的范例。

在中国范例中，为了构建民族国家，国家权力一样希望可以在没有任何中间层阻碍的情况之下与单个人之间发生直接联系，这也许可以视为建立现代意义上的国家-公民新型关系的一个前奏。而此时的绅权，即使没有发生异化，也无疑是一种障碍，因为要实现国家权力的直接统治的最简便方法就是消灭其他任何形式的社会权威。更何况，异化的乡绅阶层已经成为一个自利化的"集团"而有了"营利型经纪"的趋向，它使得国家权力日益"内卷化"而难以达到直接有效控制的目标。

在与国家权力博弈的过程之中，绅权变动的一种面相是悬浮化，即渐失传统绅权所具有的文化权力特性而横暴强权的特征凸显，逐步从原先所处的乡村与国家的中间状态剥离出去而难以再发挥调和功能，甚至更多地起着离间两者的作用。这种悬浮化发生在清末民初的社会转型时期，首先缘于科举制度的废除所导致的乡绅阶层的异质化倾向，"原来应该继承绅士地位的人都纷纷离去，结果便只好听滥竽者充数，绅士的人选品质自必随之降低，昔日的神圣威望乃日渐动摇"②，因此，即便此时乡村社会内部仍有传统意义上的乡绅存在，但真正在政治舞台上发挥作用的却是那些被称为"权绅"的人，后者一改传统乡绅那种保守的道统主义而随时准

---

① 此为许纪霖对邓正来《国家与社会：回顾中国市民社会研究》一文所做的评论，他认为市民社会研究的深入必须完成理论范式确立到具体范例论证的转变，这一观点对于"国家政权建设"理论同样有效。参见许纪霖《评论：从范型的确立转向范式的论证》，载张静主编《国家与社会》，浙江人民出版社，1998，第303～307页。

② 吴晗、费孝通等：《皇权与绅权》，天津人民出版社，1988，第145页。

备攫取权力。"清末民初'绅权'演变的基本态势：即地方权力结构发生了由'士绅'（Scholar-gentry）向'权绅'（Power-gentry）的历史性转变。新政及其此后一系列制度性变革为绅权的扩张带来更多的合法性依据，使相对隐蔽操持地方公权的传统士绅变为了公然的'权绅'。"① 此处，"权绅"概念的提出形象地反映了一个现实，即乡村自治使得乡绅的授权基础转向国家权力，而与乡村社会利益的关联逐渐弱化。但这并不意味着他们与官方政府之间可以有机地融合，成为上级政府在基层社会不折不扣、完全意义上的官方代理人。与之相反，处于"官治"之外并拥有自治权力的权绅及其组织是一个"活体"，它在基层政治中显示出巨大的能动性。对于"上级"政府的命令，"权绅"不得不执行，但他们也可以做到"上有政策，下有对策"，将不利于本集团或个人利益的政令加以过滤筛选，甚至阻挠。"凡是新上任的官吏，首先一定得将当权的士绅接洽好，不然他们就非想法叫他滚蛋不可。……政府方面为了行政上的便利，尽量利用着他们的这种'权能'，于是他们便落得两头讨好，从中取利。他们对了官厅说人民反抗，对了人民又说官厅非如此不可；他们对于官厅痛斥愚民可杀，对了人民又说官厅万恶。"② 由此可见"国家政权建设"在基层推行中的困难。但另一方面，国家政权一心想要构建的行政网其实很难直接下沉到乡村社会，而不得不借助这些"权绅"，而后者同样利用国家所授予的权力使自身对乡村社会的统治"合法化"，在行政体制之外具有很大的运作空间。异化的绅权治理模式不但不能使绅权作为国家权力的延伸，反而是一种极大阻碍。

绅权变动的另一种面相是组织化。乡村自治各项事业的推行将传统社会基于习惯的个人化的绅权转变为一种组织化的绅权。以制度化的学校、卫生机构、农工商会等公营组织为依托，绅权对于国家权力对乡村社会的压榨，本着共同体利益而奋力抵抗。其背后，我们往往很难区分其个人利益与地方利益，而这几乎可以视为传统绅权的延续。如清末顺天府尹周某祖护其族人周承先把持贪污房山县煤矿税收，自治预备会成立后，会长约

① 王先明：《历史记忆与社会重构——以清末民初"绅权"变异为中心的考察》，《历史研究》2010年第3期。
② 悲笳：《动乱前夕的山西政治和农村》，《中国农村》1936年第6期。

集其他会员和警董向官厅提出交涉，"乃官厅或情面所关，或轻视自治，呈数十上而莫能决。彼时民气盛，警务皆归地方筹办，于是一面遣警驱逐周承先，一面向高级官厅力争"，终于将矿山税收征归自治局所有。① 再如，李怀印先生考察了 20 世纪早期河北获鹿精英活动中的三个著名事件，包括 1906 年至 1915 年，县绅和乡绅动员反对差徭的活动；1920 年和 1921 年间，精英们反对善后粮捐的努力；在军阀政府的最后两年，反对"军事特捐"的斗争。在结论中，他指出："精英们为纳税人仗言，因为作为最大的土地所有者，他们比农村地区的其他人更能感受到赋税增加的影响。而且，维护地方民众的利益，也是他们维持他们的声望和重新确认他们领导地位的最有效途径。"② 可见，在 20 世纪前期的以乡村自治面目出现的绅权治理中，虽然授权基础发生了转移，但乡绅们的实际利益终究还是在地方。在已经与乡民发生疏离的情况下，绅权治理中仍要尽力谋求修复与乡民的关系以获取支持，为此，他们甚至不惜与国家权力进行对抗。这一看似矛盾的过程，皆因乡绅的自利化而得以解释，即为了自身利益，"两利相权取其重、两害相权取其轻"，绅权完全可以在乡村社会和国家权力中进行取舍，联合一方对抗另一方。这也许是另一种意义上的"调节器"。

绅权变动的第三种面相是权力内部的分化。清末民初，废科举、兴新学导致乡绅新旧阵营的形成，两者利益争夺激烈而引入国家权力以解决纠纷。民国 27 年（1938 年）闽中沙县学田案可为一例。素来闽中宗族强盛，民风好学，族田中专设学田以协济宗族子弟读书之经费并用作登科入仕之奖励。但"近因科举久停，各项学校毕业生继起征收，一讼之兴，经年不息……福建高等审判厅受理各县争收书租上诉案件，每年恒有数起"。③ 时沙县政府进行学田改革，以行政手段统一分配学田收入，给予族内秀才和从各种学堂毕业并升入高一级学校的宗族子弟以不等比例。其

① 参见魏光奇《官治与自治——20 世纪上半期的中国县制》，商务印书馆，2004，第 368 页。
② 〔美〕李怀印：《华北村治——晚清和民国时期的国家与乡村》，岁有生、王士皓译，中华书局，2008，第 243 页。
③ 前南京国民政府司法行政部编《民事习惯调查报告录》（下），中国政法大学出版社，2000，第 625 页。

中，前清秀才占二股，以此彰显对旧乡绅的照顾；但那些小学毕业生因
"不复上进"而不享有份额。布告一出，官司遂起。族内的小学毕业生们
诉诸法律："按'所有人得自由使用收益处分其所有物并排除他人之干
涉'此为民法第七六五条所规定，依最高法院二十一年上字第1010号判
例'所有权人依法本有自由行使收益处分其财产之权，断非无法律根据
之行政命令所能限制权利之效力'，暨司法院二十三年院字第三〇号解释
'人民私有财产各县市政府对之处分，如非根据法律或与法律违反抵触
时，不能认为有效。凡被侵害之所有人得依法请求撤销其处分或诉愿于该
管上级官厅，以资救济'。又对公同共有物业之处分变更设定及其他之权
利行使，应得公同共有人全体之同意与各共有人有自由处分之权，在民法
物权编第八一九暨第八二八各条复有明白规定。且按诸司法院暨最高法院
历次判解关于'公同共有物业之处分，非经共有人全体同意，不能认为
有效。各族祀田书田系公同共有财产，其处分变更应以有必要情形并须得
族人全体同意为有效条件'等法令现定，对人民私有财产在法律范围内
有管领自由行使之权利，自非无法律根据之行政命令所能任意加以处分至
为明显。"① 在这一学田案中，我们看到的不仅是族内新旧乡绅的利益争
夺，还可以发现法律话语已融入乡村精英的争论之中以证成其主张的合法
性，同时迫使官方同样不得不依法作出回应，"既据一再声称书田改作子
弟升学补助表示赞同，其分配办法应准由该族会议决定之"。② 在学田收
入的分配问题上，国家权力虽以中立者的角色介入宗族内部事务，但其行
政命令的执行力却付之阙如，绅权内部分化斗争之激烈及其与国家权力的
复杂关系可见一斑。

　　"以二千年历史为背景，此时腾起的绅权本是一种非常古老的东西。
但自宪政之说倡行，从东西洋荟来的许多学说都在为绅界重造出别开生面
的境界。"③ 在乡村社会，乡村自治之所以鼓舞人心，正在于它所阐发的
主旨能够为正在伸张的绅权所借用，为古老的东西移植一副炫目的新面
孔。原先傍贴于官场的绅权因新政的推行而得以自立门户，但呈现无序无

---

① 《关于各族书田改作族内升学补助费》，沙县档案馆藏，民国27年案卷156号，第28页。
② 《关于各族书田改作族内升学补助费》，沙县档案馆藏，民国27年案卷156号，第29页。
③ 杨国强：《晚清的士人与世相》，生活·读书·新知三联书店，2008，第276页。

度的局面。有学者认为近代历史上的"国家政权建设"没有正面危及地方体及其权力中心的存在，而是改变了卷入地方事务的原精英的身份，使其成为为官制服务并被官制支持的基层组织代理人。原先存在于官制和地方体之间的隔离带（gap）没有消失，只是移动了位置——此时它下移到了地方权威与地方社会之间。[①] 但笔者认为，在传统时代，乡绅本身就是作为隔离带而存在，使国家与社会之间保持一种动态的平衡。当国家权力过于强大而趋于窒息社会之时，绅权就会偏向地方，乡绅运用其个人影响，通过非正式渠道有效地反抗国家权力。当处于底层的乡民激烈对抗国家权力之时，乡绅又会站在国家的立场上配合官方进行疏导与劝说，缓冲着国家与社会之间的摩擦，增强着社会结构的弹性，使一个庞大的帝国机器得以灵活地运转。但到了 20 世纪初，以体制化的乡村自治面目出现的绅权治理，虽然还是位于国家权力和乡村社会之间，但时时有着游离不定的倾向；作为隔离带却在本质上只代表自身利益，它上移与国家权力结盟以压制乡村社会，或下移与乡村社会结盟以对抗国家，皆出于自身的需要。久而久之，绅权既疏离了国家权力，又疏离了乡村社会。出于国家政权建设的需要，国家权力频频打压异化的绅权，而后者也渐渐丧失了抵抗的能力。

三　绅权对抗国家权力的式微

清末民初乡村自治的推行促使绅权从非正式权力转变为一种正式权力。作为正式权力的绅权开始有了类似于国家权力的特征，而自治也类似于官治。由此，绅权游离于乡村社会之外，沦为一种无根的权力。众所周知，绅权在经历了晚清的准正式化以后，在清末民初已经成为一种正式权力。这也就意味着绅权治理的性质也随之发生改变。如前所述，在传统国家背景下，绅权的运作并不是单一的自上而下模式，而是极力谋求国家、乡绅和乡民之间的互动，并通过综合运用人情、面子、法律等多种手段来达到多元主体合作共治的村治效果。虽然在这种共治中，国家是不可或缺的因子，但绅权治理作为一种权威型自治，其有效性在根本上来自对地方

---

① 参见张静《基层政权——乡村制度诸问题》，浙江人民出版社，2000，第 33 页。

体内部共同利益的主动建构。这也就意味着，官僚体制化的乡村自治一旦成为绅权治理的唯一形式，后者从此就必须以国家组织的面貌和奉公行事者的姿态出现，在此之外不必再有公共活动。进言之，传统时代通过绅权治理所构建的"双轨制"（费孝通语）中的自下而上的那条轨道出现了裂痕。对此，乡绅可能是不自觉的。

历史研究表明，由清末改革开启的"兴绅权"的制度变迁中，基层社会反自治风潮（亦称"民变"）迭起，处于严重失序之中，其中"绅民冲突"骤增的趋向成为新政时期的时代特征。自 1904 年江苏无锡发生大规模毁学事件开始，紧接着山东、江西、四川、广东等地皆发生乡民"毁学打绅"事件。绅民冲突在有些地区呈现极端化趋势，如 1904 年广东阳山"民变"提出"抗官杀绅"口号，1909 年直隶丰台"民变"提出"毁学杀绅"口号，1910 年广西全州"民变"则打出"官逼民反，绅逼民死"的旗号。[①] 在表面上，这些绅民冲突呈现离散性，即各地"民变"的爆发基于不同的矛盾，或因警捐抽收，或因学捐摊派，或因路捐不公，或因绅富抬高米价等，很难一概而论。但是，任何地域社会都不能孤立存在，地域特色的差异不能遮蔽整体历史进程的同质性和共趋性，地域样本的意义就在于它在一定程度上体现了整体的特性和价值。[②] 几乎在所有的反自治风潮中，乡绅都成为第一道防线，他们越是积极地推进自治，就越是引起民众的怨恨，乡村自治无疑成为绅权治理走向消亡的导火线。昔日众望所归的乡绅此时似乎变成了人人喊打的对象，这一转变的背后有着怎样的缘由？要解释这一问题，我们首先要澄清民众为何要反对自治；其次，弄清楚为何反对自治不是反对官府，而是反对乡绅。

关于清末民众为何以暴力方式如此激烈地反对自治，以往研究一般有两种解释。其一认为，操办自治的具体人员中饱私囊而招致民众不满和反击。"由新官绅把持的地方机构借办理'新政'和各种自治性事务而向农民、小商贩滥征税捐、强行摊派财物，并从中贪污中饱，是清末至 1930

---

① 参见王先明《历史记忆与社会重构——以清末民初"绅权"变异为中心的考察》，《历史研究》2010 年第 3 期。

② 参见王先明《变动时代的乡绅——乡绅与乡村社会结构变迁（1901—1945）》，人民出版社，2009，第 460 页。

年代初的普遍现象。""对于'绅权'膨胀的最早社会反抗，乃是清末民初由下层群众发动的大大小小的'民变'。"① 其二则认为，围绕自治，在地方社会中存在两种截然对立的势力，一种是以僧侣、官僚、地痞为代表的旧势力，一种是倡导自治的新势力。旧势力煽动民众反对新势力，从而导致了自治风潮。② 在笔者看来，这两种观点分别出自不同的角度，并具有一定的解释力，但未触及问题的根本。从本质上来说，民众之所以反对自治，是由于自治使自身经济利益受损，而宣泄不满情绪的对象之所以选择乡绅，一方面是因为他们是乡村自治的直接筹办人，另一方面则是由于他们在民众的心目中形象发生极度逆转而成为愤怒的焦点。至于乡绅在多大程度上贪污自治经费以中饱私囊，是难以考证的。很多时候，我们据以产生结论的史料是基于多数个案而产生的一种普遍化想象，或者说是借各种媒体保存和流传的"社会记忆"。正如王先明先生所提出的，社会记忆在社会群体中有不同的指向性，记忆的选择性也是显而易见的。民众的"集体记忆"被社会舆论所关注，形成了一种具有时代特征的"社会记忆"。③ 这种"社会记忆"本身就内含着强烈的道德评判，其历史的真实性所占据的成分是值得怀疑的。

但这并不是说乡绅在筹办乡村自治的过程中没有中饱私囊的可能，因为制度上的漏洞的确提供了某种条件。事实上，在清末乡村自治匆忙出台之时，很多制度都来不及细化，其中最严重是"变化了的环境没有给地方权威的旧身份和新的'官僚'身份以现代公共政权的角色训练，尤其是没有给它管理公共财物的专门化训练"。④ 财务制度中监督机制的缺乏不得不使民众产生怀疑，同时也给一些公务人员满足私欲以可乘之机。而这种状况在传统的绅权治理中是很少见的，因为在国家几乎放手的明清乡村社会，绝大多数的公共事务需要由乡绅个人或者家族的田地提供经济给

---

① 魏光奇：《官治与自治——20 世纪上半期的中国县制》，商务印书馆，2004，第 367、369 页。

② 参见王树槐《清末江苏地方自治风潮》，载《中国近代现代史论集第十六编：清季立宪与改制》，商务印书馆，1986，第 528 页。

③ 参见王先明《历史记忆与社会重构——以清末民初"绅权"变异为中心的考察》，《历史研究》2010 年第 3 期。

④ 张静：《基层政权——乡村制度诸问题》，浙江人民出版社，2000，第 32 页。

养。在土地的私有制度或家族所有制度下，这种公私混合的现象有其存在的合理性和合法性。

但是，当乡村自治的经费需要由乡民来支付时，这种公私混合体制就会带来很严重的问题。制度化的自治是一项极为庞大的社会工程，需要强大的财力作为后盾。在清末相关的自治规章中，除规定以地方公款公产充作自治经费外，几乎完全靠向乡民征收自治捐来维持，国家在财政上对自治没有任何实质性保障。而事实上，帝国晚期整个社会经济都处在崩溃边缘，民生已经极为凋敝，即使这些临时的自治捐的数目很小，也足以构成压垮骆驼的最后一根稻草。对于当时的中国农民来说，"采取立宪政体也好，专制政体或其他什么形式也好，这都无关紧要。他们说到底只需要轻徭薄赋、鸡犬不惊的生活"。① 由于实行乡村自治而陡增的苛捐，使他们直观地感受到"以前不办新政，百姓尚可安身，今办自治巡警学堂，无一不在百姓身上设法"。② 当此之时，公共财政与自我财政的混合，无疑使"官事与私事的互利与互用被制度化"③，这其实败坏了乡绅在乡村自治中的名声。也就是说，即使那些没有将公共财政中的一部分据为己有的"正绅"，也不得不为某些胡作非为的"劣绅"承担恶名。终究，在利益上，乡绅走到了乡村利益的反面。

居于山西省太原县赤桥村的乡绅刘大鹏在其日记中记述道："各村董事人等，无论绅学农商，莫不借执村事从中渔利，且往往霸公产为己产，肥己之家。村人多陋劣，敢怒不敢言。"④ 更有甚者，人们已经将是否进入自治体系作为"正绅"与"劣绅"的判断标准。"各省办理地方自治，督抚委其责各省办理地方自治，督抚委其责于州县，州县复委其责于乡绅，乡绅中公正廉明之士，往往视为畏途，而劣监刁生，运动投票得为职员及议员与董事者，转居多数。以此多数刁生劣监，平日不谙自治章程，不识自治原理，一旦逞其鱼肉乡民之故技，以之办理自治，或急于进行而失之操切，或拘于表面而失之铺张，或假借公威为欺辱私人之计，或巧立

---

① 费正清、刘广京：《剑桥中国晚清史》（下卷），中国社会科学出版社，1985，第462页。
② 问天：《宣统元年十月大事记》，《东方杂志》1910年第12期。
③ 张静：《基层政权——乡村制度诸问题》，浙江人民出版社，2000，第32页。
④ 刘大鹏：《退想斋日记》，山西人民出版社，1990，第181页。

名目为侵蚀肥己之谋，甚者勾通衙役胥差，交结地方长官，藉端牟利，朋比为奸。"① 自从进入自治体系内，乡绅权威在乡民那里开始整体性地发生了衰落。他们具有了权力，却渐渐失掉了权威。绅权的质变导致了清季民国时期的绅权是无根的。

与此形成对比的是，明清时期的绅权之所以能够成为防御国家权力的屏障，除了乡绅个人运用因特权产生的私人身份以制衡地方官外，天然对抗外来权力的自治共同体是绅权壮大的土壤。而清季民国时期乡村自治的实行却使得乡绅走到了乡民的反面，彻底丧失了其存在的社会基础。在这一状况之下，面临国家权力的打压，乡绅既无法定特权，也无社会支持，自身命运堪忧，对抗自然是奢谈。乡绅既无法代表乡里，也无法辅助国家，清季民国的绅权治理已经丧失其存在的理由，并最终不可避免地走向消亡。

第四节　绅权的最终消亡

如前所述，对于中国这样一个后发外生型现代化国家而言，集权还是分权一直是一个令人十分纠结的问题。20 世纪前期，为摆脱危亡而进行的国家政权建设着眼于集权，要求国家权力下沉到乡村社会以获得各种资源和加强行政监控。而新形势下被视为政权合法性基础的乡村自治则强调分权，并伴随着西方自治思想的引入，与中国古代传统的绅权治理结为一体，为当时的政治思想家们所热衷。"中国人又如何能够在分权的同时，集中权力，以达到救亡图存的目的呢？这一个难解的结正是 20 世纪中国政治界关于合法的领袖的看法的基本考虑。"② 理论上的矛盾必然带来行动上的混乱。在一片混乱之中，乡绅原以为可以再现 19 世纪平叛战乱时的辉煌，并取得更大的胜利，成为法定意义上的乡村领袖，却未料在短暂的喧嚣之后走向了终结。

---

① 故宫博物院明清档案部编《清末筹备立宪档案史料》（下册），中华书局，1979，第757 页。
② 〔美〕孔飞力：《封建、郡县、自治、立宪——晚清学者对中国政体的理解与倡议》，华人译，《国外中国近代史研究》（第二十七辑），中国社会科学出版社，1995，第 7 页。

一　绅权消亡的过程

值得注意的是，国家权力的抑制不一定会导致绅权的消亡。史上，清世曾久抑绅权。太学卧碑刻文视集群结社为厉禁。顺康之际，苏南诸生"哭庙"一案因官绅冲突而兴大狱，以打击绅权，"凌迟者二十九名，斩者八十九名，绞者四名"。① 此后 200 余年，乡绅在国家权力的逼视之下蛰伏于乡野，直至 19 世纪 50 年代太平天国运动，久蛰的乡绅们才纷纷应时势所召办理团练，随之而来的步步伸张使之成为牵动上下的社会群体。这一段历史告诉人们，乡绅之所以在国家权力抑制之下仍可保存实力以蓄势待发，原因在于其合法性基础在下而不在上，即乡村社会对绅权的需要和认同构成绅权存在的最根本理由。17~19 世纪，通过绅权治理而达到的一种作为非正式制度的乡村自治，不仅有助于维持清王朝政权的统治，而且灵活地解决了在国家供给不足的情况下乡村的社会保障问题。更为重要的是，绅权治理是一种通过文化培育而达到的和谐治理状态。他们在日常生活中身体力行，向乡民们灌输着儒家伦理道德，使得乡村社会与国家共享一套文化符号体系，使一个全套接受儒家价值和规范的乡民群体在潜移默化中形成。从某种意义上来说，绅权治理在本质上就是以乡民对乡绅所具有的极为牢固的信任和依赖为基础而进行的社会整合。反言之，也只有乡村内部的整合遭遇危机，才能真正危及绅权的存续。

这一情况在 19 世纪末 20 世纪初不可避免地发生了，制度化的乡村自治的操办使得进入体制内的乡绅逐渐丧失了乡村社会的支撑，继而失去了绅权的根基。在这一历史时期，接续着 19 世纪中期以来的绅权膨胀，乡绅在乡村自治中大展拳脚，期望在官治之外自行建立一套自治系统，以保证绅权对乡村社会的正式统治。但不料乡绅眼中古所未有的实事实功和乡民眼中古所未有的贪欲公行一路共生而相互夹杂，并且前者越是着力，后者便越是泛滥。乡绅进行乡村自治的过程成了一个玩火自焚的过程。在这一过程中，一方面，我们无法否认乡绅仍然希望通过其治理来发挥调节器的作用，这源于乡村社会结构的固化和绅治传统的延续；但另一方面，国

---

① 杨国强：《晚清的士人与世相》，生活·读书·新知三联书店，2008，第 275 页。

家主义导向的体制化的乡村自治导致绅权治理的授权来源发生转移，这必然导致一些乡绅对乡村社会的道德责任感的下降，并伴随着传统的式微呈扩大化趋势。其中一个至为关键的因素是，乡绅不再是一个"有闲阶级"，科举制度取消后，他们失去了封建帝国的特权保障，在日趋破败的乡村社会中也不得不考虑生计问题。加上乡绅阶层构成的流变、财富要素的上升，绅权治理的自利化与乡村自治的深入相伴而生，也是符合逻辑的。这也就意味着，绅权治理的异化是一个从量变到质变的过程，它渐渐无法在国家权力和乡村社会之间发挥调控的作用。如此，绅权治理的消亡也就成了一种历史趋势。

从绅权治理的过程来看，与乡村社会的疏离无论在逻辑上还是历史上都是最先发生的。摊派的征收以及对公共权力和公共资源的直接占有使得乡绅从幕后走向前台，而在一个"人治"社会中，乡村自治带来种种苦痛，在乡民们看来这是由乡绅个人造成的，绅民冲突不但普遍化，而且不断升级。所有这一切使乡绅成为乡民发泄对时势不满的对象。在社会记忆中，清末民初的乡绅已经由"一乡之望"变为"平民之公敌"。[1] 这一急转直下的社会评价最为直观地体现在对乡绅五花八门的称谓上，其中贬义称谓占据了大多数。除了较为流行的"劣绅"外，还有所谓的"腐绅、贪绅、假绅、破绅、奸绅"[2]，更有甚者将绅与道德极为败坏者相提并论，"充县议员者，不外劣绅、流氓、地痞，办理地方事务者亦然"。[3] 关于清末的"劣绅"问题，有学者指出，"劣绅"的称谓反映了当时人们对于基层权力恶化情状的一个基本评判，其间更多包含着的是一个"道德"指向的评判，而缺乏对于社会结构和制度演变的深度分析。"劣绅"的形成，尤其是当其成为一个普遍性问题时，就显然不是（或不仅仅是）个人的"道德"问题，而有着"制度"性原因。[4] 按照笔者的理解，人们已经将进入体制

---

[1]　张枬、王忍之编《辛亥革命前十年间时论选集》（第 3 卷），生活·读书·新知三联书店，1963，第 302 页。

[2]　《考察山西政绩纪要》，载周秋光编《熊希龄集》（下），湖南出版社，1996，第1658 页。

[3]　陈旭麓、郝盛朝主编《孙中山集外集》，上海人民出版社，1990，第 37 页。

[4]　参见王先明《变动时代的乡绅——乡绅与乡村社会结构变迁（1901—1945）》，人民出版社，2009，第 355 页。

内作为判断"劣绅"的标准，而事实上这显然夸大了所谓的乡绅劣化问题。但是无论乡绅是否已经严重劣化，当清王朝作为政权意义上的被革命对象被推翻后，现存社会一切弊端就自然指向了作为其社会基层的乡绅阶层。因为，人们相信"农村的事业多为少数乡绅所独占"①，"一切腐败的思想行为，他们应有尽有。近年来地方自治绝无成绩，代议制度之根本败坏，乃至教育事业弄得像今天这样无可救药，他们算是祸首罪魁。"②

在历史上，乡绅势力的彻底衰落和绅权在整体意义上的消亡发生在20世纪20年代的农村"大革命"时期。对此人们不禁疑惑，绅民冲突自20世纪初就已经成为乡村社会矛盾激化的主要内容，但为什么大规模的反对绅权的农民运动会发生在20年后，并具有那么鲜明的政治诉求和较高的组织化程度？显然，围绕社区公共利害关系而展开的绅民冲突，即使激化，也缺乏足够的超越地域性走向"规模行动"的内聚力，同时按照当时农民的政治素养，他们不可能具有明确的政治诉求，而只能是具体利益的争取。所以，必须有一个组织严密和政治目标明确的政权与农民相结合才能一举"打倒劣绅"。其时的国民党和共产党作为现代性政党组织无疑都具有了这样的条件。因在后来的20年里，前者作为执政党而存在，并与本书所讨论的20世纪前期的中国现代化主题相关联，故此处只讨论国民党的乡村政权建设问题。

国民党自其建立伊始，是一个以新知识分子和新军人为基础，深受布尔什维克主义影响的新式政党，而并非一个以传统社会势力为基础的旧的政治集团。③ 当其致力于民族国家建构而进行国家政权建设之时，直接下沉到乡村社会，打破传统乡绅的权力控制就成为其题中应有之义。而乡绅的存在，不仅意味着对传统的固守，更主要的是消解了国家权力对乡村社会的索取能力。因为"国民党和南京政府的许多方面是现代化城市文化的产物。尽管有动听的政治辞藻，说什么它的天然盟友是农村社会有财有

---

① 〔日〕田中忠夫：《国民革命与农村问题》（上卷），李育文译，村治月刊社、上海商务印书馆，1927，第26页。

② 舜生：《中国的绅士》，《中国青年》1924年第17期。

③ 参见魏光奇《官治与自治——20世纪上半期的中国县制》，商务印书馆，2004，第370页。

势的人，但是 20 世纪 30 年代行政史的材料说明，半现代化的南京政府常常被证明是农村名流的不速之客和不受欢迎的竞争者"。① 所以国民党在其统治期间一直没有放弃"打倒土豪劣绅"的政治口号，并誓要将"土劣自治改为革命自治"。② 但事实上，避开国民党在其人力与财力皆有限的情况下是否能够实现其政治目标这一问题不谈，仅就对于所谓"土豪劣绅"的判断而言——我们不能否定，在革命的情绪之下——必定是缺乏理性成分的。所谓"有土皆豪，无绅不劣"，在这种激进的革命话语下，乡绅阶层已经笼统地作为一个敌对阶级要被彻底消灭。

二 绅权消亡的影响

大革命以后，传统的乡绅权势已经消退殆尽，"一个传统的比较正直的绅士，他明白自己已经成为这个时代的落伍分子，在政治上又遭受了前所未闻的压迫，若是他真能以社区人民利益为重，为了不愿意得罪农民，或者基于慈悲的心肠，他就宁愿洁身引退，不再过问地方的公务"。③ 至于乡间的平民百姓自然也无力和无法过问基层政权，这是由于民国政府对任职者都有"恒产"和"热心公益"的要求。④ 所以，担任南京政府基层公职的人大概分作两派，一派是不做事体的好好先生，一派是武断乡曲的豪强、恶霸和地痞式的边缘人物，前者徒有其名，后者自然成为决定乡村命运的最主要力量。国家权力对乡村社会的控制在所谓的"打倒绅士阶级"以后，不但没有达到直接控制乡村社会的目标，反而更为弱化。国家权力对于乡村的职能只是征兵和征粮，虽然与封建国家并无不同，但因为没有乡绅的缓冲，变得更加赤裸，乡民的被剥夺感也与日俱增。乡村社会与国家政权之间的紧张与对抗不断加剧，而"如果农村处于反对地

---

① 〔美〕孔飞力：《中华帝国晚期的叛乱及其敌人——1796—1864 年的军事化与社会结构》，谢亮生等译，中国社会科学出版社，1990，第 238~239 页。
② 沈延生、张守礼：《自治抑或行政：中国乡治的回顾与展望》，载徐勇主编《中国农村研究》（2002 年卷），中国社会科学出版社，2003，第 38 页。
③ 胡庆钧：《论绅权》，载吴晗、费孝通等《皇权与绅权》，天津人民出版社，1988，第 126 页。
④ 参见许纪霖、陈凯达《中国现代化史（第一卷）》（1800—1949），学林出版社，2006，第 394 页。

位，那么，制度与政府就都有被推翻的危险。……农村的作用是个变数：它不是稳定的根源，就是革命的根源"。① 革命意味着颠覆，一切推倒重来，乡绅连同其筹办的乡村自治都成为一段尘封的历史。

在中国早期现代化的过程中，乡村自治在形式上被异乎寻常地重视，它被纳入制度化的轨道并以不同的模式加以推行。而与此同时，却是几乎所有的执政者都在为中央集权而努力。无论是清末新政、袁世凯的强人政治还是国民党的党治，都是这一努力的典型表现。但我们看到的史实却是，这两者既没有得到兼顾，也没有成功地实现其中的任何一个，反而是内耗导致各自消解。在20世纪前期的大部分时间里，权力与资源仍然散落于地方和民间。这一状况对现代化具有正负双重效应。其正效应在于，由于政府无法对社会进行有效管控，自治便恰如其分地在乡村社会中找到位置，并促发了多元化政治的形成。而负效应则是，这一切处于无序化的状态之下，绅治、自治、民治之间缺乏一种创造性的转化，政治多元化格局的形成也没有法律和制度的合法性保障。当内外危机越来越深时，现代化的拥护者们已经没有时间和耐心来调和集权与分权之间的关系，"产生了迅速改变权力分散和政治无序的现状，建立统一有力的中央政府的强烈愿望。他们不再寄希望于民间社会的分层改良，而是希望从改造政治入手，找到根本解决的激进方案，以高度集权的方式实现现代化"。② 正是在这样的背景下，30年代国民党的全能主义政治应运而生。基于这样一种道路的选择，中国20世纪前期现代化的历史趋势最终是要以集权取代分权，在国家不断扩大其在乡村社会的存在时，已经不打算给自治或是以自治形态呈现的绅治留有余地。

① 〔美〕塞缪尔·P.亨廷顿：《变化社会中的政治秩序》，王冠华、刘为等译，上海人民出版社，2008，第241页。
② 许纪霖、陈凯达：《中国现代化史（第一卷）》（1800—1949），学林出版社，2006，第10页。

第五章　绅权与国家权力的平权愿景

　　一种试图揭示人类社会发展客观规律的认识或理论，需要建立在关注现实和反思历史的基础之上。当今中国，民主法治建设已经成为既定目标和主流话语，而要使之不仅仅停留在目标和话语层面，则必须有所行动，从公共权力的规制角度来看，国家与公民之间平权关系的构建是关键，即公民对于国家并非被动管理或是单向服从，而是对话与协商。换言之，国家与公民与国之间应该是一种均衡关系，防止极端的权力或是绝对的权利。但这无法一蹴而就，对于有着长期专制主义传统的中国而言，尤为如此。但历史潮流也往往有迹可循。20世纪之初，国人曾达成"民权即绅权"的共识，将绅权的振兴看作社会改革和国家现代化的重要环节，并指出"欲兴民权，宜先兴绅权"①，在理论上，民权是绅权的基础，绅权在经过了伸张以后必然会向民权转化。地方自治在起步时都是绅权自治，是绅权向皇权争取政治权力；随着民主进程的深入，民权要求与绅权平权。因此，现代国家的公民与国家之间的平权关系，应从绅权与国家权力的平权开始。在这一层面上，绅权对于中国未来乡村社会建设的意义是历史性和建设性的。从建设性角度而言，如果我们承认乡村自由和自治是人民主权的精髓，为保护这种民主政治的草根而控制国家权力是法治国家的精髓，那么绅权就有可能通过实现乡村自由和自治而使中国在整体意义上通向法治。当然，它发生的场域是在乡村社会，而且在历史上曾有着成功的经验和失败的教训。从历史性角度而言，绅权作为一个历史范畴自始至

---

① 梁启超：《论湖南应办之事》，载李华兴、吴嘉勋《梁启超选集》，上海人民出版社，1984，第75页。

终都与乡村自治密切相连，乡村自治对于绅权可谓"成也萧何，败也萧何"。成败之间，我们可以发现绅权是中国的国家与乡村社会博弈关系中的重要变量。当绅权正常有效地发挥作用之时，国家和乡村社会和谐共生，相得益彰；当绅权发生变异而无法协调两者关系之时，乡村社会被强大的国家权力所吞噬自然难以避免，但国家也会因为不能承受变身为"利维坦"以后所带来的全能化的负累而崩溃，或是选择变革。在国民政府成为前一个示例而败退之后，中国共产党领导的新中国在 20 世纪 70 年代后期选择了后者。这便是作为乡村民主政治改革范例的村民自治得以获得合法性的历史背景。

第一节　从村民自治研究到市民社会话语

20 世纪 80 年代至今越来越热闹的村民自治，已经使乡村研究成为一门显学，甚至是一种学术时尚，学术界的目光几乎毫无例外地都投射到农村的民主和改革问题上来。从另一个角度而言，这种时尚实为学术界对当下中国现实问题的关注，那就是如何通过村民自治这条道路使农村不再那么穷，农民不再那么苦，农业不再那么危险。换言之，村民自治的兴起与被称为"三农"问题的农村问题的凸显几乎是同步的，并由此承载了关心中国基层民主与宪制发展的人们的期望。但事实上，村民自治的发展却没有围绕"三农"问题展开，而是转向了"三农"问题所引发的社会稳定问题。在这种现实主义政治倾向之下，村民权利在很多场合仅仅被定位为服务于巩固基层政权，其主体性地位反而被遮蔽了。这无疑与村民自治所应该具有的民主宪制精神相悖，由此造成现实中的村民自治与理想中的乡村自治之间的紧张，村民由此产生的政治冷漠就是意料之中的事了，当然这并不能说他们失掉了当家做主的信心。而对于大多具有理想主义情怀的学者来说，能不能在中国的村民自治中找到西方市民社会理论的用武之地，以增强对中国式宪制的社会基础的解释力，同样十分迫切。因此，辨明中国当下村民自治的性质，并厘清市民社会理论的理路即成为乡村研究的首要问题。

一 作为社会自治的村民自治

几乎所有对中国村民自治进行研究的学者都不会否认一个现实：村民自治已经陷入了困境。这种困境既来自实际操作层面，各种关系无法理顺，制度供给无法满足现实需要；同时也来自理论上的停滞不前，没有新的理论产生，或者难以对原有理论做出新的阐释。而理论与现实总是无法割裂的。所以，我们一方面需要明确地对村民自治的性质进行界定，在理论上厘清国家、乡村社会和村民三者在村民自治中应处在的位置和发挥的作用，同时也应就村民自治何以实现的操作问题进行一种制度设计。这两者其实是纠缠在一起，没有现实基础的理论无根，没有理论指导的现实无果。那么，首先我们解决理论的问题。

村民自治到底应该是一种什么性质的自治？以历史的逻辑来看，这在一定程度上取决于它最初产生时的状态。村民自治的最初模型是自生自发的。1980年底，由于人民公社的解体和农村经济改革带来的一些负面的社会影响，乡村社会的治理尤其是治安管理出现了问题。广西河池地区的宜山和罗山两县的村民们自发组建了一种不同于生产大队的全新的村级权力组织，被当地人称为"村民委员会"。最初，村民委员会的职能只限于维护社会治安，但其后该机构的职能范围逐步扩大为处理基层社会的政治、经济、文化生活的多方面事务，成为管理乡村社会各种事务的主要村级组织。与此同时，中国的其他区域，如四川、河北等地也有了类似的组织，虽名称不同，但组织原则和功能大同小异。对于这样一种自治组织的产生过程，我们似曾相识。从发生学角度来看，明清时期绅权治理在乡村社会的生成路径与村民自治的最初产生在过程上是一致的，那就是国家权力退出以后所导致的乡村社会的权力真空是一个必要条件。它反映了在中国这样一种国家权力绝大部分时间都处于强势状态的国家里，乡村自治状态的出现几乎都发生在国家主动退出之后，而此时从国家整体的政治体制而言，它仍然是集权的。对于这样一种自治，我们当然无法认为它是国家权力的内部分权，充其量也只是一种外部分权，即国家与社会的分权。正是在这一层面上，村民自治是一种社会自治。

但从村民自治最终成为一种全国范围的新型体制来看，它并非自生自发的，国家的推动发挥了不可替代的作用。1982 年《宪法》修正案将村委会写入第 111 条，并指出其"群众性自治组织"性质。至此，村民自治得以合法化，并以行政手段向全国推广，以定型化的现代乡村组织形态和管理体制取代了旧的人民公社体制。可见，村民自治除了最初的自生自发性以外，在其后来的发展过程中已经变成了一种外来的制度设计嵌入乡村社会，并且体现了另一种合法性的逻辑，即没有国家权力的支持，村民自治就不具备合法性。村委会作为基层群众自治组织，不仅要实现村民的自我管理、自我教育和自我服务，还必须协助乡政府开展工作。据此，乡（镇）和村（行政村）虽分属基层政权和群众自治组织，但事实上两者之间也构成了行政上的上下级关系。^① 由此，我国制定法将村民自治定性为群众自治，就不能不让人觉得这是一种模糊自治和行政的做法。我们不由得产生疑问：到底什么是群众自治？

　　根据沈延生先生的看法，群众自治是一种理论上的怪胎。从理论的实质上看，它接近于 19 世纪之前的地方自治，即国家机器尚不发达情况下的与"官治"相对的"自治"。从理论渊源上看，又不能将之排除在社会自治的体系之外，并与人民公社制度藕断丝连。群众自治更多的只是理论上的美好想象。虽然群众自治被称为一种具有中国特色的基层直接民主制度，但现实中，这种直接民主制度仅仅被化约为一种选举制度，而我们知道，有民主一定有选举，而反过来并不一定成立。同时，群众自治在一些地区削弱了国家责任，将国家作为一些特殊公共产品提供者的身份转嫁到了较为贫困的乡村社会，导致了民众的不满。^② 因此，即使我们承认了"群众自治"这一中国特色自治论的名称，我们也必须对其本质有清醒的认识。按照笔者的理解，如果我们要进一步推进中国的村民自治，目前我们应该将之摆放在社会自治这一层面，并在未来将之作为地方自治的基础。

　　村民自治作为社会自治一种形式，是国家与社会的关系在乡村场域的反映。在法理上，村民自治权是一种社会自治权利，它以村民的个人权利为基础，是村民个人权利的集合。但同时整体大于部分之和，即村民自治

---

① 蒋永甫、谢舜：《草根民主：内涵、限度与提升》，《东南学术》2007 年第 4 期。
② 沈延生：《村政的兴衰与重建》，《战略与管理》1998 年第 6 期。

权包含村民个人权利所没有的内容，足以构成对国家权力的一种外部制约，而这是个人权利所无法实现的。因为在个人权利与国家权力的关系上，虽然个人权利是国家权力的基础和本源，但个人权利是十分脆弱的，"它既需要国家权力的保护，又极易遭到后者的侵犯。这样，如何约束国家权力，不使其过度扩张，或者当其侵犯个人权利时，能够有一种势力与之相抗衡，就成为一个非常重要的问题"。① 这种能与国家权力相抗衡的势力就是独立的社会自治权。但是，在法理上可以与国家权力抗衡的社会自治权在现实中是否可以成为一种实然？另外，作为村民自治权的社会自治权抗衡的是哪一个层级的国家权力？

　　一些调查者认为，村民自治的困境恰恰在于村级自治与国家目标的脱节。而这种国家目标对于村庄来说，最直接的就是乡镇的"硬任务"，换言之，在乡镇那里，村级组织就是其"腿脚"，而乡村自治在一定程度上就使得这些"腿脚"变得不灵便好使。由于没有办法反对乡村自治，所以就有了"虚假执行"。② 而这种基层执行机关与国家的利益分歧，也是中国基层社会"土政策"产生的原因。③ 因此，如何恰当处理国家权力、基层政权与乡村自治之间的关系就是一个解决村民自治困境的根本性问题。不言而喻的是，以往那些靠国家正式机构的扩张和大规模的社会动员来完成国家意志的下达的做法，在当前中国社会背景下已经被抛弃，市场经济使人们更倾向于理性的计算，而不是冲动和热情。国家必须建立一种与乡村社会联系的新型渠道，当乡村一时无法提供一种内生性组织之时，国家的介入也就成为一种理性的选择。

　　而从社会自治论本身而言，国家在一定的条件下介入社会自治也是其中应有之义。"只有在自治权的行使受阻时，国家权力力才可以强行介入社会这一自治领域，以排除自治权的变形与异化。而国家权力与社会自治权的范围与边界则依赖于宪法对权力与权利范围的勘定。"④ 以此为据，

---

① 梁治平：《市场·国家·公共领域》，《读书》1996 年第 5 期。
② 参见彭勃《乡村治理——国家介入与体制选择》，中国社会出版社，2002，第246~252 页。
③ 翟学伟：《"土政策"的功能分析——从普遍主义到特殊意义》，《社会学研究》1997 年第 3 期。
④ 周安平：《社会自治与国家公权》，《法学》2002 年第 10 期。

当村民自治权无法正常行使时，国家介入乡村自治就不失为一种补救方法。有学者指出，以国家所扮演的角色为标准，乡村发展的模式可以分为外部推动型和内源发展型。① 可以说，"外部推动型"是现代化开启以后中国乡村发展的一贯模式。当然，本书在前面也提到国家外力介入乡村过度而导致的"全能主义政治"已经让双方都受损。所以，从长远来看，乡村发展必须从"外部推动型"向"内源发展型"转化，但即使如此，也并不意味着国家完全被排斥在乡村之外。在宪法规制之下，国家权力有责任为乡村发展提供优良的外部环境，并履行其他一些公共职能。同时，市场体制而非国家行政组织，应当能够为国家权力与乡村社会的联系提供一种新渠道。而按照西方历史经验，只有在市场机制条件之下，市民社会才会产生并发挥作用。如果适用这一原理，市民社会理论对于中国乡村，也只有在后者具备了市场机制的条件下才真正具有某种解释力。但值得注意的是，市民社会的概念和相关理论都来自西方且本身具有争议和前提，这就决定了我们在中国的语境下使用这一概念和理论必须十分谨慎。

二　市民社会理论在中国乡村研究中的限度

关于中国存不存在市民社会以及与之密切相连的公共领域这一问题，热衷于对中西方历史和政治进行对比研究的汉学家们之间充满了争论，有的截然反对，有的积极支持，有的模棱两可。他们的理论之所以都在一定程度上言之成理，关键在于他们对于市民社会和公共领域概念的使用都有特定的前提。所以，他们的争论很难说是在同一个层面上的，因而也难有一个确定性的答案，而这也许就是学术争论所存在的普遍问题。

就本书的出发点而言，我们仍然是在国家-社会这一总体性框架之下来讨论中国乡村社会的自治及其路径问题，所以，无论是有着深厚根基的西方市民社会理论，还是新近建构起来的中国市民社会理论，都同时成为我们思考的起点。不可否认，我们在思考的开始一定会有某种理论的预设，只不过结论往往不同于最初的假定。我们的假设伴随着乡村市场经济的产生和发展，中国市民社会的产生就有了经济基础，经济的变动又引发

---

① 参见彭勃《乡村治理——国家介入与体制选择》，中国社会出版社，2002，第277~279页。

意识形态的变动，具有高度自主意识的经济主体在政治上的主体性意识也必然成为一种自觉。由此，随着民众参与社会事务和国家政治事务的能力不断提高，市民社会的产生应该只是一个时间问题。这一假设源于西方的历史经验，而如果按照一种线性的历史逻辑，把西方的历史轨迹视为我们将要面临的未来，那么，以上的假设自然是符合逻辑的。

　　但现在几乎所有人都不会同意这一西方中心主义的观点，我们更多的是在强调中国的特殊性，而这也的确是一个事实。因此，中国市民社会理论的倡导者邓正来先生的观点，相比于西方市民社会理论，更有理由成为我们假设的一个前提。"中国的市民社会乃是指社会成员按照契约性规则，以自愿为前提和以自治为基础进行经济活动、社会活动的私域，以及进行议政参政活动的非官方公域。"为建构中国市民社会，邓氏提出了"两个阶段发展论"，第一阶段为形成阶段，即形成国家与市民社会的二元结构。其间由国家和社会成员共举：国家在自上而下推动进一步改革的同时，加速变更政府职能，主动地、逐渐地撤出不应干涉的社会经济领域；社会成员则充分利用改革的有利条件和契机，有意识地、理性地推动市民社会的营建。第二阶段为成熟阶段，即市民社会不仅要负面制衡，而且要正面参与国家政治。其间市民社会成员在继续发展和完善自身的同时，逐渐进入"公域"，参与和影响国家的决策，并与国家形成良性的互动关系。①

　　将邓氏的中国市民社会理论与西方市民社会理论相比较，可以发现两者之间相同点在于强调国家与社会的二分是市民社会产生和发展的前提。而不同之处则是，西方已有的历史经验证明市民社会是与市场经济体制同步发展的，是一个以社会为中心的自生自发的过程；而中国市民社会的产生则依赖于国家的引导，包括作为前提的市场经济体制的建立也时刻离不开国家调控，因而它是一种以国家为中心的建构过程。决定中国这一特殊发展轨迹的根本原因在于中国现代化的后发外生性将国家排除在一边的想法是十分愚蠢的，也是不可行的。甚至有的时候，我们希望中国是一个特

---

　　① 参见邓正来、景跃进《建构中国的市民社会》，《中国社会科学季刊》1992 年 11 月创刊号。与之相似的还有三阶段说，即第一阶段为政策驱动，第二阶段为体制驱动，第三阶段为市场驱动，同样也体现了以国家为中心的建构主义。参见王铭铭、王斯福《乡土社会的秩序、公正与权威》，中国政法大学出版社，1997，第 631 页。

别强大的实体。因此，对于中国而言，国家与市民社会之间必须保持某种张力，但那种"弱国家、强社会"的模式一定是不适用的。对于这一点，西方的理论家们也是持赞同态度的。

事实上，以上用来与邓氏理论进行比较的西方市民社会概念源于18、19世纪以洛克和黑格尔为代表的早期市民社会理论。正如罗威廉所指出的，市民社会这个概念本身，即使是在欧洲的语境中也是颇有争议的，其含义极不明确以至于很难被有效适用，直至20世纪晚期，哈贝马斯及一些历史学家所做的重建性努力才使得市民社会有了严格的界定。① 而哈贝马斯的贡献并不限于此，他所提出的"公共领域"的概念为市民社会理论注入了新的血液。这一概念是反思性的。其背景是在西方社会经历了自19世纪后半期的"行政国家"吞噬市民社会的历史以后，理论家们注意到国家与市民社会的零和博弈并非国家-社会关系的最佳模式，因此他们希望找到一条途径来重塑国家-社会。在哈贝马斯那里，这条途径就是公共领域。这是一块"国家与社会之间充满张力的区域"，"就是在这个居间性区域里，国家与社会相互发生作用"。② 如何相互发挥作用是复杂的，而哈贝马斯本人在使用这一概念时也常常不够明确且前后矛盾，但在公共领域的概念中不再强调国家与社会的两极对抗是一个事实。这是内含公共领域的市民社会理论与早期市民社会理论最大的不同。

公共领域理论对于中国问题的研究者而言具有很大的吸引力。一些研究中国史的西方学者明确指出，在清朝和民国时期存在某种与我们称为"公共领域"相关（相关而非同一）的事物。应当记住的是，我们之所以斗胆提出这样的观点，并不仅仅是基于我们对事件和制度的研究，更准确地说，是因为中国政治语汇中确实包含着一个术语"公"，其含义与它的西方对应词"公共"的含义十分相似。这个饱含高度价值观念色彩的古代术语在晚清被注入空前的活力。一开始指日益出现的各种不受国家直接控制的公共事业机构和公共服务机构，而后进一步意指那种外在于官僚政

---

① 参见罗威廉《晚清帝国的"市民社会"问题》，载黄宗智主编《中国研究的范式问题讨论》，社会科学文献出版社，2003，第175页。

② 黄宗智：《中国的"公共领域"与"市民社会"？——国家与社会间的第三领域》，载黄宗智主编《中国研究的范式问题讨论》，社会科学文献出版社，2003，第264页。

治争论的"批判意义上的"公共领域具有合法地位。与"公共领域"不同，晚清中国并没有一个对应西方"市民社会"的话语或概念。即使在清末民初引进西方社会与政治思想的术语的浪潮中，相当于"市民社会"含义的新词似乎没有被介绍过。正是由于这一空白，以至于今天的一些港台学者（因为新近受到西方对欧洲历史上的市民社会以及它在后马克思主义社会之中前景的关注的影响），开始探索和创造一种对该词的合适的翻译方法，如"公民社会"、"民间社会"等。如果市民社会不是一个物质性的存在，也不是一种当代话语的表述，那么它只能是日后一些学者基于自己的分析目的而在事后构造出的一种语言修辞框架而已，其有效性是可疑的。① 可见，历史研究者们在这里对于"市民社会"的理解还是一种国家与社会之间的二元对立的预设，将公共领域排斥在外。

同样，黄宗智在提出"第三领域"的概念之时，也是基于二分法对分析中国的不适用，同时哈贝马斯的"公共领域"的概念不是太特定（特指资产者公共领域），就是太宽泛（泛指资本主义社会里公共领域的各种变权），难以真正适用于中国，而且资产者公共领域最终又退回了二元对立，因此他提出了第三领域的概念，并分别论证了这一概念对于清代、民国和当代中国的适用性。其中，与一般的历史研究者不同的是，他对于当代中国第三领域的看法更具有一种实践意义。他颇有见地地指出："在一个为党治国家体制长期和彻底统治过的社会里，指望如公共领域与市民社会模式所构画的那种真正独立于国家的社会组织会在一夜之间就兴旺发达，是脱离实际的，除非国家体制自身从内部突然解体。或许未来政治变革的希望应当在第三领域，而不是在仍被严厉限制着的私人领域。"② 无疑，第三领域的概念比公共领域更能恰当地勾勒出中国乡村社会的特征。但相比较于哈贝马斯对文化基础的探求，第三领域的重心几乎全在结构功能，而前者对于中国乡村社会自治而言怎么强调都不过分。在中国传统社会中，绅权治理的合法性正是来自其文化资本，而当今乡村社会的问

---

① 参见罗威廉《晚清帝国的"市民社会"问题》，载黄宗智主编《中国研究的范式问题讨论》，社会科学文献出版社，2003，第176~177页。
② 黄宗智：《中国的"公共领域"与"市民社会"？——国家与社会间的第三领域》，载黄宗智主编《中国研究的范式问题讨论》，社会科学文献出版社，2003，第282页。

题也多来自文化资源的流失。因此，相比较于村民自治论者强调的形式化的民主选举等乡村政治，乡村治理论多注重作为乡村精英的知识分子，"由于知识群体一方面拥有具有象征国家权力和意志的文化资本所赋予他们的身份和名誉，因此，知识群体在处理公共事务时，往往首先考虑在国家政策、法律许可的范围内进行。同时，由于知识群体自身生活在有着自己的习俗与乡约的乡村情景中，又必须按照村民所能接受的方式进行。在处理具体事务时，一方面要考虑上级的意志或村委会、村干部的意志。另一方面，又要考虑村民的意志，要在二者之间寻求一种平衡，要找到一个双方都能接受的解决问题的方案"。①

至此，我们也就不难理解一个现象，那就是，西方的汉学家们为什么更倾向于用公共领域——而不是市民社会——来解释中国的乡村历史中的社会自治，为什么国内学者在热衷了一段时间的村民自治理论以后转向了合作主义的乡村治理理论。因为不但在中国的乡村历史上我们无法找到市民社会，而且在经过了救亡图强和赶超战略之后，国家的退出也没有导致自治的市民社会在村民自治中的出现，反而是各种社会文化性问题逐渐浮出水面，乡村灰色势力泛起，再度使得乡村社会成为一种社会问题。对此，何清涟在《现代化的陷阱——当代中国的经济社会问题》中的提问是值得我们深思的：为什么现在中国乡村基层组织面临重建时，竟然无法回到过去那种文明程度高一点的"乡绅统治"格局，而只能让大批充满各种社会恶习、具有严重流氓无产者意识的人成为基层的统治者？② 在笔者看来，乡村社会的外部组织化的效能是有限的，而内生组织化在目前也难以达到，因而乡村社会仍然处于一种离散状态。此时，如果不能扶植起一个有机连接国家与乡村社会的精英阶层，那么基层政权极有可能出现20世纪30年代以后的"劣化"趋势。意大利历史学家克罗齐说"一切真历史都是当代史"，既然中国历史上的绅权治理曾经那么完美地发挥着国家与乡村社会之间的调节器的作用，那么为什么我们不能对这一历史的遗产进行一种创造性的转化呢？

---

① 李庆真：《变迁中的乡村知识群体与乡村社会》，光明日报出版社，2010，第175页。
② 何清涟：《现代化的陷阱——当代中国的经济社会问题》，今日中国出版社，1998，第309页。

第二节 从市民社会话语到绅权治理实践

在很多学者那里，市民社会理论运用于乡村社会研究都要向中国历史深处回溯久远，这可能是基于中国历史传统的延续性远甚于其发展中的断裂性的缘故。这从一个侧面提示我们，当我们在中国的历史中奋力爬梳以希望发现西方概念的适用性之时，为什么我们不去考虑那些根据中国经验而产生的同样具有比较分析意义的范畴呢？换言之，当我们为中国理论寻找自主性的时候，如果我们承认中国历史发展的推动力确实不同于西方，那么我们完全有可能凭据自身的历史绘出一幅中国变迁的动力、形式和内容连贯一致的图画，这幅图画将既是经验的，又是理论的。正是在这一意义上，绅权治理，作为一个本土性的范畴将为我们重新阐释中国乡村社会自治及其宪制价值提供一个新的路径。

一 绅权治理作为乡村自治的一种形式

"绅权治理"论断的目的就是试图开辟一条中间道路，以一种客观描述的方式来说明中国的传统乡村社会如何维持秩序，以及如何保证其成为统一帝国的稳定源泉。"绅权治理"这一概念本身，更多地着眼于合作，而不是对抗。在本书的第二章中，笔者曾采用了大量的历史资料对乡绅如何在乡村治理中发挥功能进行了白描。从宪制中不难发现，伴随着绅权治理的展开，在国家-乡村社会之间的确达到了某种调和，即乡绅通过积极地主持和参与地方公共活动，一方面不断增强本阶层在本地域中的力量，而另一方面乡绅阶层并没有因为自身力量的增强而意图造就一个与国家权力相对抗的乡村社会。起码，在中华帝国的绝大多数场域中，两者之间保持了某种意义上的消极的和谐状态，国家权力对乡村社会抱有一种无为而为的态度，而乡村社会也呈现一幅自生秩序下的乡村自治画卷。

中国古代的乡村自治在绅权治理下的地域社会中自发生成，虽然与西方意义上的社会自治在公共领域中的诞生十分相似，但有着质的不同。公共领域在哈贝马斯那里，强调的是一种所谓的"批评的公共领域"和"中产阶级的公共领域"，它指向那些关心公共事务发言和表决权的私人的集合，其主要旨趣在于批判当代政治，以一种非官方的自由言论来达成普遍性的公共意见。正如第一个将哈贝马斯的公共领域概念运用到中国历史研究的罗威廉所指出的，哈贝马斯所关心的是一种新的批评意识的出现，通过这种批评意识，中产阶级在公共领域的社会自治是国家权力的抽象的对立面，而不是庞大的官僚政治的延伸。[①] 而绅权治理通过构建"公共领域"而实现的乡村自治则是通过地方公共管理而不是通过舆论和与国家的政治竞争来主张某种私人性的利益和权利。[②] 因而，对地方资源的管理及与国家合作的机构的重视，而非对公共争论和政治批评的关注，在本书的绅权治理研究中占据了主导地位。我们必须强调中西方在公共领域及社会自治内涵上的重要差别，因为这来自实证的历史研究的结果，而不是简单附会的产物。此研究结果同时也提醒我们，在运用西方概念时必须时刻保持谨慎。

但这并不意味着我们完全排斥西方的概念，因为从描述意义和学术比较上来看，公共领域的概念具有很强的解释力，可以将中国传统社会中乡村精英参与公益事业的概念系统化。同时不可否认，从中西方比较研究而言，我们仍然可以从公共领域和社会自治的角度来思考，这是因为中国的乡村社会与西方的市民社会一样——在我们的视野中——是一个脱离国家直接控制和干预的自治领域。在这一领域中，社会运行贯彻的是自愿和自主的原则，从而形成了一种自生自发的秩序。乡绅们自愿通过以自己的私人财产为乡村提供教化和供养服务，其目的在于使国家和乡民们都注意到他们是代表地方的公共利益来行动的，而既然国家不能为乡村生活提供必要的公共设施，而同时又要保持其统治的象征意义，那么它就必须认同乡绅的自主性。透过纷繁的史料，我们所看到的就是由一个个相对隔绝、封闭和自给自足的村庄所构成的乡村社会，按其自生自发的秩序循环运转，自治由此而生。

概言之，从逻辑角度而言，乡村社会由于相对远离国家权力中心而具

---

① 〔加〕卜正民：《为权力祈祷——佛教与晚明中国士绅社会的形成》，张华译，江苏人民出版社，2005，第24页。

② Mary Backus Rankin, "Observations on a Chinese Public Sphere", *Moder China*, Vol. 19, No. 2, 1993, pp. 158-182.

有秩序自生的条件。从历史角度而言，乡村社会并没有因为国家法的形同虚设而陷入混乱不堪的状态。村落自生秩序本身就是一种井然的自治秩序，也就是说，它是一种基于村落公共生活的特殊性，围绕公共产品的自我提供、灾害发生的自我救济、消费欲望的自我满足、内部秩序的自我维持而得以生成的自治秩序。从一般意义而言，自治与自生秩序是不可分割的，乡村自治就是一种非强迫的村治秩序。如果一个村落可以通过自生的机制，运用自身资源解决公共问题，而不主要依赖于国家力量，那么这种村治状态就是自治。中国历史上明清时期的乡村社会即如此。当广袤的乡村超出"官治"的能力范围时，国家建构秩序的失败便为自生秩序的产生提供了空间。而此时乡绅已作为一个独立的阶层登上历史舞台，他们在村落自生秩序之下成功地实现了形式意义上的国家统治和实质意义上的乡村自治。这种自治虽然极少具备反抗性，但毕竟为19世纪末20世纪初出现的来自公共权力划分意义上的乡村自治提供了传统的依据。

值得注意的是，绅权治理所达至的乡村自治是一种精英自治，而不是民主自治。以精英自治为核心的乡村自治稳固了乡村社会的结构基础，保证了乡村秩序的稳定。即使在上层权力系统发生变革之时，精英自治也完全可以使传统的体制在乡村社会内部被复制和重建。因而，中国乡村是中国社会在现代化的过程中最后发生变革，也最难发生变革的区域。如果忽视这一国情，强行对乡村社会进行改造，那么执政者不是在当时就遭遇秩序混乱而带来的痛苦，就是在热情消退之后而不得不重拾传统。几千年传统政治文化的积淀在乡村中形成的交往行为习惯和精神信仰不是几次革命和政治运动可以破除的，它像某种与生俱来的东西一样，即使被压制也会得以保留，并在条件适宜之时复苏和生长。因此，绅权治理作为一种传统社会行之有效的精英自治，其重要意义是我们在处理乡村问题时必须认真面对的。

最后还必须强调的是，绅权治理作为乡村自治的一种形式，其最大特色是它是一种蕴含着文化意义的自治。它将由国家所倡导的庙堂之高的正统文化与乡民所传承的下里巴人的乡土文化很好地整合在一起，一方面论证了国家这个"想象的共同体"统治乡里社会的正当性基础，另一方面也塑造了乡村共同体的较为一致的价值观，这种价值观中也包含了对不正

当的国家权力的防御和抵抗，因为这也是儒家哲学的题中之义。对于这种
文化意义上的自治，最典型的是杜赞奇的"权力的文化网络"的论述，
他探求了文化网络与公共权力之间的关系，并在此基础上，分析了20世
纪前期国家政权在乡村社会丧失合法性的原因，那就是彻底抛开文化网络
进行统治。当然，杜赞奇所指的文化，是一种广泛意义上的乡村文化，它
指向扎根于乡村内生组织之中，为村民们所认同的象征和规范。或者说那
是一个儒家思想和乡里习俗交织在一起的混合体。而乡绅在这种文化网络
中占据着怎样的位置呢？他们是文化网络的建立者和维护者，他们的权力
来自本阶层与文化网络之间的互构。许纪霖先生的说法颇有意味："不要
小瞧了这群手无缚鸡之力的文弱书生，用法国大名鼎鼎的后现代大师福柯
的话说起来，他们也是属于掌权者一族。这里的权力，非政治的大权，乃
是话语的权力。"① 绅权治理，并不是我们今天在欧陆启蒙之风影响下所
高度赞扬和期盼的选举性自治，而是基于乡土文化和儒家伦理相互作用而
产生的权威性自治，而从实然层面上，我们很难说后者不代表乡村的利
益，而前者就一定代表乡村利益。

二　绅权治理的理论价值与实践意义

无论从公法还是政治学角度都不可否认，国家权力的配置和限度是乡
村自治的根基所在。因而，绅权与国家权力之间的张力自然就构成了中国
古代乡村自治的前提。绅权治理的意义首先在于防范了国家权力的过度扩
张。如前所述，市民社会的意义亦在于此。在功能上，绅权治理与市民社
会具有某种相同之处，它们都揭示了一种必然性——有一些社会领域不应
该或者不适宜由国家直接或广泛介入，同时它们都构成了对于国家权力的
约束，防止国家的专断行为。但不可否认，绅权治理作为中国独特政治体
制下的产物与西方市民社会必然具有不同之处。

从历史发展的角度而言，西方模式可以概括为"社会先于国家"，即
社会是国家的逻辑起点。首先，市民社会在封建割据的权力真空中自然生
发；然后，在市民社会的母体中产生了城市国家，进而产生了给市民社会

---

① 许纪霖：《寻求意义——现代化变迁与文化批判》，上海三联书店，1997，第278页。

以广大生存空间的民族国家。因而，西方市民社会先于国家，国家是市民社会的产儿。但在中国的历史上，大一统的封建国家从来不允许在业已确立统治权的城镇中存在一个独立的、制度化的市民社会，即使在由于商品经济发展而产生资本主义萌芽的明代中期的江南城镇，国家的控制也是一再加强，一刻不愿放松。相比较而言，乡村是封建统治的制度化层面中薄弱的一环，国家法在乡村中几乎不起作用，乡规民约才是指导乡民行动的准则。而乡规民约在大多数情况下得到自觉遵守的原因在于它是乡民自己管理自己的产物，即"自治"的产物。由此，在这一情势之下，如果我们以"自治"作为判断社会存在的依据，那么中国社会必生发于乡村，而不是城镇。在中国强大的王权之下，社会是在国家让渡权力的条件下产生的，其路径则是国家权力逐渐退出乡村，导致乡村中权力真空的出现，从而为乡村中自生自发的权威控制乡村社会提供了可能性，社会才由此产生。这一段历史恰恰发生在专制主义发展的顶峰时期——中国的明清社会，而其发生的原因也恰恰在于专制主义制度本身。当专制主义制度发展到顶峰之时，其"辩证"结果却是，它越发无法容忍一个开放的、自由的市场存在，而它所依赖的小农经济基础就必然造就一个个相对隔绝的、封闭的和自给自足的乡村社会。

不可否认，绝大多数学者都认为，中国古代的国家与社会一直是同构的，自秦建立起大一统的封建王朝以来，以皇权为代表的国家权力就一直试图将行政力量和影响向乡村社会无限延伸，建立一种自上而下的垂直管理系统，而这一努力在历朝历代都不同程度地得以实现。但我们不可忽视的另一方面是，"国家与社会的高度同构并不意味着中国社会的自治性完全不存在"①，只是这种自治权中仍然有着较为强烈的国家权力的影响因子。所以，我们不能因为中国古代不存在拥有完全意义上的自治权的社会，而完全否认相对独立于国家的社会以及社会自治的存在。

其次，绅权治理的意义还在于它对国家权力的维护。绅权治理是国家权力在乡村社会的延伸。因为在古代中国这样一个向来有着国家主义传统的社会里，乡村的治理无疑是国家权力范围内的事情。从实在法的规定来

① 周安平：《社会自治与国家公权》，《法学》2002 年第 10 期。

看，绅权治理并无法定性，因为乡绅阶层没有法定的权力，不属于正式权力系统，更何况无论是明太祖的"禁例十二条"，还是清顺治帝的卧碑戒条，都严格限制乡绅阶层对权力运行过程的参与。但实际的乡村社会生活却恰恰相反，"天高皇帝远"，法律也是一纸具文，两者皆无法阻挡乡绅对国家权力行使过程的全方位控制，皇权最终不得不默认这一非正式权力的存在。这是专制主义的迫不得已。但值得注意的是，皇权作出让步的真正原因在于绅权治理的目的是正当的，即是协助而不是背离皇权。绅权治理的这一特点对于19世纪后期主张保留皇权的变法者而言是至关重要的，它意味着在不背离传统的前提下的一条自信自强之路。

事实上，在中国19世纪后期的变法主张中，倡导君主立宪的保守主义者——无论是康有为还是梁启超——都将这种中国本土化的社会自治视为现代化变法的重要因素。作为现代化的倡导者和实践者，他们都强调了社会创制在变法中的重要地位，即建立议会及立宪地方自治政府、赋予地方绅士以权力的重要性，其目的在于同时建立一个强健的社会和一个强大的国家。实践中，19世纪90年代所涌现出来的各种学会就是利用传统来创造公共领域的一种伟大尝试，这些团体几乎无一例外地主张通过伸张绅权来发展民权，通过在学会中逐步培养公共舆论来推动国家改革，从而真正使中国强大起来。因此，我们不难得出这样的结论：中国的历史传统不仅没有阻碍社会自治的创设，而且在世纪之交还预设了由绅权治理通向市民社会的蓝图。

然而，20世纪前半期始终是一个乱世。救亡图强与国家政权建设两条主线相交织构成了这一历史时期的主要政治图景。无论是自治还是官治，最终目的都在于缔造一个强大的民族国家，抵御外部侵略。在清末民初的乡村自治中，乡绅通过结成或进入公共权力网络而实现了组织化，他们在一县范围内采取步调一致的行动，通过法律和决议来推行绅权治理，由此造成绅权一度"膨胀"，成为国家权力之外的社会权力。但时隔不久，在强大的国家主义话语之下，国民政府致力于建立对于基层社会的"一竿子到底"式的统治，将国家权力全面深入乡村社会，扩张的国家机器在打着现代化招牌的军事化进程中逐渐排斥、挤压和侵蚀社会自治。除了"剿灭"与自己政纲不同但同属于新式政党的中共以外，乡绅作为妨害"党治"和"官治"的封建余孽,自然也成为国民政府的打击对象。"土豪劣绅"成为一种道德概念而泛化,替代了乡绅概念。其时国民党人何键增曾说:"指有饭吃有衣穿的人为土豪,指有学问有道德的人为劣绅。"而毛泽东也承认:"有些地方甚至有五十亩田的人也叫他土豪,穿长褂子的人叫他劣绅。"① 而这种打击最终使得乡绅疏离了国家权力。虽然其后,国民党推行新县制,在保甲制的复兴中仍然不得不依赖所谓的"乡绅",但此时的乡绅早已不能和传统社会甚至清末民初时期的乡绅同日而语。乡绅的劣化此时已然成为一种现实。他们既不能作为乡村共同体的代表对抗国家权力对乡村的盘剥,也无法在真正意义上延续国家权力在乡村的统治。而国民党在大陆统治的最终失败也落笔于此,即基层社会的失控。

中国共产党的胜利则始于农村,他们在领导农民革命方面取得了巨大成功。农民革命将乡村的权力结构彻底翻转过来,乡绅从此成为一个历史名词,而原先农村中最没有文化的人进入权力的中心。经济能力和文化资源的缺失使得乡村权力架构对国家政权和意识形态的依赖达到了前所未有的程度,而国家权力也正好借此建立了一套全能式的绑在国家战车上的基层权力体系,为现代化无条件地提供一切。换言之,"现代化无疑是隐含在农村权力和文化变迁背后的一条主线,现代化的现代化过程的拉动,根本性地改变了乡村的文化和政治地位,并使其法定地处于经济上附庸和被牺牲的境地"。② 由此,落后地区成为农村的代名词,而这一状况至少在20世纪90年代之前都没有大的改观。事实上,在人们对农村的关注视野中,经济落后几乎被看做农村问题的症结所在,而新中国成立以后的人民公社在经济发展上的失败与农村社会的失控更是被视为有直接的关联。在很长一段时间,人们对这一结论是坚信不疑的:一切以经济建设为中心,经济上去了,社会矛盾自然就化解了。但到了90年代后期,这一单纯的经济逻辑已经被越来越多的实证调查的结果所否认,人们开始反思为什么

---

① 《中华民国史事纪要(初稿)》,转引自王先明《乡绅权势消退的历史轨迹》,《南开学报》(哲学社会科学版)2010年第1期。
② 张鸣:《乡村社会权力与文化结构的变迁:1903—1953》,陕西人民出版社,2008,第2页。

经济发展了，农村富了，而一些乡民针对基层政权的不满情绪滋生，而这似乎已非"送法下乡"不够全面彻底所能够解释。对此，有学者已尖锐地指出："在相当多的地区，乡村基层政权与其应当依赖的社会基础之间存在脱节现象，导致冲突不断。"①

不可否认，自清末民国时期的国家政权建设以来，基层政权的权力来源于国家的授权已是一个不争的事实，因而基层政权与乡村利益的分离也就在情理之中。我们不会忘记，在费孝通先生对乡村的权力结构分析中曾提出"双轨政治"②理论，而此时那条自下而上的通道无疑已经被堵塞，唯一剩下了自上而下的通道，也并不一定是畅通的。也就是说，一方面，国家权力和意志可能在下行的过程中发生变形，而另一方面乡村共同体的利益也缺少一个代言人和保护者。这样的乡村权力配置是极为不平衡的，乡村秩序自然也就处于一种低度稳定的状态。而与此形成对比的是，绅权治理下的明清乡村社会在某种程度上却拥有一个超稳定结构。

正是在以上这一层面上，绅权治理的法理与价值便凸显出来。首先，从权力结构而言，绅权作为一种非正式权力，是官僚的正式权力的对称，绅权的行使可以柔化正式权力的刚性，使地方性知识与正式权力相结合，并使后者在不同的乡土环境中得到切实的遵从而不是被规避，并同时阻止正式权力越出其边界。因此，我们可以将"绅权"视为一种权力，无论是对于皇权还是官僚正式权力，其作用均在于制衡。其次，从治理效果而言，绅权治理在国家和乡村社会之间作为一种屏障而存在。这种屏障并不是一个静态的"中间层"，而是一个动态的"调节器"，移动于国家和乡村社会之间，向国家争得了一个相对自治的乡村社会。在明清的专制主义之下，为防止皇权极端膨胀而窒息原本就微弱的社会自治，绅权治理扎根于乡土，同时谋求国家权力与乡村自治权的互动与合作，其效果在于既保证国家对基层社会的控制，又能使真正体现社会自主性的乡村自治成为一种现实。

---

① 张静：《基层政权：乡村制度诸问题》，世纪出版集团、上海人民出版社，2007，第2页。
② 费孝通：《中国绅士》，惠海鸣译，中国社会科学出版社，2006，第55页。

第三节　从绅权治理实践到基层协商民主

绅权在 20 世纪二三十年代以后不复存在，它意味着中国乡村社会与传统的彻底告别。从此，没有了障碍，国家权力极力向乡村社会纵深扩张，中国进入一个政治上的国家全能主义时代，邹谠先生称之为"现代全能主义政治"，所谓"'全能主义'仅仅指政治机构的权力可以随时无限制地侵入和控制社会每一个阶层和每一个领域的指导思想。'全能主义政治'指的是以这个为指导思想的政治社会"。[①] 但值得注意的是，同样是推行这一全能主义政治，20 世纪 70 年代末之前的中共政权与国民党政权却有着截然不同的结果——所谓"全能主义政治正面和反面的概括"。[②] 对于后者而言，乡绅保护型经纪的消失和乡村营利型经纪的泛滥，加上国民党政权本身存在的诸多致命弱点，全能主义政治的结果是国家政权的内卷化和国民党在大陆统治的失败。前者则意味着全能主义在特定的历史条件下也会有积极的后果，即在广泛而有效的政治动员之下，国家权力对乡村社会的完全控制是在国民党败退台湾之后，由中国共产党建立的新中国实现的。村民们第一次变成了真正意义上的国民，在国家政权建设中也完成了国家-公民关系的建立过程。但即使如此，我们无法回避的现实是，全能主义政治之下的乡村社会始终没有改变自 20 世纪初国家现代化建设以来作为城市依附者的衰败命运。当无数的事实证明，没有农村的发展，中国的发展无异于痴人说梦之时，改革是唯一的选择。

一　乡村改革中的绅权治理回归

改革是一个试错的过程。国家与乡村社会的关系在何种状态下才是最佳的？人民公社的试验无疑失败了，而目前乡政村治的实际效果也并不乐观。因为，"相当部分的乡村基层组织的作用，不是连接国家体制和社

---

① 邹谠：《二十世纪中国政治：从宏观历史与微观行动的角度看》，牛津大学出版社，1994，第 3 页。

② 邹谠：《二十世纪中国政治：从宏观历史与微观行动的角度看》，牛津大学出版社，1994，第 4 页。

会，而是起着离间它们的作用，从而影响着基层稳定"。① 不可否认，村民自治最初的出发点也就在于恢复基层政权与乡村社会的一致性和关联性，并且也确实在一定程度上恢复了乡村社会自我管理的自治形式，并在政治和经济上取得了一定的成效。但伴随着中国新一轮社会转型期的到来，农村社会再次成为社会冲突事件的高发区，群体性事件层出不穷，农民上访不断升级，其中所暴露的问题主要是国家行政权与乡村自治权之间的博弈和对抗。乡村治理中的权力配置问题再次成为学术界的热点问题。笔者认为，这种权力的配置已非市民社会与政治国家二分的话语所能支撑。首先，对于一个后发外生型现代化国家而言，国家权力对乡村的控制已经是一个难以回避的现实问题，更何况国家的主导在当今农村的发展中具有不可替代的作用。其次，维护乡村社会利益和村民权利是社会发展和进步的动力和目标，也是民主制度的实质。但总体上，政府加强执政能力和稳定社会的意愿与乡村社会保障和增进自身利益的愿望是契合的，这两者之间需要一种中介和调和的力量。这仿佛是中国历史的重演。在传统社会，这种力量就是乡绅，而在中国的现代化和国家政权建设中，乡绅的劣化和消逝导致了这一力量的缺失。

在当下的农村建设中，我们仍然需要这种力量——它必须来自乡土而与国家权力保持某种张力，同时它也与国家权力保持较强的认同，主动传播国家的法律和政策；在社会结构上，它属于国家和乡村社会之间的中层结构。就笔者目前的阅读范围而言，已有一些学者持有类似看法，他们将这一种力量称为"红乡绅"、"新乡绅"或"现代乡绅"。广东省社会科学院的柯可研究员在《建设社会主义新农村之红乡绅论》中提出："社会主义农村的红乡绅，主要由以下几部分人组成。一、乡镇党政部门与村委会里有政治资本的党政干部，及其亲属；有功勋荣誉、海外关系、上层社会关系等社会资本的乡村退休官员、复退军人、知名人士、乡镇村民及其家属等一批有社会影响的人物；受过专业训练立志回乡发展，有文化资本、独到眼光和较高技能的知识分子和专业人才；执行改革开放政策后，

---

① 张静：《基层政权：乡村制度诸问题》，世纪出版集团、上海人民出版社，2007，第4页。

乡村首先富裕起来的有经济资本的乡镇民营企业家，外出经商、创业、务工致富的返乡农民等。其共同的特征是，有中等或高等文化程度和较丰富的社会经验；有较高的接受新事物的能力和较宽广的文化视野；有一定的基层组织的权力或支配这些权力的社会影响力；有较强的经济实力，较多的致富门道与社会资源；有代表民意肯定或批评地方决策的乡间舆论话语权；有与社会主义主流意识形态保持较为一致的官方或准官方的立场。"①现任日中环境协会理事长、中华文化促进会常务理事宋青宜女士则提出"在农村打造新乡绅阶层"的命题，她认为，"新乡绅这个概念是指：受过良好教育的，拥有一定财富或者创业能力的，乐善好施的，在当地具有一定威望的乡村人士。由无数个这样的'乡村人士'所构成的一个新的阶层，可以称之为新乡绅阶层"。②杜维明则指出："中国的士绅阶层曾经作为具有独立思考能力知识精英阶层，在传统中国中对乡土的稳定和发展担当着非常重要的作用。而当下中国语境中，能够重新担当起士绅阶层的群体可能不仅限于传统中国的地方知识分子，而是地方社会中取得杰出成就的各领域人士。商人、官员、知识分子、普通人都可以作为现代乡绅而存在，但前提是他们都应该是具有自我反省能力的人。现代士绅不只是成功人士。"③其实无论学者们怎样命名这一似曾相识的阶层，其中都让人深深地体会到中国传统文化的复兴趋势——依托历史，并有所扬弃。

　　关于乡绅对中国农村发展的现实意义，如果说以上观点代表了社会精英"自上而下"的审视，具有一种草根浪漫主义色彩，那么，农民阶层对乡绅的向往情结就更具有某种"自下而上"的现实意义。这一情结与中国农民的社会行为和动机紧密相连。最近几十年，有关中国农民研究的著述纷纷涌现，使我们对中国农民的行为有了进一步的解读，有些观点极具启发意义。李怀印通过对晚清和民国时期直隶获鹿县乡村大量的行政纠纷案例的考察，认为中国农民的社会行为也许可以被看作他们对自身利益的追

---

① 柯可：《建设社会主义新农村之红乡绅论》，南方网，2005 年 12 月 30 日，http://www.southcn.com/nflr/llzhuanti/xnc/xncll/200512300620.htm，2010 年 7 月 16 日访问。

② 宋青宜：《新乡绅阶层对新农村建设的意义》，《观察与思考》2010 年第 5 期。

③ 《现代士绅不仅限于"成功人士"》，搜狐网，2006 年 8 月 27 日，http://news.sohu.com/20060827/n245016669.shtml，2010 年 7 月 16 日访问。

求与对社群的规范和惯例的道义遵从的结合。对大多数村民而言,遵守惯例应该被视为维持其生计的最佳策略,而不仅仅是村社准则和价值内在化的结果。而且村民并不总是遵从惯例;他们有着自私自利、精于算计的一面。他们会考虑所有与自己切身利益密切相关的因素,评估所有可行的行动路径,然后再选择最能达到个人目的的策略。① 在某种意义上,这一历史结论对于当下农民的社会行动仍然具有解释力。也就是说,农民的社会行为是完全可以从理性人角度加以理解的,但同时要加上村庄共同体的具体语境。更进一步而言,如果从社会转型角度来解读农民行为,行为主义政治学家米格代尔的研究也很有价值。他认为,处于转型中的第三世界农民,"他们在力所能及的范围内利用现代社会的某些方面,比如学习竞争的规则,使自己的经济行为适应眼前现实。然而,对他们来说,外界仍是充满敌意的场所。他们意识到自己的软弱并易受伤害,所以尽可能地保留能够给他们带来保护的旧制度。尽管来自地主和农村社区的保护已经不复存在,农民还是利用小范围的亲缘关系和邻里关系作为一种手段保护个人免遭外界的剥削,并且作为在新的社会等级体系中改善自身地位的凭借"。② 这既反映了从传统的纽带中脱离出来的农民个人理性化的上升,同时也指明了村庄转型语境下他们在权威认同上的一种选择倾向,即传统仍然是这一状态下的农民通过理性比较后的选择,即使是在一个半熟人社会,他们还是选择相信一个熟人权威,而不是没有根基的陌生人。

二　绅权治理下的基层协商民主建制

在乡村的公共生活中,村民们无疑会信赖那些能够为自己带来实际利益并有着共同话语的乡村权威。在当前的农村建设中,这种权威的判定往往看一个综合指标,包括文化知识、拥有一定的资本和创业能力、热心公益、道德自觉和话语权等。如果我们放下意识形态话语,这些指标也正是古代"乡绅"概念所涵摄的。不可否认,在威权主义传统仍然盛行的中

---

① 参见〔美〕李怀印《华北村治——晚清和民国时期的国家与乡村》,岁有生、王士皓译,中华书局,2008,第16~22页。

② 〔美〕J. 米格代尔:《农民、政治与革命:第三世界政治与社会变革的压力》,李玉琪、袁宁译,中央编译出版社,1996,第12页。

国乡村，它首先指向各种乡村精英，从目前乡村现状来看，包括通过村民自治选举出来的村干部、本籍出生的大学生"村官"、"新乡贤"等；其次还可以是自治团体，如农民协会或村落共同体。而伴随着乡村社会的进一步发展，这一群体是可以扩展的，表现为一种多元的力量组合。而最为关键的在于通过一种制度设计将这种带有绅权特质的力量纳入乡村社会协商民主机制之中。

乡村协商民主机制的构建是乡村治理的重要路径。曾有学者指出，自20世纪90年代以来，中国乡村治理研究经历了三个阶段：从最初的村民自治研究到乡村治理研究，再发展到当下的乡村治理的社会基础研究。而之所以研究转向"社会基础"，原因就在于税费改革之后的乡村危机，表现在国家从乡村舞台上部分退出后乡村的灰色势力在村庄中变得无处不在，传统文化的式微和转型时期的观念混乱，以及乡村社会的高度信仰危机和集体生活的缺失，从而带来乡村社会的失范，弱国家、弱社会的格局再度出现。[①] 因此，中国政府在乡村建设上也一直希望对传统进行创造性转化，在不断的探索中找到一条乡村政治民主、文化繁荣、经济发展和生态平衡的道路。国家资源对乡村的外部输入在不断加强，但乡村内生力量的整合却一直没有完成，从大学生"村官"制度的实施到"新乡贤文化"的倡导，都在一定程度上反映了中国政府对历史的反思以及纠错。

2006年中央组织部、人事部、教育部等八个部委下发通知，联合组织开展高校毕业生到农村基层从事支教、支农、支医和扶贫工作，大学生"村官"制度开始进入人们的视野，目前据有关数据全国在岗大学生"村官"达到20余万人。学界也认为大学生"村官"应当是未来"新乡绅"的主力军。一个关键原因是，大学生"村官"是知识分子。众所周知，知识分子是文化的载体。文化是一种认同，是乡村作为一个共同体长期存在的根基，没有文化的乡村必然走向败落。在本源意义上，乡绅就是古代乡村的知识分子，绅权在根本上是一种文化权力。在封建乡村社会，乡绅垄断了儒学文化，便自然获得了传承道统、教化万民的特殊权力。甚至，他们自身就是文化象征，担负着调解乡里纠纷、维护乡村和谐的职能。在

---

① 贺雪峰：《生活与乡村治理研究》，《读书》2006年第11期。

日积月累的教谕式调解中，乡民们自觉或不自觉地认同了儒家的话语，从
而使得乡村的"小传统"与国家的"大传统"取得了一致，家与国同构，
而秩序也得以保证。也许，有人认为这种所谓的和谐抑制了人的权利意识
和反抗精神，但是从历史角度而言，在一个相对静止的农业社会，这样的
乡村秩序无疑具有其正当性。事实上，20世纪上半叶，传统乡绅退出历
史舞台，乡村精英不断武化和劣化以来，乡村秩序早已无以维系。此时，
仍有那么一批带有理想主义的知识分子为乡村的改造而上下求索。梁漱
溟、李景汉、晏阳初等人的努力是开创性的，知识分子为建设乡村而作出
了最初的尝试，但问题就在于"默许他们试验的南京政府在实际上对他
们组织农民的举动一直心存疑虑……无论组织者付出了多大的努力，拥有
多大的热情，都难以真正解决农村的根本问题，所取得的点滴成果，却被
淹没在国家政权中世纪式的强制之中"。① 乡村离不开知识分子，因为知
识分子是造就乡村人文环境不可替代的力量，是乡村长远发展的根基。而
知识分子关心乡村，身体力行，也可以在国家和社会之间找到自身的价
值。大学生"村官"制度实施已有10多年之久，其间也有诸多问题，但
该制度对于振兴乡村有着重要意义，在法理上也是自洽的，也为基层协商
民主的建制增添了新的主体和知识的力量。

　　对乡村传统进行创新性发展的更明显体现是当下的"新乡贤文化"，
而就目前对"新乡贤"的宽泛界定而言，大学生"村官"在一定条件下
也为其所吸收。"新乡贤文化"正式以国家话语出现是在2016年的"十
三五"规划纲要中。纲要将"加快建设美丽宜居乡村"作为中国农村建
设的未来愿景，其中，"培育文明乡风、优良家风、新乡贤文化"被确定
为农村文化建设的重要内容。"新乡贤"概念的提出，更让人联想到中国
历史上的乡绅。目前学界对乡绅问题有连续性研究的王先明先生认为，乡
贤是对有作为的官员或有崇高威望、为社会作出重大贡献的社会贤达的尊
称，是对去世者予以表彰的荣誉称号，也是对享有这一称号的人的人生价
值的肯定。乡贤是扎根于乡土社会的文化力量，在动态的历史进程和特色

---

① 张鸣：《乡村社会权力与文化结构的变迁：1903—1953》，陕西人民出版社，2008，第
　4页。

不一的地域文化中，其认同标准和资质或有所差异，但其一定是在乡里德行高尚且于乡里公共事务有所贡献的人。因此，乡贤与乡绅有较多的重合之处。在地方社会居于领导地位或有重大影响的乡贤基本由绅士与平民两部分组成。① 换言之，乡贤在构成人员上比乡绅要广，但也并非所有的乡绅都是乡贤，因为乡贤更加强调其道德性，而乡绅有正绅与劣绅之分，劣绅不属于乡贤。在当今时代，乡村社会不但有秩序稳定之需求，也有经济发展、社会进步、文化繁荣和生态平衡的目标，从传统中汲取有益要素推动乡村的进步，强调乡贤对乡村社会的引领作用。在一些场合，"新乡贤"的"新"，即在于突出其时代性。有学者指出："当代乡贤不再是封建礼俗社会中的乡绅，主要是指那些目前或者在不太遥远的过去曾经生活在乡土社会，而今在政治、经济、文化等各领域取得杰出成就的精英群体。具体而言，这一群体主要包括乡村致富能手、英雄道德模范、退休公职人员、年长德高尊者等社会贤达或知名人士。他们与乡土社会的天然联系符合'乡'的特征，而其个人成就或懿德嘉行符合'贤'的评价标准。基于地理特征和精神内涵的基本一致性以及文化传承发展的内在关联性，沿袭古代传统将这部分人谓之当代乡贤。""就其功能定位而言，现代社会的高速流动性、资源配置的市场主导性、政治生活的民主平等性以及社会环境的时代差异性，已经不允许他们像古代乡绅那样以内生权威的身份主导乡村社会秩序。当代乡贤主要是在现代民主政治框架内，利用其在乡村内外的特殊影响力，协助既有权威主体推动国家法律政策在基层社会的贯彻落实以及促进乡村经济社会有序发展与和谐稳定。"②

事实上，对于何为"新乡贤"，目前学界尚未有一个明确的学术定义。有的将乡贤概念宽泛化，认为村干部也在乡贤之列；或者将乡贤概念狭隘化，认为只有富起来的"能人"及愿意带领农民走向共同富裕的"贤人"才是乡贤。笔者认为，对于"新乡贤"的界定仍然要从权力结构的角度出发，采取列举方式定义，往往不能揭示事物本质。找回传统文化中的优良元素是建设中国乡村的一条正确道路，在乡村社会的现实中，我

---

① 参见王先明《"新乡贤"的历史传承与当代建构》，《光明日报》2014 年 8 月 20 日。
② 白现军、张长立：《乡贤群体参与现代乡村治理的政治逻辑与机制构建》，《南京社会科学》2016 年第 11 期。

们不难发现确实存在一批为乡村发展贡献力量的贤达人士，他们有的是生活和工作在本乡本土，扎根乡土，了解当地农村，还有的则是在外奋斗，但有着深厚的乡土情结。前者往往是乡村的内生秩序控制力量，后者则是从外部补给乡村，以项目回迁、信息回馈、技术回援、资金回流等方式反哺家乡。如果从道德、个人成就和有益于乡里的角度去界定，他们应该都属于"新乡贤"，但问题在于，缺乏一种基于结构意义的界定，凭借其外在行为，判定其是不是乡贤，这并不具有稳定性。根据本书对于历史上绅权的梳理和分析，笔者已经证明了一个历史规律：作为一种体制外的力量，绅权既对国家权力保持高度的认同，又与国家权力之间保持着某种张力，此时乡村社会便处于一种有秩序的状态，从法理上，权力制衡保证了权力运行的高效与廉洁；当绅权与国家权力的界限模糊，越界时有发生时，权力的竞争处于无序状态，乡村的动荡往往难以避免；当绅权为国家权力所吸收时，乡村权威产生官僚化的倾向，即其权力来源主要为国家而非社会，由"共同利益"联系起来的内聚结构被瓦解，乡村权威与乡村社会形成了一个"利益分离结构"，乡村秩序也就岌岌可危。最后一种状况发生在清末民初，而当前中国税费改革后的乡村与清末民初具有一定的相似性，并且出现了新的结构性变化，那就是伴随着国家资源输入，不但乡村权威与乡村社会发生分离，而且基层政权与乡村权威结盟，"若是不采取有力措施，这一结盟的全新结构将吸取大部分自上而下输入农村的资源，并不断侵蚀乡村社会的公共利益，由此导致乡村治理的内卷化"。[①] 目前的"村官腐败"也正是一个例证。因此，保持一个相对独立的"新乡贤"对于乡村社会的均衡发展而言更为重要。

农村税费改革后，国家对于乡村社会的治理由间接治理转化为直接治理，从依托乡村集体转为以保障个体权利为核心，强化基层政权的目的，将国家权力直接对接村民作为组织机制。但这样的改革似乎并没有达到其预期的效果，反而产生了"意外的后果"，诸多学者研究发现，税费改革后的国家与农民关系并没有变得紧密，反而更为松散，乡村组织越来越消极无为，农村公共产品供给缺失严重。因此，从大学生"村官"制度到

---

① 贺雪峰：《论乡村治理的内卷化》，《开放时代》2011 年第 2 期。

目前的"新乡贤文化",中央顶层设计的意图即在于重新建构起一个中层结构来填补乡村的权力真空。但我们也必须意识到,权力之间必须形成一个封闭的系统并相互制约。虽然乡村干部不属于基层政权组成人员,但他们仍然是国家政治资源的主要拥有者,是国家权力在乡村的代言人,因此,作为绅权意义上的"新乡贤"不应将其包括在内。"新乡贤"是国家与村民互动的中介与桥梁,既是国家意识形态的宣传者,也代表村民利益与中央政府、地方政府进行互动与博弈。后农业税时代的乡村社会正在经历从一元政治精英向多元精英治理的转变,"新乡贤"的崛起成为村庄公共权力显著的特点。

行文至此,我们都应该明白:"在现代社会,国家与社会的关系以及民主政治的内在要求,决定了国家权力不可能完全直接渗透到社会的最基层、渗透到最基本的社会组成单位之中。东西方国家的事实都表明一个基本的政治原理:有效的国家治理,不是通过国家权力无限扩张完成的,相反,是通过合理范围内的国家权力运作、社会自治的有效展开以及这两者的相互配合与合作来实现的。"① 从实践角度而言,乡村社会中人与人的熟悉更有利于协商民主的开展,村民通过自由而平等的对话、讨论、审议、监督等方式参与乡村公共决策和政治生活,"新乡贤"的功能就在于收集村民的民意并进行理性的表达,并对村"两委"进行有效的监督。正是在这一点上,当下村民自治的实践、公共领域的话语与绅权治理的历史达成某种契合。

---

① 林尚立:《社区民主与治理:案例研究》,社会科学文献出版社,2003,第316页。

结　语

自清末民初以来，乡村是国人梦想的生发地，同时也是制度变迁的试验场。近年来，人们对于乡村的关注大多集中于村民自治的现实层面，而法学界尤为如此，这也许来自法学实践理性的品格。然而，中国的乡村是凝结了历史的乡村，不厘清历史的脉络就难以找到现实的症结，因此，这种社会性研究虽然能够直面现实，却减损了基于纵向探索的证成力度。对于历史上的绅权及其与国家权力关系的研究是法律史学人应有的责任担当。事实上，近代主张社会改良的思想先驱往往将乡村发展乃至中国的希望寄托于绅权，借由绅权发展为民权，从而在真正意义上实现民主与法治。生成于中国本土的绅权确实与近代社会的制度文明有着诸多暗合，比如，自生自发的乡村秩序、权力的博弈与制衡、自由与自治等。因此，无论是出于历史观照现实的缘由，还是现实寻求历史镜鉴的角度，绅权都将是可以不断挖掘的重要本土资源。

在众多关于绅权的历史叙事中，本书从法律制度层面提炼出了在特定时段绅权主体所具有的共同特征，并开具出一个由知识、财富与身份等要素同构的认定标准。其中，身份要素具有根本性，即在具有知识要素和财富要素以后，一个初步被认同为乡绅的人必须在社会行动中获得其公共身份。唯有如此，才能在真正意义上拥有社会权威。这也就意味着对于绅权的理解最终落实于动态的绅权治理实践之中。从纵向看，绅权治理无疑是特定历史条件下的产物。对绅权治理的纯粹历史研究也许仅限于分析和阐释这一现象，并不预知未来。但这并不意味着我们不能透过历史表象去探求其制度变迁的潜流。本书认为，历史上的绅权治理蕴含着一系列的具有现代法治精神的宝贵资源，比如，多元主体的共存和伙伴关系，以及这种关系所赖以存续的民主商谈理性。本质上，"治理"必然涉及公共权力的重新整合，即在国家和社会之间如何合理配置公共资源，如何有效展开平等合作。绅权治理，即通过乡绅的公共活动使国家和乡村社会的关系处于一种动态的平衡之中，既满足国家控制乡村社会的需要，同时也遏制国家权力对乡村的过度汲取，保护乡村共同体的利益。这无疑是一种国家-社会关系在乡村场域的善治。

在中国传统集权专制政治中，绅权能否有效发挥作用的关键在于如何处理与国家权力之间的互动关系。基于这一前提，本书借由历史棱镜考察了从明清到民初历史阶段绅权与国家权力之间的博弈。在明清时期，绅权在自然生成后，多来自学校、科举、优免等诸多国家法律的制度性支持。当然，这种制度性支持必然得益于绅权作为国家权力的延伸和防御国家权力的屏障而具有的双重功能，其本身体现了国家与社会的叠加、共存和合作。正是绅权"调节器"作用的发挥使得庞大的帝国机器得以灵活运转。而在晚清的政治危机之下，虽然绅权僭越国家权力的情况时有发生，但总体上仍得到国家权力的信任与依赖。两者的联手使得清王朝暂时渡过了内部的危机，迎来了一个新的世纪。但20世纪上半叶的大变局终于将绅权与国家权力之间的合作共存关系彻底打破。在民国初年的现代化进程中，一方面国家权力企图实现对乡村社会的直接控制而必然打压传统的绅权，另一方面国家法层面上"工具化"的乡村自治的推行导致了绅权的异化。最终，绅权在被国家与乡村社会同时背弃的境遇中而走向了消亡。国家与乡村社会之间的"缓冲层"不复存在，国家权力直接面对乡村社会，但并没有建构起现代国家-公民关系——这一西方意义上民族国家所怀揣的理想。反而是前者变得恣意妄为，后者也逐渐退到了忍耐的底线。颠覆性的革命在乡村酝酿并最终爆发。从此，中国走上全能主义政治的道路，直至20世纪80年代村民自治的发生。在西方市民社会话语下，乡村社会的公共权力重组问题被重新提起。

村民自治作为社会自治的形式是国家与社会的关系在乡村场域的反映。但是，在法理上可以与国家权力抗衡的社会自治权在中国乡村现实中难以成为一种实然。以二元对立为基础的早期市民社会理论显然无法解决中国的问题，倒是20世纪的公共领域理论与中国有着某种契合。公共领域的出现为协商民主提供了前提，此时不再一味地强调国家与社会、公域与私域之间的严格界分，而是倡导界分基础上的融合与渗透。它在乡村即表现为基层协商民主的建制，这不仅符合中国当下的国家与社会的相处状态，而且让人们再度记起了历史上的绅权。

绅权治理在本质上反映了国家与社会之间的合作共生关系。对于乡村共同体而言，绅权在特定的历史条件下谋求并实现了乡村社会的自由和自治。如果我们承认乡村自由和自治是人民主权的精髓，为保护这种民主政治的草根而制约国家权力是法治国家的精髓，那么绅权通过某种创造性的转化，就将有可能在新的历史条件下成为通向法治的中国范例。当前中国对"新乡贤文化"的倡导和对"新乡贤"的培育也正是基于历史的深刻反思，同时也是历史的一种延续。

本书还有大量没有深入研究或尚未研究的领域，比如绅权的区域性、革命根据地的开明绅士问题、"新乡贤"到底应该如何界定以及与乡绅的对比等，这需要对历史资料作进一步梳理和相关理论演绎。

看似理论成熟，但并不意味着因此实践问题就能够得到彻底解决。实际情况是，绅权与国家权力因具有内在张力关系必然引发学术的普遍争论，所以，本书以平权论建构二者关系是否妥当还需要进一步探索。正如江山先生所言：历史能够被经常和重新解释，并不意味着那些被称为历史的东西本身发生了变化，而是人类智慧实现了自足，也即解释历史是为了解释现实与未来。① 因此，知识分子的工作就是通过自己专业领域的分析，一直不停地对设定为不言自明的公理提出疑问，动摇人们的心理习惯、他们的行为方式和思维方式，拆解熟悉的和被认可的事物，重新审查规则和制度，在此基础上重新问题化。②

总之，在现行诸多看似正确的定论背后，仍有进一步研究之余地。为此，本人愿求教大方之家，予以启发与诱导，以作为笔者在日后工作和学习中进一步研究的动力与源泉。

---

① 参见江山《互助与自足——法与经济的历史逻辑通论》，中国政法大学出版社，1994，第 8 页。
② 参见〔法〕米歇尔·福柯《权力的眼睛——福柯访问录》，严锋译，上海人民出版社，1997，第 147 页。

主要参考文献

一 基本史料

1. 《论语》。

2. 《孟子》。

3. 《中庸》。

4. 《汉书》，中华书局，2005。

5. 《晋书》，中华书局，1974。

6. 《明史》，中华书局，2011。

7. 《大明律》，法律出版社，1999。

8. 《明会典》（万历朝重修本），中华书局，1989。

9. 《明太祖实录》，上海书店出版社，1990。

10. 《明穆宗实录》，上海书店出版社，1990。

11. 《清朝文献通考》，商务印书馆，1935。

12. 《清朝续文献通考》，浙江古籍出版社，2000。

13. 《清世祖实录》，上海辞书出版社，2000。

14. 《清仁宗实录》，中华书局，1985。

15. 《清圣祖实录》，中华书局，1985。

16. 《清文宗实录》，中华书局，1985。

17. 《大清律例》，天津古籍出版社，1993。

18. 《六法全书》，商务印书馆，1946。

19. 陈梦雷：《古今图书集成》，中华书局，1934。

20. 白胤昌：《容安斋苏谭》，清康熙元年刻本。

21. 陈继儒：《晚香堂小品文选注》，牛鸿恩选注，首都师范大学出版社，2010。

22. 陈俊民：《蓝田吕氏遗著辑校》，中华书局，1993。

23. 陈龙正：《几亭外书》，明崇祯四年刻本。

24. 段玉裁：《说文解字注》，浙江古籍出版社，1998。

25. 冯桂芬：《校邠庐抗议》，中州古籍出版社，1998。

26. 刚毅：《牧令须知》，清光绪十一年刻本。

27. 高攀龙：《高子遗书》，陈龙正编，明崇祯五年刻本。

28. 恭阿禄：《钦定学政全书》，清嘉庆十七年刻本。

29. 故宫博物院明清档案部编《清末筹备立宪档案史料》，中华书局，1979。

30. 顾炎武：《顾亭林诗文集》，中华书局，1983。

31. 顾炎武：《日知录集释》，黄汝成集释，世界书局，1936。

32. 胡林翼：《胡文忠公全集》，世界书局，1936。

33. 宗臣、胡直：《宗子相集衡庐精舍藏稿》，上海古籍出版社，1993。

34. 黄六鸿：《福惠全书》，清康熙三十三年刻本。

35. 昆冈、李鸿章等：《钦定大清会典事例》，清光绪三十四年刻本。

36. 刘大鹏：《退想斋日记》，山西人民出版社，1990。

37. 吕坤：《吕子遗书·实政录》，清道光七年刻本。

38. 罗尔纲：《绿营兵志》，中华书局，1984。

39. 祁彪佳：《祁彪佳集》，上海书局，1960。

40. 邵之堂：《皇朝经世文编》，文海出版社，1980。

41. 盛康：《皇朝经世文续编》，清道光二十三年刻本。

42. 王国维：《观堂集林》，上海古籍出版社，1983。

43. 王先谦：《嘉庆东华录》，清光绪二十五年版。

44. 王有光：《吴下谚联》，清嘉庆二十五年刻本。

45. 吴趼人：《二十年目睹之怪现状》，人民文学出版社，1959。

46. 叶梦珠：《阅世编》，上海古籍出版社，1981。

47. 曾国藩：《曾国藩全集》，岳麓书社，1987。

48. 赵尔巽：《清史稿》，民国十七年清史馆铅印本。

49. 赵翼：《廿二史札记》，清乾隆六十年刻本。

50. 中国第一历史档案馆：《清政府镇压太平天国档案史料》，社会科学文献出版社，1992。

51. 中国第一历史档案馆：《咸丰同治两朝上谕档》（第三册），广西师范大学出版社，1998。

52. 周炳麟：《公门劝惩录》，光绪二十三年刻本。

53. 朱寿朋编《光绪朝东华录》，中华书局，1958。

54. 刘衡：《自治官书》，《官箴书集成》第 6 册，黄山书社，1997。

55. 田明曜、陈澧：光绪《香山县志》，《续修四库全书》第 713 册，上海古籍出版社，2002。

56. 聂光銮、王柏心：同治《宜昌府志》，《中国地方志集成·湖北府县志辑》第 49 册，江苏古籍出版社，2001。

57. 吴甸华、程汝翼：嘉庆《黟县志》，《中国地方志集成·安徽府县志辑》第 56 册，江苏古籍出版社，1998。

58. 强云程、吴继祖：民国《重修鄂县志》，1933 年铅印本，南大古籍部藏。

59. 罗士筠、陈汉章：民国《象山县志》，《中国地方志集成·浙江府县志辑》第 33 册，上海书店出版社，1993。

60. 张汉、丘复：民国《上杭县志》，《中国地方志集成·福建府县志辑》第 36 册，上海书店出版社，2000。

61. 高寿恒、李英：民国《太湖县志》，《中国地方志集成·安徽府县志辑》第 16 册，江苏古籍出版社，1998。

二　国内著作

62. 岑大利：《乡绅》，北京图书馆出版社，1998。

63. 常建华：《清代国家与社会研究》，人民出版社，2006。

64. 陈安仁：《地方自治概要》，泰东图书局，1930。

65. 陈顾远：《地方自治通论》，泰东图书局，1929。

66. 陈旭麓、郝盛朝主编《孙中山集外集》，上海人民出版社，1990。

67. 陈旭麓：《中国近代社会的新陈代谢》，上海人民出版社，1992。

68. 陈序经：《乡村建设运动》，大东书局，1936。

69. 从翰香：《近代冀鲁豫乡村》，中国社会科学出版社，1995。

70. 邓云特：《中国救荒史》，商务印书馆，1993。

71. 邓正来、J.C. 亚历山大编《国家与市民社会：一种社会理论的研究路径》，中央编译出版社，2006。

72. 邓正来：《市民社会理论研究》，中国政法大学出版社，2002。

73. 杜正胜：《吾土与吾民》，台北联经出版事业公司，1982。

74. 杜正贞：《村社传统与明清士绅——山西泽州乡土社会的制度变迁》，上海辞书出版社，2007。

75. 方扬：《地方自治新论》，教育图书出版社，1947。

76. 费孝通：《乡土中国》，凤凰出版传媒集团、江苏文艺出版社，2007。

77. 费孝通：《中国绅士》，惠海鸣译，中国社会科学出版社，2006。

78. 冯尔康等著《中国宗族社会》，浙江人民出版社，1994。

79. 高宣扬：《布厄迪的社会理论》，同济大学出版社，2004。

80. 葛兆光：《中国思想史》，复旦大学出版社，2001。

81. 顾鸣塘：《〈儒林外史〉与江南士绅生活》，商务印书馆，2005。

82. 郭剑鸣：《晚清绅士与公共危机治理——以知识权力化治理机制为路径》，光明日报出版社，2008。

83. 何炳贤：《农村自治问题》，北新书局，1930。

84. 何平：《清代赋税政策研究：1644—1840》，中国社会科学出版社，1998。

85. 何清涟：《现代化的陷阱——当代中国的经济社会问题》，今日中国出版社，1998。

86. 贺跃夫：《晚清士绅与近代社会变迁》，广东人民出版社，1994。

87. 黄强：《中国保甲实验新编》，正中书局，1936。

88. 黄仁宇：《中国大历史》，生活·读书·新知三联书店，2004。

89. 金耀基：《从传统到现代》，中国人民大学出版社，1999。

90. 靳环宇：《晚清义赈组织研究》，湖南人民出版社，2008。

91. 瞿同祖：《清代地方政府》，范忠信、晏锋译，何鹏校，法律出版社，2003。

92. 康沛竹：《灾荒与晚清政治》，北京大学出版社，2002。

93. 李德芳：《民国乡村自治问题研究》，人民出版社，2001。

94. 李巨澜：《失范与重构：一九二七年至一九三七年苏北地方政权秩序化研究》，中国社会科学出版社，2009。

95. 李庆真：《变迁中的乡村知识群体与乡村社会》，光明日报出版社，2010。

96. 厉以宁：《资本主义的起源——比较经济史研究》，商务印书馆，2003。

97. 梁其姿：《施善与教化——明清的慈善组织》，河北教育出版社，2001。

98. 梁漱溟：《乡村建设理论》，世纪出版集团，2006。

99. 梁漱溟：《中国民族自救运动之最后觉悟》，上海书店出版社，1992。

100. 林尚立：《社区民主与治理：案例研究》，社会科学文献出版社，2003。

101. 林文勋、谷更有：《唐宋乡村社会力量与基层控制》，云南大学出版社，2005。

102. 柳诒徵：《中国文化史》，蔡尚思导读，上海古籍出版社，2001。

103. 罗荣渠：《关系、限度、制度：政治发展过程中的国家与社会》，北京大学出版社，1996。

104. 罗荣渠：《现代化新论续篇：东亚与中国的现代化进程》，北京大学出版社，1997。

105. 罗玉东：《中国厘金史》，商务印书馆，1936。

106. 马敏：《官商之间：社会巨变中的近代绅商》，华中师范大学出版社，2003。

107. 毛寿龙：《西方政府的治道变革》，中国人民大学出版社，1998。

108. 米迪刚、尹仲材编《翟城村》，江苏古籍出版社，1992。

109. 彭勃：《乡村治理——国家介入与体制选择》，中国社会出版社，2002。

110. 彭泽益：《十九世纪后半期的中国财政与经济》，人民出版社，1983。

111. 彭湃：《彭湃文集》，人民出版社，1981。

112. 钱亦石：《中国农村问题》，中华书局，1935。

113. 任恒俊：《晚清官场规则研究》，海南出版社，2003。

114. 任吉东：《多元性与一体化：近代华北乡村社会治理》，天津社会科学院出版社，2007。

115. 桑玉成：《自治政治》，三联书店（香港）有限公司，1994。

116. 施雪华：《政府权能理论》，浙江人民出版社，1998。

117. 孙立平：《传统与变迁：国外现代化与中国现代化问题研究》，黑龙江人民出版社，1992。

118. 陶鹤山：《市民群体与制度创新——对中国现代化主体的研究》，南京大学出版社，2001。

119. 田芳：《地方自治法律制度研究》，法律出版社，2008。

120. 万明主编《晚明社会变迁问题与研究》，商务印书馆，2005。

121. 汪太贤：《从治民到民治——清末地方自治思潮的萌生与变迁》，法律出版社，2009。

122. 王奇生：《革命与反革命——社会文化视野下的民国政治》，中国社会科学出版社，2010。

123. 王先明：《变动时代的乡绅——乡绅与乡村社会结构变迁（1901—1945）》，人民出版社，2009。

124. 王先明：《近代绅士：一个封建阶层的历史命运》，天津人民出版社，1997。

125. 王亚南：《中国官僚政治研究》，中国社会科学出版社，1981。

126. 王铭铭、王斯福：《乡土社会的秩序、公正与权威》，中国政法大学出版社，1997。

127. 魏光奇：《官治与自治——20世纪上半期的中国县制》，商务印书馆，2004。

128. 魏光奇：《官治与自治——20世纪上半期的中国县制》，商务印书馆，2004。

129. 闻钧天：《中国保甲制度》，商务印书馆，1933。

130. 吴晗、费孝通等：《皇权与绅权》，天津人民出版社，1988。

131. 萧公权：《宪政与民主》，清华大学出版社，2006。

132. 谢振民：《中华民国立法史》，中国政法大学出版社，2000。

133. 徐茂明：《江南士绅与江南社会（1368—1911年）》，商务印书馆，2004。

134. 徐秀丽：《中国近代乡村自治法规选编》，中华书局，2004。

135. 徐振国：《政治学的发展：新议题与新挑战》，韦伯文化国际出版有限公司。

136. 许纪霖、陈凯达：《中国现代化史（第一卷）》（1800—1949），学林出版社，2006。

137. 杨春福：《权利法哲学研究导论》，南京大学出版社，2000。

138. 杨国安：《明清两湖地区基层组织与乡村社会研究》，武汉大学出版社，2004。

139. 杨开道：《农村自治》，世界书局，1930。

140. 杨念群：《空间·记忆·社会转型："新社会史研究论文精选集"》，上海人民出版社，2001。

141. 杨念群：《新史学》，中国人民大学出版社，2003。

142. 易劳逸：《1927—1937年国民党统治下的中国：流产的革命》，陈谦平、陈红民等译，中国青年出版社，1992。

143. 于建嵘：《岳村政治——转型期中国乡村政治结构的变迁》，商务印书馆，2001。

144. 余英时：《士与中国文化》，上海人民出版社，1987。

145. 俞可平：《治理与善治》，社会科学文献出版社，2000。

146. 虞和平：《中国现代化历程：前提与准备》，江苏人民出版社，2001。

147. 苑书义等：《张之洞全集》，河北人民出版社，1998。

148. 张静：《基层政权：乡村制度诸问题》，浙江人民出版社，2000。

149. 张静：《身份认同研究——观念 态度 理据》，上海人民出版社，2006。

150. 张静：《现代公共规则与乡村社会》，上海书店出版社，2006。

151. 张静主编《国家与社会》，浙江人民出版社，1998。

152. 张鸣：《乡村社会权力与文化结构的变迁：1903—1953》，陕西人民出版社，2008。

153. 张仁善：《法律社会史的视野》，法律出版社，2007。

154. 张文山：《自治权理论与自治条例研究》，法律出版社，2005。

155. 张研、牛贯杰：《19世纪中期中国双重统治格局的演变》，中国人民大学出版社，2002。

156. 章开沅、马敏、朱英：《中国近代史上的官绅商学》，湖北人民出版社，2000。

157. 赵秀玲：《中国乡里制度》，社会科学文献出版社，1998。

158. 郑备军：《中国近代厘金制度研究》，中国财政经济出版社，2004。

159. 郑振满：《乡族与国家：多元视野中的闽台传统社会》，生活·读书·新知三联书店，2009。

160. 周安平：《大数法则——社会问题的法理透视》，中国政法大学出版社，2010。

161. 周联合：《自治与官治——南京国民政府的县自治法研究》，广东人民出版社，2006。

162. 周荣德：《中国社会的阶层与流动——一个社区士绅身份的研究》，学林出版社，2000。

163. 周永坤：《规范权力：权力的法理研究》，法律出版社，2006。

164. 周永坤：《宪政与权力》，山东大学出版社，2008。

165. 周育民：《晚清财政与社会变迁》，上海人民出版社，2000。

166. 朱维铮校注《梁启超论清学史二种》，复旦大学出版社，1985。

167. 朱勇：《清代宗族法研究》，湖南教育出版社，1987。

168. 卓泽渊：《法政治学》，法律出版社，2005。

三　国外译著

169. 〔德〕马克斯·韦伯：《儒教与道教》，王容芬译，商务印书馆，1995。

170. 〔法〕托克维尔：《论美国的民主》，董果良译，商务印书馆，1987。

171. 〔法〕魏丕信：《18世纪中国的官僚制度与荒政》，江苏人民出版社，2003。

172. 〔韩〕吴金城：《明代社会经济史研究》，渡昌弘译，汲古书社，1990。

173. 〔加〕陈志让：《军绅政权——近代中国的军阀时期》，广西师范大学出版社，2008。

174. 〔美〕C. E. 布莱克：《现代化的动力》，段小光译，四川人民出版，1988。

175. 〔美〕费正清：《美国与中国》，张里京译，世界知识出版社，2000。

176. 〔美〕埃莉诺·奥斯特罗姆：《公共事物的治理之道：集体行动制度的演进》，余逊达、陈旭东译，上海三联书店，2000。

177. 〔美〕彼得·布劳：《社会生活中的交换与权力》，孙非、张黎勤译，华夏出版社，1988。

178. 〔美〕卜正民：《为权力祈祷——佛教与晚明中国士绅社会的形成》，张华译，江苏人民出版社，2005。

179. 〔美〕杜赞奇：《文化、权力与国家——1900—1942年的华北农村》，王福明译，江苏人民出版社，1996。

180. 〔美〕费正清、费维恺：《剑桥中华民国史（1912—1949）》，中国社会科学出版社，1998。

181. 〔美〕费正清：《剑桥中国晚清史》，刘广京译，中国社会科学出版社，1985。

182. 〔美〕弗朗西斯·福山：《国家的构建：21世纪的国家治理与世界秩序》，黄胜强、许铭原译，中国社会科学出版社，2007。

183. 〔美〕格尔哈斯·伦斯基：《权力与特权：社会分层的理论》，关信平等译，浙江人民出版社，1988。

184. 〔美〕黄宗智：《华北的小农经济与社会变迁》，中华书局，2000。

185. 〔美〕黄宗智：《清代的法律、社会与文化：民法的表达与实践》，上海书店出版社，2007。

186. 〔美〕黄宗智主编《中国研究的范式问题讨论》，社会科学文献出版社，2003。

187. 〔美〕吉尔伯特·罗兹曼等：《中国的现代化》，国家社会科学基金"比较现代化"课题组译，江苏人民出版社，1998。

188. 〔美〕肯尼斯·W.汤普森编《宪法的政治理论》，张志铭译，生活·读书·新知三联书店，1997。

189. 〔美〕孔飞力：《中华帝国晚期的叛乱及其敌人——1796—1864年的军事化与社会结构》，谢亮生等译，中国社会科学出版社，1990。

190. 〔美〕莱斯利·里普森：《政治学的重大问题》，刘晓等译，华夏出版社，2001。

191. 〔美〕李怀印：《华北村治——晚清和民国时期的国家与乡村》，岁有生、王士皓译，中华书局，2008。

192. 〔美〕罗威廉：《汉口：一个中国城市的冲突与社区（1796—1895）》，鲁西奇、罗杜芳译，中国人民大学出版社，2008。

193. 〔美〕罗威廉：《汉口：一个中国城市的商业和社会（1796—1889）》，江溶、鲁西奇译，中国人民大学出版社，2005。

194. 〔美〕芮玛丽：《同治中兴：中国保守主义的最后抵抗（1862—1874）》，房德邻、郑师渠等译，中国社会科学出版社，2002。

195. 〔美〕塞缪尔·P.亨廷顿：《变化社会中的政治秩序》，王冠华、刘为等译，上海人民出版社，2008。

196. 〔美〕施坚雅：《中国农村的市场和社会结构》，史建云、徐秀丽译，中国社会科学出版社，1998。

197. 〔美〕斯蒂芬·L.埃尔金、卡莱尔·爱德华·索乌坦编《新宪政论——为美好的社会设计政治制度》，周叶谦译，生活·读书·新知三联书店，1997。

198.〔美〕斯科特·戈登：《控制国家：西方宪政的历史》，应奇等译，江苏人民出版社，2001。

199.〔美〕詹姆士·N.罗西瑙：《没有政府的治理》，张胜军、刘小林等译，江西人民出版社，2001。

200.〔美〕詹姆斯·C.斯科特：《农民的道义经济学：东南亚的反叛与生存》，程立显、刘建译，译林出版社，2001。

201.〔美〕张信：《二十世纪初期中国社会之演变》，岳谦厚、张玮译，中华书局，2004。

202.〔美〕张仲礼：《中国绅士的收入——〈中国绅士〉续篇》，费成康、王寅通译，上海社会科学院出版社，2001。

203.〔美〕张仲礼：《中国绅士——关于其在19世纪中国社会中作用的研究》，李荣昌译，上海社会科学院出版社，1991。

204.〔美〕周锡瑞：《改良与革命：辛亥革命在两湖》，杨慎之译，江苏人民出版社，2007。

205.〔美〕周锡瑞：《义和团运动的起源》，张俊义、王栋译，江苏人民出版社，2005。

206.〔日〕村松岐夫：《地方自治》，孙新译，经济日报出版社，1989。

207.〔日〕夫马进：《中国善会善堂史研究》，伍跃等译，商务印书馆，2005。

208.〔日〕三石善吉：《传统中国的内发性发展》，余项科译，中央编译出版社，1999。

209.〔日〕田中忠夫：《国民革命与农村问题》（上卷），李育文译，村治月刊社、上海商务印书馆民国16年版。

210.〔意〕利玛窦、金尼阁：《利玛窦中国札记》，何高济等译，中华书局，1983。

211.〔英〕安东尼·吉登斯：《民族—国家与暴力》，胡宗泽等译，生活·读书·新知三联书店，1998。

212.〔英〕马丁·洛克林：《公法与政治理论》，郑戈译，商务印书馆，2003。

213. 〔英〕莫里斯·弗里德曼:《中国东南区的宗族组织》,刘晓春译,上海人民出版社,2000。

214. 〔英〕齐格蒙特·鲍曼:《共同体》,欧阳景根译,江苏人民出版社,2003。

四　外文资料

216. Frederic Wakeman Jr. and Carolyn Grant, eds. , *Conflict and Control in Late Imperial China*, Berkeley: University of California Press, 1975.

217. Huaiyin Li, *Village China under Socialism and Reform: A Micro-History, 1948-2008*, Stanford: Stanford University Press, 2009.

218. Jon Elster and Rune Slagstad, *Constitutionalism and Democracy*, Cambridge: Cambridge University Press, 1993.

219. Joseph Esherick, Mary Backus Rankin, *Joint Committee on Chinese Studies*, Berkeley: University of California Press, 1990.

220. Kenneth W. Thompson, ed. , *Constitutionalism: Founding and Future*, Lanham, MD: University Press of America, 1989.

221. Kung-Chuan Hsiao, *Rural China: Imperial Control in the Nineteenth Century*, Seattle: University of Washington Press, 1960.

222. Mary Backus Rankin, *Elite Activism and Political Transformation in China Zhejiang Province, 1865-1911*, Stanford: Stanford University Press, 1986.

223. Mary Backus Rankin, "Observations on a Chinese Public Sphere", *Modern China*, Vol. 19, No. 2, 1993.

224. Keith Schoppa, R. , *Chinese Elites and Political Change: Zhejiang Province in the Early Twentieth Century*, Massachusetts: Harvard University Press, 1982.

225. Vivienne Shue, *The Reach of the State: Sketches of the Chinese Body Politics*, Stanford: Stanford University Press, 1988.

图书在版编目（CIP）数据

绅权与国家权力关系研究：从明清到民初／徐祖澜
著. -- 北京：社会科学文献出版社，2017.8
（优势丛书）
ISBN 978-7-5201-1195-9

Ⅰ.①绅…　Ⅱ.①徐…　Ⅲ.①农村-行政管理-研究
-中国-近代　Ⅳ.①D691.22

中国版本图书馆 CIP 数据核字（2017）第 195746 号

·优势丛书·

绅权与国家权力关系研究
——从明清到民初

著　　者／徐祖澜

出 版 人／谢寿光
项目统筹／王　绯　单远举
责任编辑／单远举

出　　版／社会科学文献出版社·社会政法分社（010）59367156
　　　　　地址：北京市北三环中路甲 29 号院华龙大厦　邮编：100029
　　　　　网址：www.ssap.com.cn
发　　行／市场营销中心（010）59367081　59367018
印　　装／三河市尚艺印装有限公司

规　　格／开　本：787mm×1092mm　1/16
　　　　　印　张：15　字　数：236 千字
版　　次／2017 年 8 月第 1 版　2017 年 8 月第 1 次印刷
书　　号／ISBN 978-7-5201-1195-9
定　　价／68.00 元